伊特鲁利亚人的灵魂

〔英〕D.H. 劳伦斯 著
D.H.Lawrence

何悦敏 译

上海人民出版社

石棺盖上手拿'佩特拉'的男子雕像

"伊特鲁利亚守墓神雌性司芬克司"

"雌狮之墓"壁画

"占卜官之墓"壁画中的摔跤手

铜制羊肝模型。伊特鲁利亚人用来占卜凶吉

"蓝妖"之墓壁画中舞蹈的男子

平等地坐在石棺盖
上的男女石雕像

"斑豹之墓"壁画局部

iv

色维特里墓门外象征生命再生的阴茎石

带翅膀的石雕马

"占卜官之墓"壁画局部。伊特鲁利亚的占卜官从不祥地飞过天空的鸟获得征兆

早期伊特鲁利亚人用来存放死者骨灰的骨灰陶瓮

"斑豹之墓"壁画局部

"宴饮者之墓"中手拿鸡蛋的男子和表示亲热的女子

"斑豹之墓"全景

"雌狮之墓"壁画局部。男子手中的鸡蛋、身边挂着的花环和帛巾是伊特鲁
利亚墓中壁画中常见的象征物

目 录
Contents

色 维 特 里 [1]

伊特鲁利亚人[2]在他们平易的几个世纪中，如呼吸般自然平易地干着自己的事情，他们让心胸自然而愉快地呼吸，对生活充满了满足感，甚至连坟墓也体现了这一点……死亡是伴随着珠宝、美酒和伴舞的牧笛声的生命的一种愉快的延续……

众所周知，伊特鲁利亚人[3]在罗马早期占据了意大利中部，

---

〔1〕 即古代的凯丽城，在罗马北部约 45 公里之处。伊特鲁利亚城在现代色维特里的一片高坡上，繁荣于公元前七八世纪的铁器时代。那个时期被称作"东方化时期"，其时色维特里因文化繁荣和与东方的贸易而闻名。那个时期亦被称为"维兰诺凡"时期。维兰诺凡坟墓很有特色，作者后面会有介绍。译者注。

〔2〕 伊特鲁利亚（Etruria）是远古时地中海地区的一个城邦名，而这个城邦中的人，西方一直称其为"伊特拉斯坎人"或"伊特鲁利亚人"（Etruscans）。劳伦斯文中提到后者时，基本全用"伊特拉斯坎人"，但地名用"伊特鲁利亚"。为了避免读者在阅读中犯混淆错误，特统一为"伊特鲁利亚"（地名）和"伊特鲁利亚人"（人种名）。译者注。

〔3〕 伊特鲁利亚人：其早期文化现被确认为属于维兰诺凡文化，在公元前 900 年前后定居于意大利中部。在公元前五六世纪他们的文化得到高度发展，其统治区域一直扩展到北部的坡谷和南部的凯佩尼亚（Campania），（转下页）

1

罗马人为了建立大罗马帝国，以其惯用的对付邻居的伎俩，把他们完全赶了出去。但罗马人无法把他们全部赶跑，因为伊特鲁利亚人太多了，然而罗马人确实消灭了伊特鲁利亚民族和他们的国家，这似乎是"大欧洲"扩张行为的必然结果，"大欧洲"主义是罗马之类民族的唯一存在理由。

现在我们只能从伊特鲁利亚人坟墓中发现的物品来了解这个民族了，拉丁作家提到过他们，但要说第一手资料，我们没有别的，只有坟墓里的东西。

所以我们必须去看他们的坟墓，或者去存有从他们的坟墓中搜刮来的文物的博物馆。

就我自己来说，在派拉加（PERUGIA，意大利中部乌巴利亚的一个主要小镇）的博物馆我开始第一次关注伊特鲁利亚文化。我突然被它们所吸引，好像是那样，其中有突然产生的同情，抑或是突然的轻蔑和冷漠。人们大多轻视公元前不是古希腊的东西，理由是即使它们不是希腊的，也应该像希腊的。所以伊特鲁利亚文物被放到了苍白的希腊—罗马仿制品的地位，并且像蒙森这样伟大的考古学家竟也几乎不承认伊特鲁利亚人曾经存在过。显然他们的存在使他反感，对于他，普鲁士人只是统治一切的罗马人时代受普鲁士人奴役的人而已。所以作为一名伟大的考古学家，他几乎否认伊特

（接上页）形成了一个政治独立的城市大联盟。在公元前四世纪，由于塔奎因王被罗马王放逐及几次军事失败，它被迫称臣于罗马，由此，其文化开始衰弱，并逐渐被罗马文明吸收，直至最后民族文化完全消亡。

鲁利亚人真正存在过，他不愿提起他们。这对一位伟大的考古学家真是已经足够了。

除此，伊特鲁利亚人还"邪恶"，我们都知道这一点，因为他们的敌人和灭绝他们的人都这么说，这正如我们所知的最近一场战争中[1]我们的敌人所持的无法言说的深奥理论一样。对于敌人来说，谁不邪恶？对我的诋毁者来说，我是个彻头彻尾的恶魔的化身，真棒！

然而，那些纯洁的、生活清白的、心灵美好的、像雪花一样粉碎了一个又一个国家、碾碎了一个又一个人的自由灵魂的、由麦塞琳娜和希利伽巴拉[2]之类统治的罗马人，他们说伊特鲁利亚人邪恶。够了！"主人说话时，任何人都得闭嘴！"伊特鲁利亚人是邪恶的！可能是地球表面唯一的邪恶民族！亲爱的读者，你和我，我们是两片未受玷污的雪花，不是吗？我们有各种权利作出自己的判断。

然而，对我自己来说，如果说伊特鲁利亚人是邪恶的，我很高兴他们是，正如某人所说的，对于清教徒来说，任何东西都是不纯洁的，而罗马人的那些顽皮邻居至少逃脱了成为清教徒的厄运。

但让我们还是到坟墓去、去看坟墓吧！在一个阳光灿烂的四月的早晨，从罗马，这个永恒的城市，戴上我们无边的黑色遮阳

---

〔1〕 指第一次世界大战。
〔2〕 麦塞琳娜：公元前54年至前41年在位的罗马皇帝克劳第阿斯一世的第三位妻子；希利伽巴拉：公元前218年至前222年在位的罗马皇帝。他们两人均因邪恶堕落和生活放荡而臭名昭著。

帽，我们出发去了坟墓。去坟墓的路途并不遥远，沿着去比萨城的道路、穿过罗马平原到海边只有约 20 英里。

罗马平原，因其所拥有的广袤的绿色麦浪，几乎又是人类的了，但仍有处处长着一丛丛或遍布整个原野的小水仙花的潮湿荒地，和片片长有春黄菊的古怪的、冒着白色泡沫的地方。

这是在一个阳光灿烂的四月初的早晨。我们正奔向色维特里，那就是古代的凯瑞或凯丽，它还有个希腊名字叫阿及拉。可能当罗马人最早在上面建起他们的小茅屋时，它还是个灰色而俗艳的伊特鲁利亚城，而现在那儿只有坟墓了。

珍贵的《意大利铁路指南》说那个车站是坡罗，色维特里距它 8 公里半，大约 5 英里，去那儿只有慢邮车。

我们到了坡罗，荒原中的一个车站，然后问是否有汽车去色维特里。竟然没有！有的只是停在外面的一匹古种白马拉的一辆古式马车。它要去哪里？去拉狄斯坡里！我们很清楚自己不想去拉狄斯坡里，于是在荒原上茫然四顾——能找到随便什么马车吗？——看来很难。正如他们老说的那样：难！这意味着不可能，至少他们不会抬起一个指头来帮助你。——色维特里会有旅馆吗？他们不知道。他们从没拥有过旅馆，尽管在 5 英里之远的地方就有它。可那儿只有坟墓。——好吧，我们将把两个包留在车站。——然而他们不能接受它们，因为没有上锁。但装日用品的包什么时候用得着上锁？难！那么好吧，让我们放下包，你们想偷就偷吧。不能！不能将一个没上锁的装日用品的小包留在车站。这样的道德责任感！当官的管得真多！

不管怎样，我们去那家小快餐店里的男人那儿试了试。他很直率，但似乎还行。我们把东西扔在了那个黑暗小餐厅的一个角落里，然后便步行出发了。很幸运这只是晨遇中微不足道的一桩小事。

我们走的是一条平坦、白净的大路，开头几百码是两边夹有伞松的漂亮马路。这条路离海不远，但路很快便显得荒芜、单调、白热，并且除了远处一辆贵族牛车外一无所有。那辆牛车看起来像只带四个角的巨大蜗牛。路边高大的日光兰正随意地开放着卷曲的粉红色穗状花朵，发出猫一般的气味。左边的远处是海，在那一望无际的绿色麦田以外，地中海一平如镜，正闪着死寂的波光，一如它在低岸之处的模样。前方有不少小山，还有一座有幢丑陋的灰色大楼的破烂的灰色村庄。那就是色维特里了。我们沿着这条乏味的大路跋涉向前，毕竟，我们的路程只有五英里多一点。

我们爬上斜坡、走近了村庄。色维特里，即古代的凯丽，像大多数伊特鲁利亚城一样，坐落于有着陡峭斜坡的山顶之上。它曾被罗马人吞并，罗马帝国灭亡后，它也随之全部消亡了。但随后它又虚弱地复活了过来，今天我们便来到了这座古老的意大利村庄，一座环绕着灰色围墙、有几幢新的粉红色盒子型房子和坐落于围墙外的小屋的村庄。

我们走进了村口。那里有许多男人在懒洋洋地闲聊，骡子拴在柱子上。我们在一段段灰色的弯弯曲曲的小街上寻找着可吃饭的地方。很快我们看到一块写着"维尼·卡锡那葡萄酒和厨房"字样的招牌，但发现它只是个很深的山洞，里面有几个赶骡子的人正在那里喝黑葡萄酒。

没法子，我们只好走近在街上清理邮车的一名男子，问他是否还有别的饭店。他说没有。由此我们只好走下几级台阶，走进了那个山洞。

每个人都极其友好，但食物很平常，肉汤极稀，显然是用煮过的肉片做的，里面有些极细的通心粉，一些牛肚，还有些菠菜——汤没什么味道，肉味几乎没有，菠菜，哦上帝，已在煮牛排时撇出的油汤里煮烂了。这便是一餐——外加一片所谓的羊奶酪，那是纯咸味的、腐臭的、可能来自撒丁岛的奶酪；还有葡萄酒，那味道像……可能就是，掺了大量水的加勒比黑葡萄酒。而这便是一餐饭。

我们得去坟墓了。

一名脚穿带钉的马刺靴、羊皮裤腿上蓬松地挂着长长的浊棕色羊毛的牧羊人昂首阔步走进了山洞。他露齿笑了笑，喝起了葡萄酒。这一切立刻使你觉得似乎又见到了腿上挂着蓬蓬松松的羊毛的牧羊神。他的脸是牧羊神式的、未被道德感弄僵化的脸；他露齿而笑时不发出一点声音；他与正从酒桶里取酒的那人闲聊时显得很恭顺、害羞。显然牧羊神是害羞的、非常害羞，尤其当他是像我们这样的现代人时。

他用眼角瞟了我们一眼，迅速低下头，用手背擦了一下嘴，便走了出去。在外面他用垂着羊毛的腿爬上他那匹精瘦的小马，打一个转身，随即响起一串整齐的马蹄声，他从围墙下嘚嘚地走向了旷野。他是那种再次逃离城区、比任何基督圣徒远更羞涩、敏感的牧羊神，你无法把他像鸡蛋一样煎老。

　　我由此想到，现在人们在意大利已很难见到这样的牧羊神脸了，而在战前，这样的脸是很常见的：黝黑而微带沉静的、鼻梁笔直的、有一小撮黑胡子并常带些黑色络腮胡子的脸；黄色的眼珠在长长的睫毛下显得有些羞涩，但偶尔会闪现出迷人的光亮；说话时其灵活的嘴唇会以奇怪的方式显露牙齿、洁白明亮的牙齿。这是过去在南欧很常见的古老的一族，但现在你已很难见到这类带着无意识的、毫不做作的牧羊神脸的幸存者了。显然他们在战争中已被全部杀尽，他们那时肯定明白这样一场战争会使他们无法幸免于难。无论如何，我所知的最后一个"牧羊神"，一个和我年纪相仿、约40多岁的英俊的家伙正在变得古怪乖僻，他已被恢复的战争记忆和女人的无情抛弃所辗碎。很可能当我再度南游时，他已经消失了。他们无法幸存，这些有着牧羊神脸的、线条纯洁，又有着奇怪的非道德似的镇静的人们。

　　只有有着被蹂躏者之脸的人才能幸存。

　　谈了这么多意大利近海牧羊人的事！我们出来走到了色维特里、古老的凯丽那阳光灿烂的四月的小街上。这是一小段被封闭于围墙之内的破旧小街，左边山坡上是城堡、卫城、高地，也是伊特鲁利亚城的最高点。然而现在高地已经荒废，上面有一座巨大的、破败的、如总督府或主教府第式的、蜿蜒于城堡门后山顶之上的古堡，它的底下是一座绕有颓败围墙的歪歪斜斜的荒凉庭院。无法形容这座庭院的荒凉、死寂，它对于底下灰色的那一小段幸存的街道来说似乎有点过于巨大了。

山洞里的一位姑娘，一位善良的姑娘但蹩脚的厨师，为我们找来了一位向导，显然是她的兄弟，带我们去墓地。他是个14岁左右的小伙子，如这个被遗弃之地的任何人一样，羞涩、多疑而内向。他叫我们等着，然后便跑到什么地方去了。我们于是在小咖啡店里喝起咖啡来，门外的摩托公交车整日停着。我们的小向导回来时带来了另一个小男孩，他将陪他一起去。这两个男孩联成一体形成了一个安全的、防备我们的小世界，并在我们的前面尽可能远地疏远着我们。

　　陌生人总是威胁。B和我是两个性格非常沉静的无害男人，但头一个男孩无法忍受单独与我们呆在一起。不能独自走！这就像在黑暗中一样，他可能很害怕。

　　他们领着我们走出了这座古老小镇的惟一一个大门。骡子和小马拴在外面荒芜的斜坡上，负重的骡子缓慢而至，一切犹如在墨西哥。我们转向左边，走到了岩石悬崖之下。所谓的"宫殿"在它的顶端层出不穷，它们的窗户俯瞰着整个世界。好像伊特鲁利亚人曾一度切割出了这片低低的岩石表面，而现在矗立着的色维特里那围墙环绕的村庄的整个山顶，可能就曾是凯丽城或者是阿及拉——曾成了辉煌的希腊人大本营的伊特鲁利亚城市的峰巅、方舟、内部避难所，以及圣地。那里有片当罗马还是蛮荒野地时，从爱奥尼亚[1]或者从雅典来繁忙的凯丽城寻求发展的希腊殖民者拥有的完整的市郊。大约在公元前390年，高卢人（古罗

---

〔1〕 古希腊工商文化中心之一，在小亚细亚西岸。译者注。

马人的一支）曾经猛攻罗马城，罗马人于是赶忙把姑娘和其他妇女儿童送到了凯丽，而伊特鲁利亚人把他们收容进了自己富饶的城市。很可能这些难民姑娘当年便栖身于这一片山岩之上。

也许不是这样，凯丽城址可能并不在此，但可以肯定它就盘踞在这片山顶之上，或在东面或在南面，占据着这块小高原的整个地区。在大约方圆四五英里之内，当年曾蜿蜒着有目前的色维特里城 30 倍大的一座伟大的城市。可惜伊特鲁利亚人建任何东西都用木头，房屋、庙宇、所有的防御墙、巨大的城门、桥梁及排水设施都用木头，因此伊特鲁利亚城消殒得如同鲜花一般彻底。

只有其坟墓——像灯泡似的坟墓，仍在地底留存。

但无论何时只要可能，伊特鲁利亚人总是把他们的城市建在一条狭长的高地或俯瞰四周乡野的中心高地之上，并喜欢有一片岩石悬崖作基础，就像在色维特里一样。围绕着这座悬崖之顶、这个中心高地的，总会有一条封闭的城墙，有时是长达几英里的巨大城墙。在城墙之内，他们喜欢有一片内部高地、制高点、堡垒；而在外面则喜欢有陡峭的斜坡或深深的沟壑，沟壑对面会有座平行的山峦。他们喜欢在对面平行的山峦上，为其死者建城，那便是他们的大墓地。因此他们可以站在自己的城堡里俯瞰山谷，那儿小溪正穿过灌木丛潺潺流淌，流经生命的城垛、为活的城市的彩绘房屋和庙宇而欣喜；然后流向近在咫尺的其亲爱的死者的城垛，欣赏自己流畅的奔流以及那儿的石头象征物和彩绘的墓表。

这便是色维特里的情形。从海滩——在伊特鲁利亚人的时代，海可能只有一两英里远，——大地沿着一片斜坡轻松上升到城市那不高但俯瞰一切的悬崖的底部；而在其后面，则出现了远离大海的城门，你可以从城镇不高但陡峭的悬崖底部沿岩石之路走向满是灌木的深谷。

在这儿，在深谷间，城镇——不妨说是村庄——建起了它的洗衣房，妇女们在那儿静静地漂洗着麻布。她们都是古老世界里那种面容姣好的女人，带着内向而宁静的、非常吸引人的神情。过去的女人肯定有这样的神情，在这些女人的内心好像总有什么可以探索关注的东西，因此她们的眼睛从不向外界探索，而这都是些无法再失而复得的东西。

山谷的另一边，沿着一条陡峭的小路上去，有片极陡的岩坡，两个男孩温驯地在前面攀爬着。我们经过一个在岩石表面挖出的门洞。我朝这潮湿、阴暗的小石室里面瞟了一眼，觉得这里显然曾是一座坟墓，但肯定不是重要人物的坟墓，因为石室那么小又在悬崖表面。这个墓室现在已完全颓废。班迪塔西亚（色维特里的主要墓群区）的大古墓都覆盖着大土丘，没有人注意这类在悬崖低处、在灌木丛中的潮湿小墓穴——所以我攀爬着快速跟上了其他人。

我们登上了开阔而未经开垦的原始平原。犹如在墨西哥，在这儿不算大的范围内，有片平坦的、被遗弃的土地；不远处，在不大的间距内，有一座座小小的、金字塔形的土丘直接从平地升起；在它们之间，一个骑马的牧羊人正绕着一群绵羊和山羊策马飞奔。一切看起来都很小，这情形正像在墨西哥，只不过更小、更有人情味而已。

男孩们向前穿过了这片荒芜的土地。荒地上有许多花草，小小的紫色的马鞭草花、小小的勿忘我花，还有许多有淡淡甜香味的野木樨花。我问男孩它们叫什么？他们麻木不仁地回答说：这是花！在伸向山谷一边的斜坡上，日光兰长得又浓又密、充满了生机，有着粉色微卷花朵的高高的花枝直达我的肩头。这些日光兰十分引人注目，它们在这片荒芜的海边土地上显示了超然的特性，我由此认为男孩们肯定对它有个称呼，然而竟没有！他们腼腆地给了我相同的回答：这是花，它发出臭味！——两个事实都无可辩驳，不容人置疑。尽管如此，日光兰的花味对我却并不怎么难闻，我发现了这种花，现在我已对它十分了解，并觉得它很美——以其自有的方式开放着它那大大的、星形的粉白色花朵，还有不少带有红黑条纹的花苞正含苞欲放。

许多人对希腊人不以为然，认为他们培育了太多的日光兰。这是真的，"日光兰"这个词让人想起某种高大的、神秘的百合花，而不是这种生机勃勃的、自信的、只带一丝洋葱味的花。但我不喜欢神秘的百合花，甚至也不喜欢蝴蝶百合所含有的那种古怪的羞涩。站在西西里的岩石上，看着粉红色的比我还高大的日光兰骄傲地、如海中云彩般地向上生长开放着，以独有的锐气和生命的风采开放着它那不同一般的粉色花朵，并在花骨上储存了那么多带条纹的花蕾，我得承认我崇敬这种花，它有种不可估量的荣耀，就如古希腊人所喜爱的那样。

有人认为我们这样叫这种希腊日光兰的名字不对，因为在希腊某些地方人们称日光兰为"黄花"，这位英国学究由此认为，

11

这种希腊日光兰可能就是一种黄水仙。

这种说法不对！在伊特那（欧洲最高的活火山口）有种非常优雅的、如丝绸般的黄色日光兰，纯粹金黄色。上帝知道黄色的野水仙花在希腊有多普遍，水仙，那种多花水仙是纯地中海和希腊的花，而那是黄色水仙，是斋月的百合！

尽管去相信那位想把高大的、骄傲的、生机勃勃的、无所顾忌的日光兰变成最温和的黄水仙的英国现代人吧！我认为我们的人不喜欢日光兰是因为我们不喜欢任何骄傲的和生机勃勃的东西。爱神木花与日光兰花开花方式正好一样，会火爆爆地怒放它那雄蕊的生命力，我相信正是这一点让古希腊人感觉到了，因为他们自己便是那样一种人。

无论如何，这是去墓地路上的随感。坟墓就在前面，蘑菇状的草绒绒的土丘、巨大的蘑菇状的土丘，就在山谷的边沿——当我说山谷时，请别以为是美国的大峡谷之类的山谷，它只是一个小小的、意大利式的溪谷山沟，那种你几乎可以跳下去的山谷。

走近后我们看到，原来那些大土丘都有石砌的基座，四周有巨大的、成斜角的雕花石块环墙蜿蜒起伏，灵巧地吻合着地表。这是些起伏的线条，就像环墙是砌在半截沉在海中的起伏着的巨大浮标上一样。环墙部分已埋入土中。那里还有条墓间大道，大道中间有条埋入土中的与山谷平行的便道。显然这是墓地大道，犹如美国新奥尔良的百万美元墓地，但愿那儿没有恶兆！

在我们和坟墓之间有片有倒刺的铁丝篱笆，中间有扇铁丝网门，门上有告示说不许采摘里头的花朵。不管它意味着什么，那儿根本没有花。另有一则告示说，你无须给导游小费，因为他是免费服务的。

男孩们跑进旁边一座新建的小水泥房中，带出一位导游来。那是个眼睛红肿、手上绑着绷带的年轻人，一个月前他在铁路上丢了一个手指头。这位导游很羞涩，有点自言自语，长相既不引人注目也不快乐，但举止很得体。他手上拿着钥匙和一盏乙炔灯，我们于是跟着他走进铁丝门走向墓群。

我来过伊特鲁利亚人呆过的地方，每次总觉有种奇怪的宁静感及平和的好奇感。这与我在塞尔特人居地[1]时感觉到的怪异感、在罗马及其郊外时感到的轻微厌恶感、在墨西哥托提火坎和巧鲁拉及其南部的米特拉伟大金字塔神坛旁时感到的些微恐惧感，或在斯里兰卡佛教圣地时感到的亲切的偶像崇拜感大不一样。这些巨大的、草绒绒的、带着古代石头围墙的古墓里有种宁静和温和，走上墓中大道，我仍能感觉一种萦绕不去的家庭气氛和幸福感。真的，这是个宁静而阳光灿烂的四月的午后，云雀正从柔软的草丛中飞出，但在那个沉入地下的地方，空气中有种宁静和安详感，让人觉得这是个人类灵魂安息的好地方。

我们走下那几级台阶、走进古冢内的岩石墓室时，我仍有相同的感觉。墓内已一无所有，就像被扫荡一空的屋子：居住者已不在，现在它在等待下一个来者。但不管离开的是谁，他们都在身后留下了愉悦感，让人心灵深处感受到温暖和仁慈。

---

[1] 爱尔兰、苏格兰高地的人种。译者注。

伊特鲁利亚墓中壁画之一：带翅膀的马

这些死者的家不仅大得惊人，也相当漂亮。它们是从活岩中挖出的，犹如正式的住房，顶端有个切出的、模仿活人住室的天窗。确实它就是一个家。

你进去后会发现有两间小小的前墓室，一间在右，一间在左。他们说这是存放奴隶骨灰的地方。骨灰装在瓮中，被搁在巨大的岩石长凳上。可以推测，奴隶们总是被火葬的。在色维特里，主人们总是完整地躺在那里，有时是在巨大的石棺内，有时则是在大石膏棺内，衣着豪华、威风凛凛。但他们大部分情况下只是躺在坟墓内四周墙边宽阔的石板上，静静地躺在那儿一架架开盖的棺盖上，而不是被封闭于石棺内，他们沉睡的样子犹如活着一般。当然现在这些石棺上早已空空如也。

中央墓室相当大，可能中间还有一根巨大的方石柱，犹如木柱支撑屋顶般支撑着结实的岩顶。大墓室四周有一圈宽阔的石板床，有时是双层石板，死者躺在那上面的石棺中，或雕刻过的石堆、木堆上，通常男人身着闪闪发光的金色盔甲，女人穿着白色与深红色相间的大袍、脖子上环绕着巨大的项链、手指上戴着戒指。这里躺着的是一个家庭：伟大的首领和他的妻子们，鲁库蒙斯（伊特鲁利亚人的首领和宗教领袖的复数称法。译者注）以及他的妻子儿子女儿们，一座坟墓内葬有许多人。

再远一些又是一条岩石通道，不怎么宽，像在埃及一样越往上越窄。一切都让人想起埃及，但从整体上看，这儿的一切显得平朴、单纯，通常不带修饰。由于平易自然所致，它的美让人几乎忽略了。真的，一切显得那么自然普通，与我们习惯的精神意识中更理性、更精细的那部分美感相比，它属于阳具崇拜意识中的自然美的部分。

穿过内部通道，我们看到了最后一个墓室，它又小又黑并处于墓的最顶端。对着门是延伸的石床，上面躺着的可能便是鲁库蒙（伊首领和宗教领袖的单数称法。译者注）和他的随葬品：渡死者去彼岸世界的青铜小船、主人打扮用的首饰瓶、装满小碟的花盆、青铜小工具和小雕像，还有武器和盔甲，尽是这位重要死者的有趣行头。有时在这样的内部墓室中，会躺着一位妇人——一位伟大的女子，身着豪华衣袍，手上拿着镜子，身边排列着的陶瓷陶瓶里装着她的珠宝首饰、梳子和化妆银盒。

她们总是穿着盛装辉煌地去向彼岸。

墓群中最重要的要数塔奎因家族的坟墓，这个家庭曾将几位伊特鲁利亚国王献给了早期的罗马（早期的古罗马共和时期曾有过伊特鲁利亚人当的王。译者注）。走下一段台阶，走进塔奎因家族的地下之家，如伊特鲁利亚人所记载的那样，你会发现在那间巨大墓室的中间有两根柱子连着岩顶，死去的塔奎因家人们那巨大的起居室的墙，如果我们可以这么说的话，是用毛粉刷的，但没有壁画。在长长的双层石床上方的墙上神龛里有些字，是用红色或黑色书写，或用手指划拉出来的歪歪斜斜、不时向下倾斜的草写字体，字是从右往左写的，带着伊特鲁利亚人特有的随意和生命活力。

我们可以视读这些轻松的文字，因为它们看起来就像某人才在昨天无意间用粉笔轻松涂上去的一般，当然用的是古代伊特鲁利亚字母。这些字很简单，我们可以读，但不懂其意。"奥尔——塔克那斯——拉瑟尔——克莱恩……"十分简易，但什么意思却无人确切知晓，可能是人名、姓氏、家庭关系、死者的头衔之类的——我们可以猜到些许。"奥尔，拉瑟尔·塔克那斯的儿子"，考古学家们这么解释，理解也就仅此而已，因为我们无法读懂整个句子。伊特鲁利亚语至今仍是个谜，但在恺撒皇帝时代，这是意大利中部——至少是中东部大部分人的日常用语，许多罗马人如我们英国人说法语般地说伊特鲁利亚语，而今天这种语言已完全消亡了，命运真是个怪物。

被称为"格劳塔·培拉"的坟墓很有意思，墓内四周巨大的死者石床上方和神龛四周的墙上，以及石柱上全有浅浅的浮雕和石粉浮雕。浮雕上刻的大多是战士的武器和勋章，有盾、头盔、胸甲、护腿的胫甲、剑、矛、靴子、腰带、贵族的项链等；然后

色维特里墓内
双头动物石雕

是祭祀用的酒盏、君王的权杖、作为人生时及其死亡旅途中的护卫的狗、在生死之门两边站立着的狮子、半人半鱼的希腊海神、传说中的人鱼，以及在人类生死之海的波涛中畅泳、把头深深扎进水中的鹅和鸟等，一切尽现在墙上。无疑一切在墓中代表了主人活着时曾拥有过的真正的东西。当然这一切现在已荡然无存，但当我们记起每座贵族墓内必有的大量珍宝，记起每座大古墓内包含的多个墓室，记起在色维特里大墓地中至今仍可见到的几百座墓冢，以及一直伸向海边的这座古老城市另一边所有的大量别的墓冢，我们便可以想象这座城市，在罗马帝国几乎还没有黄金，甚至青铜还是稀贵之物的时代，在给它们的死者所提供的大量财宝中所显示的富有。

自地下岩层中挖出的坟墓显得十分友好亲切，它们使人下去时没有压迫感，这肯定部分缘于在伊特鲁利亚尚未罗马化、尚未受到外来文化侵蚀的几个世纪中，所有伊特鲁利亚东西中体现出

17

来的纯自然的特殊魅力。在那些地下世界的墙垣及其空间的形状和节律中，有种与最独特的、心胸坦荡的自然性和本能相结合的单纯，而那曾是他们的精神所在。

古希腊人热衷于在人的心灵中留下印象，现在的哥特人仍然，甚至更加热衷于此，但伊特鲁利亚人不，伊特鲁利亚人在他们平易的几个世纪中，如呼吸般自然平易地干着自己的事情，他们让心胸自然而愉快地呼吸，对生活充满了满足感，甚至连坟墓也体现了这一点，而这便是真正的伊特鲁利亚人的素质：平易、自然，一个丰富的人生，在任何方面都不用强迫自己的心灵。

对于伊特鲁利亚人，死亡是伴随着珠宝、美酒和伴舞的牧笛声的生命的一种愉快延续，它既非令人心醉神迷的极乐世界，既非一座天堂，亦非苦难的炼狱，它只是美满生活的一种自然延续，一切都与活着的生命、与生活本来一样。

"宴会之墓"壁画中吹双管笛的男子

然而伊特鲁利亚人的一切，除了坟墓都已荡然无存，这似乎有些奇怪。当你从墓中出来又走进四月的阳光之中，走上柔软的、青草覆盖的、在墓间深陷的墓道，回头再看一眼石阶下的墓冢那无门的通道，会发现它竟是那样的使人感觉宁静、愉悦、欢快，那样的舒和。

B 刚从印度回来，他看到许

多墓门边阴茎式的石块时感到十分惊讶——怎么，这与印度伯那里斯的湿婆男性生殖器崇拜物竟那么相似！它完全像印度湿婆洞和湿婆庙中的阴茎石！

那是另一件令人好奇的事。你可以自在地生活、读遍所有有关印度或伊特鲁利亚的书，但决不会读到哪怕一个有关在伯那里斯或一片伊特鲁利亚墓地见到的、在开头五分钟内便会令你印象深刻的这件东西的词，这就是阴茎象征物。这里无疑到处都是，石头的、大的小的、竖在门边的或插入岩石的、极小的……围绕着坟墓竟到处都是，都是阴茎石！也许有的古冢就是用巨大的阴茎石柱支撑着墓顶，有的则竖之于门旁，门外岩石中还插有许多七八英寸长的小阴茎石。这些小阴茎石好像总呆在门外，看起来像是岩石的一部分，但它并不长在岩石上。

B拔出了一个，发现它是经切割后被人塞进石窝再用粘胶物固定于其中的。B把这块阴茎石放回了石窝中，可能，在基督诞生前五六百年它便已在那里了。

据说那些可能是竖于坟墓顶端的大阴茎石上有时会被刻上美丽的图案或铭文，考古学家们称其为"墓地纪念碑"。但显然"墓地纪念碑"是一根削去顶端用作墓碑的柱子——一根精短、常常是方形的、削平的、削去顶端的石柱，可能代表一个被削短了的生命。有些小圆阴茎石也像它们一样被削去了顶端，但其余的大多是高大、粗壮、有装饰性花纹、有真正阴茎圆锥头的，插入岩石中的小阴茎石也未被削短。

在有些墓冢的通道旁会有间雕刻而成的石室，或者说是石头

色维特里墓内石棺床

的仿屋形厢室，上面有如长方形屋顶两个斜坡般的倾斜的石盖。在铁路上工作、并非资深学者的那个向导男孩轻声说，在每位妇女之墓的甬道上方都有这么一座石室；他又说，每位男子之墓的墓道前有一个阴茎石或阴茎崇拜物。由于大墓都是家族墓，或许它们兼有两者。

男孩说，石室象征着诺亚方舟的上部（不包括船的部分）。对了，我们儿时所有的诺亚方舟玩具盒中装满了动物，那便是方舟、容器、子宫，即整个世界的子宫带来了所有的生命；子宫、方舟，也是生命最后逃遁的避难所。子宫，生命得以保障的方舟，其中孕藏着永恒的生命的秘密、神赐的食物和其他有关生命的神秘物质，它被象征性地放置于色维特里的伊特鲁利亚人的墓道外。

也许从过于强调这两个象征物的伊特鲁利亚人的世界中，我们能找到伊特鲁利亚意识被彻底摧毁、消亡的原因：新世界要让自己摆脱古老世界、古老的物质世界的这些无所不在的致命的象征物，而伊特鲁利亚人的意识却是十分愉快地植根于这些象征物、阴茎和子宫的象征物之中的，所以所有这些意识、所有伊特鲁利亚的节奏节律，都必须被摧毁。

在炎热四月的蔚蓝的天空下、在云雀的啾啁声里，现在我们再一次明白了，为什么罗马人称伊特鲁利亚人邪恶。罗马人即使在其全盛时代，也并非真正的圣人，但他们认为自己应该是圣人，于是他们憎恨阴茎和子宫，因为他们想要王国和君权，更想要财富和社会成就。但鱼和熊掌不可兼得，要统治各国又要攫取大量钱财，那么，"迦太基必须被夷平！"——对贪婪成性者，谁阻挡其贪取之路谁便是邪恶的化身。

尽管大部分大墓冢未能得以幸存——它们大部分已被夷为平地，但那儿仍存留了许多古墓：有些半淹于水中，有些正在被挖掘过程中，因为那儿成了采石场，尽管现时采石工作已停止并遭遗弃。

古墓很多很多，你必须逐个去看，因为它们全是自地表往下挖出的。如果哪儿有大墓冢，它肯定是后来人们用松土堆起来、周围围上石头而成的。有些墓冢已被夷平，但从远处看整个墓地还是起伏不平的。

尽管有些墓大有些墓小、有些高贵有些低贱，但它们都留存了下来并或多或少有些相似。好像它们大部分在前墓室后面都排有几个墓室。沿着一条死亡者的高速公路，所有这些坟墓好像都曾给加了顶，然后，借助于墓冢美丽的圆顶——代表了死亡者伟大业绩的巨大圆顶，高高的阴茎头为死者从圆顶上升起。

就我们所见，辽阔的墓地终止于一个荒芜的采石场和大废水坑边。我们于是回过身来，离开了这个伊特鲁利亚的亡灵家园。所有墓穴现在都已空空如也，都已被抢盗一空。罗马人在某个时期可能曾尊敬过死者，那是当他们的宗教还能容忍伊特鲁利亚人对他们施加影响的时期。

而后来，当罗马人开始如我们今日收藏古玩那样，收罗伊特鲁利亚人的古董时，那些坟墓便遭遇了大劫难。当所有金银器物和珠宝被从瓮中劫走时——这一切肯定在罗马取得统治后很快便发生了——陶瓶和青铜器肯定还留在原地。接着是富有的罗马人开始收藏陶瓶、带有彩绘图案的"希腊"陶瓶，陶瓶于是也被人从墓中偷走了；然后是小铜像、铜制动物、铜船——伊特鲁利亚人在墓中放置了几千只小铜船，这使铜船收藏在当时的罗马成了时尚。有些精明的罗马绅士以拥有成百上千个伊特鲁利亚小铜像而大肆炫耀。

然后罗马帝国灭亡了，野蛮人再次抢劫了墓中的剩余物，诸如此类的行为这么多年来一直在延续。自然仍会有些墓穴幸免于难，原因是土随水涌进并封住了入口，覆盖了坟墓的基石，茂密的灌木林、树林掩盖了墓冢，使人们在那里只看到一片山丘起伏、灌木丛生的荒凉野地。

在这一切的下面，坟墓静卧着，有的遭受了蹂躏，有的真是万幸，仍如处子般完好无损。曾有座完全未受损的坟墓静卧于色维特里大量墓地中的某个墓冢内，它不在大墓地内，而是独处一隅在小镇的另一头，直到 1836 年才被发现。当然它因此遭到了劫难——嘎莱斯将军和里高利涅主教挖开了它，所以它被称为"里高利涅—嘎莱斯墓"。

这个墓相当有意思，它是个原始的、如甬道般狭长的墓穴，中间有间隔，墓顶呈拱形，人们称这种拱形为"假拱"，因为它是由平板石一边翘起、一块挨一块往上叠，最后合拢而成的，顶中央的大石板平卧如顶盖，形成了几乎如歌德式拱顶的平形顶，这种拱顶建筑法可能出现于公元前八世纪。

它的第一个墓室内放着一位战士的遗体，他穿着铜盔甲，这件盔甲细致美丽犹如活人穿的一般富于生气，当然已陷于他的遗骸之中。在里面的墓室里，美丽的、薄脆的白金首饰散落在石床上，耳环落在遗骸的耳朵部位，手镯落在原是手臂的部位，显然，那是位贵族女子，大约 3 000 年以前的贵族女子。

他们拿走了一切，珠宝，那么精致细腻、令人爱不释手的珠宝，大部分成了梵蒂冈格里高利博物馆的收藏品。在"里高利涅—嘎莱斯墓"的两个小银瓶上，我们可以看到草书的铭文——"Mi Larthia"，它几乎是我们所知的最早的伊特鲁利亚文字，那么它意味着什么呢？"这是拉莎"——拉莎是一位女子吗？

在公元前 700 年时，凯丽的生活肯定已相当富裕奢华了，那时的人们喜欢柔软的金器、宴会和舞会，以及希腊大陶瓶。但你现在再也找不到这一切了，墓冢内已空空如也。对我们来说，他们制造的珍宝、色维特里生产的大量珍宝，现在已躺在博物馆里。如果你去那儿，你只会如我所见的那样，看到一座围墙紧围着的灰色而凄凉的小镇——可能有千把居民——以及空无一物的不少墓地。

但当你在下午四时许的阳光下坐进邮车、一路晃悠着到达那儿的车站时，你可能会发现，汽车边围着一群健美而漂亮的妇女，正在对她们的老乡说再见，在她们那丰满、黝黑、俊美、快活的脸上，你一定能找到热爱生活的伊特鲁利亚人那沉静的、光彩四溢的影子！有些人脸上有某种程度的希腊式眼眉，但显然还有些生动、温情的脸仍闪烁着伊特鲁利亚人生命力的光彩，以及伴随处女子宫之神秘感的、由阴茎知识而来的成熟感和伴随伊特鲁利亚式的随意而来的美丽！

塔奎尼亚 [1]

　　他们被认为是在遥远的公元前八世纪前的某个雾气弥漫的日子，从海上、从小亚细亚的某个地方漂流而至的人。伊特鲁利亚文明似乎是那个史前地中海世界中昙花一现的、可能也是最后的一个文明，他们的宗教甚至尚未创造出男女诸神，只相信某些宇宙力量或神秘的复合生命力……

　　在色维特里无处可过夜，所以我们能做的惟一事情便是返回罗马，或前去色微塔·唯卡 [2]。傍晚近 5 点时，汽车把我们扔在了佩罗站，一个前不着村后不着店的地方。我们得在那儿等待去罗马的火车，但我们打算去塔奎尼亚，不想再回到罗马，所以得等两个小时后 7 点的那趟车。

---

〔1〕 塔奎尼亚：塔奎尼亚曾是伊特鲁利亚的主要城市，后被野蛮人和罗马人侵占。在文艺复兴时曾一度繁荣，在 1872 年此城被称为"考内多·塔奎尼亚"，1922 年法西斯统治时又恢复其罗马名"塔奎尼亚"。
〔2〕 拉丢姆的海滨小镇，原是港口。译者注。

从远处我们可以看到显然是拉迪坡里的水泥城郊小屋和新房子。拉迪坡里是个靠海的地方，离我们约两英里远，我们于是步行走上平坦的滨海大路去拉迪坡里。在我们左边形成大公园一部分的树林里，夜莺已开始鸣唱，越墙看去，你能看到夜色下的大地上有许多玫瑰色的小仙客来花正在闪闪发亮。

　　我们向前走着，罗马的火车正驶过这儿的拐弯处隆隆而至，但它在拉迪坡里不停，在那儿两英里的海岸线轨上，它只在炎热的游泳季节才停。当我们走近路边的第一所丑陋小屋时，一辆由古式白马拉着的古代四轮马车驶过来了，马和车看起来都已被晒得几乎白如幽灵。它嗒嗒而过，碰着了我们。

　　拉迪坡里是罗马海边那类丑陋的小聚集地之一，完全由新水泥小屋、新水泥旅馆、凉亭和游泳设施组成，一年中有十个月是荒凉无生气的。它在七八月间会因充斥了前来游泳的肉呼呼的人群而变得沸腾热闹。现在它很荒凉，非常荒凉，只剩下了两三名管理人员和四五个野孩子。

　　B和我正躺在低平而一望无际的海边那灰黑色的熔岩沙上。在海的上方，灰色无形的天空正闪烁着它那苍白无奇的夜光；奇怪的低平的灰黑色海水中，则不时涌出些绿色的小浪。这是片荒凉得出奇的海滩，海水出奇地低平下陷、毫无生机，大地也像呼出了最后一口生气般陷入了永恒的死寂。

　　然而这是伊特鲁利亚人的第勒尼安海，在那里他们的船曾张着尖挺的风帆，用费劲的桨奋击海水，从希腊和西西里——希腊暴君统治下的西西里，从卡麦，一座凯佩尼亚的古老的希腊殖民地城市，现在的那不勒斯省，从伊特鲁利亚人挖掘其铁矿石的埃尔巴，漂驶而入。他们甚至被认为是在遥远的公元前八世纪前的某个雾气弥漫的日子，从海上、从小亚细亚的吕底亚[1]漂流而至的人。然而那是一大群人，那些日子乘许多小船而至的一整群人，竟一下成了意大利中部人口稀少之地的主人，这一切真令人难以置信。

也许船队确曾来过——甚至在尤里西斯[2]之前；也许男人们曾在这片奇特平坦的海滩登岸，然后扎下营帐，然后与当地土著商谈过什么，但谁也不知道新来者是吕底亚人还是头发在脑后盘起的希蒂特人[3]，抑或是从迈锡尼[4]或克利特[5]来的人。

也许所有各类人都曾成批来到这里，因为在荷马时代，地中海盆地似乎被一种不安分所笼罩，海上尽是各类古老种族摇着的船只，除希腊人或海伦人[6]、印度日耳曼族人之外，还有不少别的种族的人卷入了这一海域的活动。

但在3 000年以前或更早些时候，不管什么小船驶近这片有着柔软、深陷、灰黑色火山熔岩沙滩的海岸，船主肯定都未发现内陆的这些小山上无人居住。想想如果吕底亚人或希蒂特人把他们那长长的、船头画有两个眼睛的小船拖上岸，在堤岸后

〔1〕 小亚细亚西部一古代王国，在今土耳其境内。译者注。
〔2〕 希腊传说中的伊它卡之王，据说智勇双全。译者注。
〔3〕 即印度欧种人，公元前二世纪时曾占领过小亚细亚和巴比伦。
〔4〕 希腊东南部的一座古都，曾是太古青铜器文明的中心。译者注。
〔5〕 地中海东部一岛，属希腊。译者注。
〔6〕 希腊人的另一支。

面扎营以躲避强劲湿润的海风，会有什么土著人冲下来好奇地注视他们？

可那儿确曾有过土著人，对此我们大概可以肯定。可能在金衡制衰落之前，甚至在人们梦到雅典之前，这儿就有土著人了。他们在山上建造小茅屋，很可能笨拙简陋的茅屋一群又一群，还有一片片的谷地、一群群的山羊，可能还有牛群。或许这就像某个古老的爱尔兰村落，或是一个在苏格兰年轻的查尔斯王子[1]时代的海布里地岛人村落，在3 000年前，越过第勒尼安海，迁徙到这片意大利土著人的土地上一样。

而到了公元前约八世纪，当伊特鲁利亚人的历史在凯丽开始时，那儿的山上肯定已不止一座村庄了。我们可以肯定，远在"里高利涅—嘎莱斯墓"发现之前，那儿会有座土著人的城市，有座繁忙地编织着亚麻布、锻打着金子的城市。

不管怎样，有人来了，有人已在此，这一点我们可以肯定，而最初来此的人显然既非希腊人也非海伦人。可能是在古罗马帝国出现之前，甚至在荷马时代之前，先驱者便来到了这里。那些新来者，不管人数多少，好像都来自东部，来自小亚细亚或克利特或塞普鲁斯。

我们可以猜想，他们是古老原始的地中海人、亚洲人或爱琴海人中的一支。

我们历史开端的曙光基于某个史前历史，某个无文字记载的

---

[1]　查尔斯·埃德华·斯多特，1720—1788，年轻的苏格兰王储。

历史的没落。皮拉斯基人〔1〕现在已只是个影子般的词了，但希蒂特人、迈诺斯人〔2〕、吕底亚人、卡利亚人〔3〕、伊特鲁利亚人，这些词却一个个从影子中显现了，也许正是从某个同样巨大的影子中走出了这些名词所属的各族人。

伊特鲁利亚文明似乎是那个史前地中海世界中昙花一现的、可能也是最后的一个文明。这些伊特鲁利亚人，不管是新来者还是原始土著人，可能都属于那个古老的世界，尽管他们属于不同民族、不同水准的文化。当然后来，希腊文化对他们产生了巨大的影响，这得另当别论。

不管发生了什么，古代意大利中部的新来者终于发现占据了那块土地的众多的当地人种在迅速繁衍，并且这些现在被荒谬地称为"维兰诺凡人"的原始土著人，那时既未被驱逐出去，也未被征服过。

也许他们欢迎那些生活节律对他们无害的陌生人；也许其宗教文明程度更高的新来者并未对当地人的原始宗教构成威胁，无疑这两种宗教彼此各有相同的根基。也许当地原始人自愿地从新来者那里学来一套宗教式的贵族仪轨，就如今天的意大利人几乎也在做的那样。于是伊特鲁利亚世界出现了，但它是经历了漫长的几个世纪才得以出现的。伊特鲁利亚古国不是个殖民地，它是

---

〔1〕　史前居住在希腊及小亚细亚一带的人种。译者注。

〔2〕　迈诺斯文明以克利特岛为中心，繁荣于公元前 3000 年至公元前 1500 年。译者注。

〔3〕　古代土耳其西南地区的一支亚洲人。

个缓慢发展而成的城邦。

然而伊特鲁利亚国从未出现过。伊特鲁利亚只是在某个历史时期使用、至少是官方式地使用伊特鲁利亚语言文字的许多部落或民族组成的一个大联盟，很可能因有共同的宗教感情和宗教仪式而联合而成的。伊特鲁利亚字母像是借自古老的希腊文字母，显然是来自位于现在意大利那不勒斯北部的古希腊殖民地——古梅的查尔西底亚人的语言。

但伊特鲁利亚语并不与任何希腊口语、显然也不与意大利语同宗。我们不知它源于何处，也许极大程度上源自伊特鲁利亚南部古老的土著语，正如它的宗教可能基本是土著人的、归属某个史前世界广泛流行的古老宗教的一般。从史前世界的影子中冒出几种濒临灭亡的宗教，那些宗教甚至尚未创造出男女诸神，只是存活于宇宙力量因素，我们模糊地称之为"自然"的各类复合生命力的神秘迷雾之中而已。伊特鲁利亚宗教显然属于这样一种宗教，男女诸神似乎尚未以明确的定义出现。

当然这用不着我来下结论。只是，从模糊的时间背景中隐约显露出来的那些东西会奇怪地令人兴奋好奇。当你读过所有大部分彼此相矛盾的研究伊特鲁利亚文化的文章后，再来敏锐地观察一下那些坟墓及伊特鲁利亚人的遗物，你一定可以获得属于自己的结论性的感觉。

我们可以想象，甚至在所罗门[1]时代，甚至可能在亚伯拉

_____

〔1〕《圣经》中提到的以色列早期的贤明国王。译者注。

罕[1]时代，便有许多船只沿着这片低低的、不怎么引人注意的海域从近东来到了这里，并且不间断地涌来。当文明历史的曙光开始显现并变得光辉灿烂时，我们可以看到他们白色和深红色的帆正在乘风破浪。然后，当希腊人成群涌进意大利殖民地、当腓尼基[2]人开始开发地中海西部时，我们开始听到沉默的伊特鲁利亚人的声音并见到他们了。

就在这儿的凯丽的北面，人们发现了一个叫匹奇的港口，我们知道在那儿，希腊船满载着陶瓶和原材料以及殖民者，从古希腊或麦格那·格雷西亚[3]成群结队地涌入；腓尼基船也从萨丁尼亚[4]、从迦太基[5]，自泰尔[6]和西顿[7]绕道直驶而入。而伊特鲁利亚人则有他们自己的船队，那些船由大山中的原木建成，由来自北部伏尔泰拉的松脂嵌缝，装着来自塔奎尼亚的帆，满载着出自富饶的平原地区的小麦，或著名的伊特鲁利亚铜铁器，驶向科林斯[8]、驶向雅典、驶向小亚细亚的各个港口。

我们都知道伊特鲁利亚人与腓尼基人和西那库斯[9]暴君之间的那场伟大的、毁灭性的最后海战；我们也都知道后来除了

---

〔1〕《圣经》中提到的希伯来族之始祖。译者注。
〔2〕 叙利亚西部临地中海的一个古国。译者注。
〔3〕 意大利南部的古希腊殖民地。译者注。
〔4〕 地中海上一大岛，现属意大利。译者注。
〔5〕 非洲北部一古国，在今突尼斯附近，为罗马所灭。译者注。
〔6〕 古腓尼基南部一港口，在今黎巴嫩境内。译者注。
〔7〕 古腓尼基的首都，即今日的萨达。
〔8〕 希腊南部一城市，古时以商业、艺术及奢华闻名。译者注。
〔9〕 属迦太基人的一座古城，现为意大利西西里岛东南部的一港口。译者注。

凯丽人以外的所有伊特鲁利亚人，几乎像后来的摩尔人〔1〕和巴巴利〔2〕海盗一样，成了残忍的海盗。这是他们的"邪恶"的一部分，也是这一点使他们"充满爱意又毫无害人之心"的邻居，"遵从法律"、相信征服是最高法律的罗马人头痛不已。

无论如何，所有这一切都已是很久以前的事了，这片海岸自那以后早已发生了变化，饱受重创的大海已下陷退却，疲倦的土地虽并不想、但已无奈地显露了出来，新海岸线上的花朵痛苦地生长于拉迪坡里和海边的奥斯塔之类的游泳之地，那儿的荒凉和蚊子洋洋自得的嗡嗡声中又加入了对神灵的亵渎。

从底下变黑的海中吹来的风单调而寒冷，毫无生气的波浪在铅灰色天空下的铅灰色大海中涌出小片小片的纯绿色细浪。我们从灰黑色但柔软的沙地上站起，沿着先前那条路走回了车站，一路被那几个官员和普通人——维持着这片地方以等待下一拨游泳者重新来到的人们——窥视着。

车站一如平时一片荒凉，但我们的东西仍放在那家快餐店内那个黑暗的角落里无人动过。店主给我们拿来了冷肉、葡萄酒和橘子组成的精美吃食。天已入夜，火车准时开进了车站。

到色维塔·维卡需一个来小时。色维塔·维卡是个不太重要的小港，但蒸汽帆船通常是从这里出发去萨丁尼亚的。我们把行李交给一位友善的老脚夫，让他带我们去最近的旅馆。

---

〔1〕 北非一回教土族巴巴人与阿拉伯人所生的回教人种，居于非洲西北部。译者注。
〔2〕 北非沿海地区。译者注。

夜已深，我们从车站出来时外面已一片漆黑。

有个人诡秘地过来拍拍我的肩头：

"你是外国人，对吗？"

"是的。"

"哪国的？"

"英国。"

"你是有意大利居留权的还是持护照的？"

"我的护照在——你想要什么？"

"我要看你的护照。"

"在旅行箱里。为什么，为什么要看护照？"

"这是个港口，我们必须检查外国人的证件。"

"为什么？——热那亚[1]也是个港口，却没人查看证件——"

我有点气愤，他却默不作答。我让脚夫赶紧去旅馆，可那家伙竟诡秘地在我们身后半步远的地方一直跟着，一副杂种乡巴佬密探的样子。

在旅馆我要了一个房间并登了记，那家伙又过来要看我的护照。为什么他要看护照？为什么在车站外他那样问我话，好像我是个罪犯似的？为什么他要用那样的询问侮辱我们，而在其他意大利城市根本没人会来问我什么？——我怒火中烧，决定弄清诸如此类的问题。

他没回答我的问题，但顽固地盯着我，似乎想对我采取恶毒

---

[1] 意大利西北部一海港。译者注。

措施。他窥视着我的护照——尽管我怀疑他是否能看清楚——还问我们要去哪儿。他接着又偷看了 B 的护照，然后以不满的、令人讨厌的那种时尚假惺惺地说了声抱歉，走出去消失在了夜幕中。真是个卑鄙的人。

我很愤怒。如果我没带护照——我通常想不到带这个——那乡巴佬会给我制造多大的麻烦！也许我得在监狱里过夜，并受到五六个恶棍的欺侮。

那些讨厌鬼在拉迪坡里看着我和 B 去了海边，并在沙滩上坐了半个小时，然后又回到车站上车。我想这一切已足以引起他们的怀疑了，他们于是打电报给了色维塔·维卡。为什么即使在没有战争的时候当官的也总是那么蠢？他们会把我们做的事想象成什么？

旅馆老板善意地告诉我们说，色维塔·维卡有座很有意思的博物馆，我们无须等到第二天便可去观看。

——哦，我回答。然而这座博物馆所有的尽是罗马人的东西，我们并不想看那种东西——以我之见它居心不良，因为现任市政长官自认为是纯粹的古罗马的继承者。

那人恐慌地看着我，我对他轻蔑地笑了笑，——我说他们在这个欢迎外国旅游者来旅游的国度，对一个单纯的旅行者这么干用意何在？——噢！脚夫温和地说，因为这是罗马人的省，如果你离开了这个称为 "Provincia Di Roma" 的罗马省就不会再遭遇这样的事了。——意大利人的温和回答消除了我的满腹牢骚，牢骚真的消失了。

我们在乏味的色维塔·维卡大街上逛了一个小时。怀疑的人那么多，它使你想到那儿是否有许多战争在进行着。旅馆老板问我们是否还想呆下去，我们说我们得离开去赶早晨8点钟的火车到塔奎尼亚去。

我们真的随8点钟的火车离开了。塔奎尼亚离色维塔·维卡只有一站——在瘴气弥漫、左边临海、绿色麦浪翻滚、日光兰高耸着它们那穗状花束的平坦的乡野上，火车只需行驶约20分钟即到了。

我们很快见到了塔奎尼亚。在离海几英里的陆地上，塔奎尼亚的塔像天线一样高高耸立在低低的山崖边上。这儿曾是伊特鲁利亚的市政中心，是伟大的伊特鲁利亚人的首要城市，但它像别的伊特鲁利亚城一样消亡了，然后或多或少地，带着它的新名称，有了些中世纪式的复苏。

如其在几个世纪内被称呼的那样，但丁知道它叫考纳多——考纳塔姆或考纳丢姆——它的伊特鲁利亚人的过去已被人遗忘了。然而在100年以前，人们模模糊糊地记起了什么，于是将"塔奎尼亚"的名字重新加到了"考纳多"之后，称其为"考纳多·塔奎尼亚"！曾在这一意大利人发源地猖獗一时的法西斯统治，现在又删去了"考纳多"，所以这座城又一次被简称为"塔奎尼亚"了。

如果你现在从火车站坐摩托公汽进城，你可以看到用油漆刷在城门边墙上的白底大黑字的市名："塔奎尼亚"！革命的车轮又转回去了。除了那座中世纪城门，那儿还矗立着伊特鲁利亚词的牌子——拉丁式伊特鲁利亚语词——由法西斯统治者除掉又恢复的伊特鲁利亚名词。

但正是自认一切源自罗马，恺撒大帝们的罗马，世界霸权和罗马帝国的继承人的法西斯分子，开始在这一标记旁拼复显示伊特鲁利亚人之地的尊严的碎片。对于曾在那儿生活过的所有意大利人来说，伊特鲁利亚人显然是与罗马人血统最远的人。正如今天的意大利本地人判断的那样，在所有曾在意大利兴盛过的人种之中，古罗马时代的罗马人显然是离意大利人血统最远的人。

塔奎尼亚离海只有大约 3 英里远。公共汽车会很快过来载上你，然后在拓宽的城门大道上飞速奔驰，然后在城门里面的空地上转一大圈并停下来。我们在那块光秃秃的、似乎什么也不想有的空地上下了车，发现左边有座美丽的石头大厦[1]，右边有家建于城门上方低低的土墙之上的咖啡馆。城市海关的职员过来查看是否有谁带进了食品——但这仅仅是一瞥而已。我问他旅馆在哪里，他说，你是说睡觉的地方？——我说是的。他于是让一个小男孩帮我背着包，带我们去了民族旅馆。

在那些小墙围绕的城市中，通常是到哪儿都不会太远的。在温暖的四月的早晨，小小的石头城似乎还在半睡状态之中，然而事实上大部分居民早已出门去田野里干活了，他们一直要到傍晚才会穿过城门回家。

――――――――――

〔1〕 这石头大厦是塔奎尼亚中心广场上的一座文艺复兴时代的建筑，建于1436年，1924年被改为意大利国家建筑博物馆，收藏有最重要的伊特鲁利亚古董和意大利发现的古希腊陶器。

哪儿都带有稍稍的荒凉感——小酒店内也不例外，我们走上楼梯进店时便感受到了这一点。

那儿的底层不属于酒店。一个穿着长裤的小伙子挺着胸站到了我们面前，他似乎只有 12 岁，但已有成熟男人的样子。我们提出要房间，他朝我们看了一眼，目光便迅速移开去找钥匙，然后领着我们走上了上楼的另一段楼梯。

他对一个像是打扫卧室的女仆模样的女孩喊了一声，让她跟着，然后给我们看了两个房间，又打开了在这类小旅馆中很常见的一间大而空的集会厅，对我们说："你们不会感到孤独的"，他的语气很活泼，"因为你们能隔墙聊天。泰·琳娜！"他举起一个手指开始倾听——

"唉！"声音从墙那边传来，犹如回声，惊人地近，惊人地清晰。

"凡·帕莱斯多！"这位叫埃尔伯第诺的小伙子又喊。"埃帕龙多！"琳娜的声音又传来。

埃尔伯第诺对我们说："你们听！"——我们确实听到了。那分隔墙肯定是涂了奶油的细麻布。埃尔伯第诺很高兴，因为他已使我们相信我们在夜里既不会感到孤独，也不会感到害怕了。

事实上他是我所遇到过的最男性化、最具父性的小旅店经理，他自己管理整个旅店。他实际只有 14 岁，但有些显矮。从早上 5 点到晚上 10 点他都在忙碌之中，从不休息，并且总带着他那奇怪的、突然斜向一旁的迅速一瞥，那一瞥肯定浪费了他许多精力。

父亲和母亲在幕后工作，他们都显得年轻快乐，但似乎并不干涉儿子，埃尔伯第诺负责一切。——狄更斯见到了会怎样地喜欢他啊！但狄更斯看不见这男孩身上具有的深沉、可信和勇气——他丝毫不怀疑我们这两个陌生人。

塔奎尼亚人肯定富于人性而又高贵，甚至商旅者也如此，估计他们只是简单的农产品购买者和农用工具销售者之类的人。

我们又远足回到了城门边的空地上，坐到了外边一张廉价的桌子旁喝咖啡了。墙外远处有几座新建的小屋，绿色的大地迅速倾斜，一直斜向海边滩地的边缘，伸向朦胧的、微微闪着光的海中，那海似乎有点不像海。

我在想，如果这儿仍是一座伊特鲁利亚城，城门内当仍会有这种洁净的空地，但它不会是片被遗弃的空地，而会是片圣洁的地方，会有座小小的庙宇以保持其活力。

就我自己来说，我喜欢设想一座古希腊早期伊特鲁利亚式的小小木结构庙：小巧、优雅、脆弱，如鲜花般易消失。我们已到了倦于再见巨大的石头建筑物的地步，并开始意识到还是该使生活保持流动和变化，而不该设法把它固定于沉重的纪念碑上，因为人们建造的笨重建筑已构成地球表面的负担。

伊特鲁利亚人只建造小型的庙宇，像带尖顶的小房子，并且完全是木结构的。这些庙宇的外部，常装饰有赤褐色的横饰条、飞檐和顶饰，这使庙宇的上半部分看起来几乎全由精致镶嵌而成的陶器、陶瓷片所组成，并充满了造型自如的画像，如轻松欢快的舞蹈者、成排的鸭子、如太阳般的圆脸、露齿而笑并拖着大舌头的脸等，全给人以清新活泼、充满生机、毫不刻意追求什么的感觉。

确实，上面所有的图像小巧玲珑、匀称优雅，并且鲜活，具有某种迷人的而不只是给人印象的魅力。在伊特鲁利亚人的本能中好像有种想保持生命之自然诙谐本色的真正欲望，从长远来考虑那显然是件比占有世界或自我牺牲或拯救道德灵魂什么的更有价值，甚至也是更困难的事情。

为什么人类会有给别人留下印象的渴望！为什么在被施予了信条、施予了功绩、施予了建筑、施予了语言、施予了艺术作品之后，人类还会有这样的贪欲？而这种欲望最后竟成了被强加的、让人厌倦的东西。请给我们生动的、灵性的、不会永久存在而成为障碍、不会成为令人生厌之物的东西吧！可惜连米开朗基罗最后也成了一个蠢笨的、令人生厌的负担，走过他身边的人甚至都不想再看他一眼。

咖啡店对面、空地的那一边是维特尔斯基大厦，一座迷人的建筑，现在是一座国家博物馆——大理石碑上这么写着。然而那厚重的大门却关着。有人告诉我们这地方 10 点才开门，而现在才 9 点半，我们于是沿着陡峭但并不太长的街道漫步到了它的顶端。

顶端是公园的一部分，可以俯看市景，那儿有两个老头正坐在太阳下的一棵树下。我们走到了栏杆旁，没想突然看到了我所见过的最令人兴奋的景色：

外面是片小山起伏、完全自然的绿色原野，苍翠欲滴的麦浪柔和起伏、闪着一片新绿之光，并且没有一所房子阻挡视线。在我们脚下，悬崖向下倾斜着，在底部它的曲线对折而起逐渐向上，升向了面向一望无际的无瑕绿色的邻近一座小山。远处，座座小山把它们的涟漪荡向了座座大山；更远处则高高矗立着一座滚圆的山峰，那上面似乎有座迷人的城市。

如此一片纯洁的、起伏上升的、不受一丝污染的乡野，一片四月早晨的、遍是绿色麦浪的乡野！——还有奇特组合的座座小山！这儿似乎不存在现代世界的东西，没有房子、没有机械装置，只有人深深的惊叹和宁静，以及未受任何阻挠的奔放。

小山的那一面像个截然不同的伙伴。它的近处一端十分陡峭、充满了野趣，满是长青橡树和小灌木丛；公有的斜坡上有黑白花色的牛群在吃着草；在其蜿蜒的山脊上则是成长着的绿色麦浪，一直向下延伸至遥远的南方。

在那儿你立刻便会感觉到：那座山有其灵魂，有某种意义。

躺在塔奎尼亚那座长长的山崖的对面，面对那个矗立在优雅的小山谷对面的伙伴，你立刻便会感觉到，如果这座山上有着活着的塔奎尼亚人和他们那些灰色的木头房子，那么对面那座山上便会有他们如种子般迅速埋进地下"彩绘房子"内的死者。这两座山就如生与死一样不可分离，即使在现在，在遍地绿色、海风吹拂的阳光灿烂的四月的早晨也不例外，而辽远的大地则仍如开天辟地之初的那个早晨一般新鲜、神秘。

但 B 要回去看维特尔斯基大厦，它现在一定已开门了。我们沿街而下，十分确信那扇大门已经打开，几位职员肯定已站在院子入口处的荫影下了。他们用法西斯式的举手礼向我们致意："全能的罗马"。为什么他们不找回伊特鲁利亚式的敬礼，对我们说："全能的伊特鲁利亚"呢？当然他们毕竟是完全友好并彬彬有礼的，我们于是走进了大厦的院子。

任何对伊特鲁利亚人略有所闻的人，对这个博物馆都会感到极大的兴趣和兴奋，因为它拥有塔奎尼亚发现的大量古董。那是只在塔奎尼亚发现的东西，至少导游是这么说的。

确实应该如此，把所有东西劫离其本土本址、把它们堆放到"伟大的中心"去的做法真是太荒谬了。有人说那样公众就都能见到这些东西了，这么说确实无可厚非，但公众只是个普通头脑的群体，他们什么也看不见。有几位学者确实着迷于佛罗伦萨的馆藏丰富的伊特鲁利亚博物馆，会竭力猜测来自伊特鲁利亚各地的众多引人入胜的古董所显示的、使他们敏感的灵魂感到迷惑的抽象意义。但那些公众们，通常只是散漫地走进来，又会完全无趣地散漫地走出去。

我们什么时候才会明白，走近这些仍富生命的死者的创造物，把它们像许多机器零部件似地组装起来，组成一个所谓的"文明"，是不会有任何意义的？！哦，那令人生厌的、蠢驴般的"想看完整的东西"的人的愚蠢欲望！因为完整性根本不存在——完整性犹如赤道一般并不实际存在，它是抽象性的最最乏味部分。

真正需要的是人的明智意识。如果人想了解一个伊特鲁利亚人的头盔，那么最好在其本土上，在其自有的复杂组合形式中来完整地观察那个头盔，这比在一千座博物馆中观看有意义得多。任何一次深入灵魂的印象，都比对一百万件重要物品的一百万次草率观看所得的印象，更有价值。

只要我们能意识到这一点，我们便不会把这些物品撕离其本土，所以无论如何建博物馆是错误的，如果非要建博物馆，该让它们成为小型的，最重要的是让它们成为当地的。塔奎尼亚博物馆的馆藏如佛罗伦萨的伊特鲁利亚博物馆一样辉煌丰富，而在塔奎尼亚博物馆，想着所有东西都出自塔奎尼亚，它们彼此间至少有些联系，一切便形成了某种原汁原味的完整性，你会由此感到兴奋得多。

中庭入口处的那间房子里放着几口贵族们用的雕刻精美的石棺。似乎意大利这一地区的原始居民总是对其死者进行火葬，然后把骨灰放进一个陶瓶，有时用男死者的头盔、有时用一个浅盘当盖盖上陶瓶，再把放有骨灰的陶瓶放进一座形似小井的小圆墓穴中。这种葬法被称为"维兰诺凡葬法"，那墓穴被称为"井墓"。

但是，这个国家的新来者显然是全尸葬其死者的。这里，在塔奎尼亚，你仍可见到发现了原始居民井墓的小山，那里的瓮中留有死者的骨灰。然后出现了死者未被火葬的坟墓，这些坟墓与今天的坟墓非常相像。但人们发现这些墓与具有骨灰瓮的相同时期的墓靠得都很近，或者彼此相连。所以新来者与老居民显然从很早时期开始便已和睦相处，两种葬法远在彩绘坟墓出现之前便已彼此共存了几个世纪了。

而在塔奎尼亚，至少从公元前七世纪开始，普遍的做法是贵族葬在巨大的石棺中，或躺在棺外的棺架上，然后被放置于室形坟墓中；而奴隶们显然被火葬，他们的骨灰被放入瓮中，骨灰瓮常被放置于放有主人石棺的家族墓室中。另一方面，普通人显然有时也被火葬，有时被葬于与今天的墓非常相似的墓中，只不过墓外绕有石头而已。

这些普通人所属的阶层相当混杂，大部分可能是农奴，许多是半自由民。他们肯定是遵从自己的意愿选择葬法的：有的有墓冢、有的被火葬，他们的骨灰放进一只陶瓮或陶瓶，这在穷人的墓地占地极为有限。可能贵族家庭中较不重要的人物也被火葬，而当他们与古希腊的关系日益广泛时，他们的骨灰所存放的陶瓶便变得越来越美丽了。

想到在历史的某些时期，甚至那些奴隶们，也与奢侈的伊特鲁利亚人一样，许多把自己的骨灰优雅地放进陶瓶中，置放于神圣之地，这真令人感到舒畅。显然"邪恶的伊特鲁利亚人"没有什么可与罗马郊外大路旁杂乱地抛着奴隶死尸的巨大死人坑相比的东西。

这是个敏感的问题。蛮力和专制会造成恐怖效果，但最终总只有奉献仁慈的生命存活着，如果这是个蛮力的问题，就不会是单个的人类婴儿在两个星期中幸存的问题了。是旷野中的草——一切生命中最最脆弱的东西，在所有时候支撑维持了所有生命。如果没有这种绿色的小草，任何帝国都不会出现，也没人可以吃到面包，因为谷物也是草；没有小草，赫克力斯[1]或拿破仑，或者亨利·福特[2]同样都不会存在。

蛮力摧毁了许多植物，然而这些植物又会重新生长。与延命菊相比，金字塔属于转瞬即逝的东西。在佛祖或耶稣说话之前，夜莺已在歌唱；而在耶稣和佛祖的话被遗忘以后很久，夜莺仍会在那儿歌唱，因为这既非布道亦非教导、既非命令亦非劝诫所致，这只是歌唱。在生命的源头没有语言，只有吱吱的鸣叫。

一个蠢货用石头杀死了一只夜莺，他因此就比夜莺伟大了吗？罗马人消灭了伊特鲁利亚人的生命，他们因此就比伊特鲁利亚人伟大吗？绝不是！罗马灭亡了，罗马的一切随之而去，而今日的意大利在其生命的节律中显然拥有更多的伊特鲁利亚成分，而不是罗马成分，并且将永远如此。伊特鲁利亚成分在意大利就像田野中的小草和玉米的嫩芽，它将永远如此。因此，为什么要设法恢复拉丁罗马人的机械主义和专制？

在维特尔斯基大厦庭院上面的露天房间里，放着几具雕花石棺，盖上刻有人物肖像，有些很像英国教堂中雕刻着的死亡十字军战士的肖像。而这儿，在塔奎尼亚，这些肖像比一般的更像十字军战士肖像：有些仰天平躺着，脚边有只狗。通常死者的雕像如被竖起来会很像活人———一个胳膊肘放在棺盖上，眼睛骄傲地凝视着前方，神情严肃。如果是男人，其身体在肚脐下部往上总是裸露的，他的手上拿着神圣的"佩特拉"（Patera）或"芒达

---

[1] 希腊神话中的大力士。译者注。
[2] 美国汽车业大王。译者注。

姆"（Mundum）——中间有把的圆碟，它代表天地间圆形的生命本源，同时也代表了生命的原形，活着的生命细胞的原形，有细胞核的细胞原形。而细胞核便是不可分割的生命起源之神，它包含着一切生命的永恒生命力，将保持其活力和不灭直至最后，它还会分裂再分裂直至成为宇宙中的太阳和地下水中的荷花和代表了地上所有存在物的玫瑰。太阳将保持它自身的生命力，它永远不会破碎灭亡；海和所有其他水源

伊特鲁利亚石雕妇女头像

中也都含有活泼泼的生命力；每个有生命的造物都有其不灭的生命力，因而每个男人体内都有属于自己的生命力，并且无论他是男孩还是老头，其生命力都一样。这生命力犹如火花，是某种不生不灭的活泼泼的生命原子。

这便是"佩特拉"的象征意义。"佩特拉"有时被做成如玫瑰之类的花的模样，有时是太阳的模样，不管如何其意义不变，即代表了活着的生命原形内的生命核心。

这种"佩特拉"——生命的象征物，几乎在每个死去的伊特鲁利亚男人的手中都能找到。而如果死者是女子，则会穿着从脖子开始便有柔软褶皱的披风，戴着华丽的首饰，她手上拿着的不

伊特鲁利亚雕花骨灰石棺

是"芒达姆",而是镜子、生命本源之盒、石榴，——表示其反映自然、复制自然，或女人本质的象征物。但她和男人一样，同样被赋予了自豪、骄傲的神态，因为她属于统治者的、并且能读懂这些象征物的神圣家庭。

　　这里的这些雕花石棺和石雕像都是伊特鲁利亚与希腊已有长久联系，其文化开始走向衰弱以后的那几个世纪的遗物，很可能大部分出现在伊特鲁利亚被罗马人占领以后，所以我们不打算从中寻找新颖的、出自其本源的艺术品，而只能像对待现代纪念碑一样对待它们。

　　墓葬艺术品差不多总有点商品化，富人在活着时便为自己预订了石棺，其中纪念性的雕刻则按价格刻得精致些或不怎么精致。那上面的形象可能就按定做人的肖像雕刻，所以我们可以很清楚地看到后期伊特鲁利亚人的模样。在公元前二三世纪，在他们作为一个人种存在的最后的风烛残年里，他们看起来很像当时的罗马人，那时罗马人的半身雕像我们都非常熟悉。他们常被赋予不再是真正统治者，而只是因富有才有的那种人所具有的令人讨厌的傲慢神情。

然而，即使在伊特鲁利亚艺术已罗马化并受到其侵蚀之时，它们仍闪烁出了某种自然感和真情。伊特鲁利亚的鲁库蒙斯，或王子行政长官们，首先得是宗教先知、宗教统治者，然后才是"行政长官"，然后才是"王子"。

德国人认为他们连贵族都算不上，罗马人认为他们甚至都算不上是罗马式的贵族。但他们首先是神圣的神秘事业中的最高、最重要的领袖，然后是行政上的长官，然后属于家庭和财富，所以他们的生活总涉及活泼泼的生命，总有其生命的意义。

如果你想在现代墓葬雕刻品中寻找这么好的东西，寻找像最高长官的雕像石棺这么完美的东西，一定会白费劲。——最高长官面前摊开着有字的长卷，其坚毅而机敏的老脸严肃地凝视着远方，脖子上绕着代表官位的项链，手指上戴着代表等级的戒指。他就这样躺着，躺在塔奎尼亚的博物馆里，长袍只遮住臀部以下部位，全身自然而放松，带着伊特鲁利亚艺术家表现得那么精彩的放松的肌肉和柔软感，这种表现太难了。

在雕像被雕刻的那一面，两个死神正握着死亡之锤、带翅膀的死神们在等待收走死者的灵魂，任人们怎么劝说它们也不愿离开。带着生命的单纯和平易，它们显得很美。但这已是较后期的作品了，这位伊特鲁利亚老长官可能已是罗马统治下的一名官员，因为他并未握有神圣的"芒达姆"，那个圆碟，他只有一卷写着文字的长卷，可能是律书的长卷，好像他已不再是宗教领袖或"鲁库蒙"了——可能在这里，死者真的已不再是"鲁库蒙"了。

博物馆楼上一层展有许多陶瓶，从粗陋的维兰诺瓦远古陶器到以草书作图案或称作"巴契罗"（Bucchero）的无图案的早期黑陶器，一直到来自科林斯或雅典的彩绘碗碟、双耳长颈瓶（注：古罗马、希腊人用以盛酒或油的器皿），以及由伊特鲁利亚人自制的或多或少模仿希腊图案的彩绘陶罐。后者并不太吸引人，因为伊特鲁利亚人并不善画碟子，但他们肯定很喜欢画。

在较早时期，这些巨大的陶瓶和碗盆、混在一起的小碗和酒杯酒壶，以及略显平坦的葡萄酒盏，形成了家用品的珍品部分。

伊特鲁利亚早期巴契罗黑陶器

在很早的时候，伊特鲁利亚人肯定已载着小麦和蜂蜜、蜂蜡和青铜器、铁器和金器，扬起风帆去科林斯和雅典了。他们回来时带回了这类珍贵的陶瓶和食物、日用品、香水和香料。从海外因图案精美而带回的陶瓶肯定是日用品中的珍品。

但然后伊特鲁利亚人开始自己烧制陶器了，他们一遍遍地模仿希腊陶瓶，所以这肯定使伊特鲁利亚出现了极大量的美丽的陶瓶。而在公元前一世纪，罗马人中已形成一种从伊特鲁利亚人，特别是从伊特鲁利亚人坟墓中收藏希腊和伊特鲁利亚彩绘陶瓶的热潮。除收藏花瓶，他们还收藏祭神用的小铜像和青铜雕像——"西杰拉·泰黑那"[1]于是成了罗马人的奢侈品。

当坟墓第一次遭劫时，盗贼们只关注金银器，于是成百上千只完好的陶瓶肯定被乱抛乱扔并遭到了损毁，因为即使在今天，当人们发现并挖掘开部分遭劫的坟墓时，仍能看到散落四处的陶瓶碎片。

尽管如此，这座博物馆仍充满了陶瓶。如果你想从中寻找希腊式的优雅和习俗，那些优雅的"宁静的处子般的新娘"，你一定会失望。但如果放弃我们所执着的寻找优雅习俗的奇怪念头，那么伊特鲁利亚人的那些陶瓶和碟子，特别是许多"巴契罗"黑陶器，便会使你觉得，那是些带着完美的柔和线条及活泼泼的生命力的、为反叛习俗而开放的黑色花朵，或以令人愉快的流畅、大胆的线条所画的红黑相间的花朵，它们完全像遗世独存的奇葩在怒放。

几乎总是在伊特鲁利亚人的物品上，非常接近普通性的自然感，通常没有沦为普通性，而获得了一种如此自由流畅、如此

─────────────

[1] 意即"伊特鲁利亚小雕像"。

大胆、如此清新的纯自然本性，而我们这些热爱习惯和"沦于一般"之物的人，却把它称作劣等艺术，称作普通之物。

用"提炼"的眼光来看伊特鲁利亚人的东西简直毫无意义。如果你想要精炼的东西，那么去看希腊的和"歌德式"的东西；如果你想看量大的东西，那么请去罗马；但如果你热爱奇怪的带有自发性的、从未被标准化框住的东西，那就到伊特鲁利亚人那儿去找寻。在迷人的小小的维特尔斯基大厦，你可以徜徉许多个小时，并明白这一事实，即展品繁杂的博物馆只能使你成为匆匆浏览的过客。

塔奎尼亚的彩绘坟墓（一）

一个女子在疯狂而欢快地跳着舞，几乎她身上的每一部分：其柔软的靴子、滚边的斗篷、手臂上的饰物，都在跳舞，直跳得让人想起一句古老的格言：身体的每一部分、灵魂的每一部分都该知道宗教、都该与神灵保持联系。你在这里看到的是只有伊特鲁利亚人才懂得的生命的灵敏律动和短暂而永恒的天真……在他们的活力的背后是一种生命的宗教，一种宇宙观及人在宇宙中所处位置的观念，它使人能利用最深的潜能而活着。

我们安排向导带我们去看彩绘坟墓，那是塔奎尼亚真正闻名的东西。午饭后我们出发，爬上了小镇的最高处，在平坦的山顶上由西南门出了镇。

扭头回望，只见那座中世纪小镇的围墙、带着一丝较古老的黑色向下延伸的围墙，正漠然地矗立在那儿；镇门之外有一两座显得孤零零的新房子，再向前，便是那座长长的、向远处延伸的高原般的小山了。山梁上有条绵延起伏的白色大路一直通向内陆的维特波[1]。

"这座山的前面部分全是墓地，全是坟墓，是死者之城。"向导告诉我们。

竟是这样！那么说这座山便是公共坟山了！伊特鲁利亚人从不把自己的死者葬在城墙以内，而现代墓地和最初的伊特鲁利亚坟墓离现在的城门似已相当近，所以如果塔奎尼亚古城是建在这座山上的，它所占的地方几乎比现在那几千人的小镇大不了多少，显然那是不可能的事。因此很可能城市本身就建在对面的那座山上，那座光彩夺目、纯净无瑕地平展在我们面前的小山上。

我们走向山顶荒芜的那一面，那里乱石林立，可第一朵石玫瑰已绽开花朵，日光兰正蓬勃地向上生长着。

但它是墓地，一度曾有许多墓冢，以及由坟墓形成的"街道"。现在那儿已不再有坟墓的迹象了，没有墓冢，可以说除了荒芜光秃的山顶，以及它上面的石头、短草和野花外已一无所有，只有阳光下的大海闪烁着伸向右方，柔软的内陆大地一片碧绿纯净。

但我们看到了一小段残存的墙，可能是为遮挡一条下水道而建的。我们的向导径直向它走去，他是个肥胖但脾气很好的年轻小伙，看起来好像对坟墓并无兴趣。但我们错了，他对坟墓懂得很多，还有一种敏锐而热切的兴趣，并且绝对谦逊。没想到他竟成了我们这次游览能得到的最令人愉快的陪伴。

───────────────

〔1〕 塔奎尼亚西北的五座主要城市之一。译者注。

我们见到的那一小段残墙是一段带有铁门的建筑物的小顶盖，盖着一段通向地下的石阶。见到它你会立刻想越过那片荒芜的山坡走过去。向导跪下来点燃他的乙炔灯，他的狗在阳光下顺从地躺了下来，它的毛沐浴着从西南方越过漫长而裸露的山岗不断吹来的和风。

灯光开始闪亮并发出乙炔味，但乙炔味很快便消散了。向导打开了铁门，我们于是沿陡峭的石阶往下走进了墓冢。地下犹如一个黑暗的小洞，真是个阳光灿烂的地上世界之下的黑暗小洞！但向导的灯开始燃亮了，在向导的灯光中，我们发现自己已置身于岩石中的一个小墓室里。那是个很小的、光秃秃的小屋，可能曾有修士在此生活过。它是那么小、那么空、那么平常，与色维特里相当宏大的墓室大不一样。

灯光更亮了，此时我们已习惯光线的变化，并看到了小墙上的绘画。按墙上的绘画得名，这个墓被称作"渔猎之墓"，据说此墓建于公元前六世纪。然而它已遭到了严重的损坏：墙皮片片剥落，湿气已蚀进油彩，好像除了令人失望外，它已一无所剩。

然而当进一步习惯了里头的光线后，我们可以在昏暗中看到翅膀上仍带着生命之风的、从海上飞起的穿过迷雾的鸟群。我们提起精神走近去作更细致的观察，发现小室四周墙上尽是有关海和光明的天空、奋飞的鸟和跳跃的鱼，以及这儿那儿不时出现的打猎、捕鱼、在船上划船的小小男人们的壁画残片。

墙的下部整四面墙全是波澜相连的蓝绿色海洋，一块岩石矗立于海面之上，上面有个裸体的、虽是剪影但线条分明的男子，

伊特鲁利亚墓中壁画：渔猎之墓

正姿势优美并干脆利落地跳向海面；一个伴侣跟着他爬上了岩石。水中有只带横放的桨的小船正等待着他，船上有三个男人关注着这位跳水者，其中中间一个裸体站起并伸出了双臂。与此同时，一只巨大的海豚在船后跃出水面，一群鸟在纯净的天空中正越过岩石向上翱翔。

在一切之上的环绕墙壁顶端的色带中，画着一只挂着的普通花环。由花、树叶、小虫、浆果组成的花环，属于姑娘和妇人们的花环，花环代表女子的生命和女性。四面墙的顶端水平地绕着一圈由红、黑、暗黄、蓝和淡黄几种色彩组成的色带，这些色彩总是在一起出现，其组合方式不变。

男人们几乎总被画成深红色，那是伊特鲁利亚人消失后，许多裸露于太阳下的意大利人仍在显现的肤色；女子的肤色显得苍白些，因为她们不会裸着出现在太阳下。

在小室最里端的墙上有个神龛，上面画着矗立于海上的另一块岩石，岩石上一个男人手拿石块正在瞄准这儿那儿乱飞着的鸟。一只带着大桨的船正在驶离岩石，船上一个裸体的男人正向投掷者作着奇怪的招呼；另一个男人背

伊特鲁利亚男人总被画成深红色

对着别人跪在船头正在撒网。船头上画着一只美丽的眼睛，这么说这船能看清自己正驶向哪里。在今日意大利的西那库斯，你仍可以看到许多画着两只眼睛的船驶进码头。船边一头海豚正潜入海中，另一头正跃出海面。鸟在飞翔，花环又从顶部挂了下来。

一切都是那么的小巧玲珑、欢快灵敏、充满生机、充满年轻生命才有的冲动。这些画如果未遭到如此严重的损坏，你看了会很兴奋，因为其中充满了青春的活力，没有丝毫的刻意或严肃沉重感，只有伊特鲁利亚人才懂得的生命的灵敏律动和短暂而永恒的天真，透过时间的迷雾和人为的破坏，你仍能在这里看到这一点。

这一小墓室是空的，只留作彩绘用，它周围没有石床，只有一个放置陶瓶的深深的神龛，可能是放珍贵物品的那种陶瓶。石棺直接放在地上，可能就在屋子那头绘有掷石者的墙下，除此没别的，因为这只是个单人墓室，只葬一个人。这片墓地里的老墓通常都是这种情形。

在墓室顶头的三角墙上，在投掷者和那只船之上的空间里，画满了常见的伊特鲁利亚死者的宴饮场景：为被遗忘而悲哀着的死者的手上拿着扁平的葡萄酒盏，斜靠在宴会沙发上自己的胳膊肘上；他身边同样半靠着一位漂亮的、身穿华丽大袍的珠光宝气的妇人，明显地把她的左手放在了那男人裸露的胸脯上。她的右手向他举起一个花环，那是女子的节日献礼。男人身后站着一个裸体的小男仆，他或许正在奏乐；另一个裸体小男仆正用旁边一只漂亮的两耳细颈酒罐或葡萄酒罐往酒壶中倒酒。妇人身边站着一个女仆，显然在吹笛。据说古代葬礼上通常有女子吹笛；稍远处有两个拿着花环正坐着的女仆，一个正转过身来看宴饮的一对，另一个背对着一切。女仆之外的角落里放着更多的花环，还有两只鸟，可能是鸽子。在宴饮妇人背后的墙上有样东西不知为何物，可能是只鸟笼。

这一场景自然得就像活生生的一般，但它充满了古典式的沉重意义，这是死亡宴会，同时也是死去的男人在地下世界的一次宴饮，因为伊特鲁利亚人的地下世界是个欢乐的世界。当活着的人出门到死者的墓旁宴饮时，在遥远的地下世界，死者会以相同的方式进餐，身边会有女子向他献花环，有奴隶给他斟酒。地上的生活实在太好了，地下的生活只能是它的一种延续。

这种对生活永远执着的信念、对生活的接受，似乎便是伊特鲁利亚人的特性。这种特性至今仍活在其彩绘的坟墓中。画上的人物及其活动中有种舞蹈感，有种特殊的魅力，这一点甚至也体现在裸体的奴仆身上。他们并不像后来罗马人所说的那样，带有被蹂躏者的奴性，这里甚至连墓中的奴隶也充满了蓬勃的生命活力。

我们走上台阶回到了地上世界，又看到了太阳，感受到了海风。老狗四脚蹒跚地站了起来，向导吹灭了乙炔灯并锁上了铁门。我们又准备离去了。狗漠然地绕着主人的脚后跟转着，它的主人则以那种柔和的意大利式的亲密对它喃喃着，这种亲密与罗马精神、意志坚强的拉丁人精神真是大相径庭。

向导带着我们在透明的午后阳光下转过山头，走向另一座小小的砖石建筑群。你可以看到那儿有不少小门道，那是政府为遮盖通向各处小墓室的石阶而建造的。这与色维特里真是大相径庭，尽管这两个地方相距不足40英里：这里没有堂皇的死者之城，没有墓冢间的大道，内部也没有那么多死者的墓室。这儿的山顶这儿那儿到处是随意而建的单室小墓。

然而，尽管这些墓可能已全经挖掘，我们仍能在这里找到通常的死者之城——有其街道和十字路口。或许每个墓过去都有其土堆成的小墓冢，所以即使在地面上，我们也可以看到带有坟墓入口的墓冢组成的街道。但即便如此，它还是与色维特里，即凯丽的墓大相径庭：它的墓冢那么小，墓街显然不那么规整。总之，单室小墓散落四处，而我们就像野兔溜进洞穴一样潜入了那些坟墓。这地方就像养兔场。

发现它与色维特里大不一样使我们兴趣盎然。伊特鲁利亚人把似乎是今日意大利人本能的东西表现得完美无缺：建一座独立的、独一无二的城池，有一定的周围领土，每个地区的人说自己的方言，在自己小小的省城感觉自由自在，而共同的宗教及或多或少相同的志趣却把各城宽松地维系成了一个总联盟。即使在今天，庐卡[1]仍与非拉拉[2]大不一样，其语言几乎毫无共同之处。在古代的伊特鲁利亚，在如所谓的"国家"般的宽松的联盟中，按自己的特性发展的孤立的各城市间肯定完全隔膜，凯丽和塔奎尼亚两城平民间的交流可能几近没有，无疑他们彼此间就如外国人一样。可能只有皇族家庭中统治一切的神圣长官——鲁库蒙斯、巫师和别的贵族，以及那儿的商人，才保持了一种联系，说"标准"的伊特鲁利亚语。普通老百姓无疑各说极不相同的方言。所以要对罗马前的历史有所了解，我们必须打破一统观念，看到其万花筒般的不同特点。

我们又潜进另一座坟墓，向导告诉我们，它叫"莱奥帕特墓"。那儿每座墓都被起了名，以区别于别的墓。"莱奥帕特"意为"斑豹"，这座墓的终端墙顶坡两边的三角上画有两只带斑点的豹，所以而得名。

"莱奥帕特墓"是间舒适迷人的小墓室，墙上的彩绘尚未受

---

〔1〕 意大利西北部城市之一。译者注。
〔2〕 意大利北部城市之一。译者注。

伊特鲁利亚墓
中常见的三角
墙上的斑豹

到太大的破坏。这儿所有的墓都某种程度地受到了气候和人为的
破坏，当被一再打开、被最后抢劫一空后，它们像普通洞穴一
样，被遗弃并遭忽视了。

　　但上面的画仍清新并充满了活力。在乳黄色的墙上，那些
赭红色、黑色、蓝色和蓝绿色仍奇怪地显得和谐并富有生气。
墓穴的大部分墙上有一层薄薄的毛粉饰，与活岩的质地相同，
它们看起来细致而呈黄色，被风化成了可爱的奶黄色，做背景
色十分漂亮。

　　这座小墓的墙上画着一幅真正欢乐的舞蹈场面：房间几乎仍
是公元前六世纪时伊特鲁利亚人居住时的情景，里头是一帮生
机勃勃、乐于接受生活、具有真正生活满足感的人；一条粗糙的
大路伸向墓室的正面墙，上面正走过去跳舞和奏乐的人。当我们
从黑暗的台阶进入坟墓时，这堵墙正面对着我们，宴会正进行到
最辉煌热闹的阶段。在宴会场景之上、在室顶的人字形交汇角两

边，有两只金钱豹正互相越过一棵小树传令似地对看着对方；岩顶的两坡画着红、黑、黄和蓝色的方格，大梁上画着深红色、蓝色、黄色的彩色圆圈。一切都是彩色的，因此我们不觉得是在地下，倒像是在某个过去的欢快房间里。

右边墙上的舞蹈者们都带着一种奇异的、敏捷有力的步伐向前走着，他们都是男子，只松松地系着一块彩色肩巾，或犹如斗篷披在身上似地穿着漂亮的灰色希腊式短外套。笛手——"萨巴罗"吹奏着伊特鲁利亚人极其喜爱的双管笛，以粗大而动作夸张的双手按着笛眼；他身后的男人弹拨着七弦琴；他前面的男人正转过身去，左手做着什么手势，右手拿着一只大葡萄酒盏。他们就这样向前走着，以他们穿着短帮草鞋的脚迈着大步，经过结着小果实的橄榄树林，四肢充满了活力，充满一直充盈到指尖的活力，迅捷地向前走着。

这种元气旺盛、身体强健、充满生命活力的特点便是伊特鲁

"斑豹之墓"墓内全景

利亚人的特性。这是一种艺术无法描绘的东西，因为你不能把它当作是艺术，只能把它当作生命力本身，好像这便是活着的伊特鲁利亚人的真正生命，它正身着色彩缤纷的服饰、以其粗壮而充满活力的裸露着的四肢、带着得之于新鲜空气和海之光彩的红润在舞蹈着，在一片清新的日子里走出家门，跳着吹着穿过小小的橄榄树林。

终端一面的墙上画着辉煌的宴会场面，宴饮者斜靠在方格呢料蒙面的沙发——宴会沙发上。一切显然是在室外，因为他们身后有些小树林。六个宴饮者与舞蹈者一样强健而充满活力，但他们更有毅力，他们的精神并不松垮，而是保持了内在的生命的美丽和丰富，这使他们即使在最放松的时候也不会迷失自己。他们男女成对地并排斜靠在沙发上，彼此友好得简直令人生奇。最后的两位女子被人称为是"希塔蕾"——妓女，仅仅因为她们有着金黄色的头发，但这在一个快乐女子的身上几乎成了一种令人喜爱的特性。画面上的男子肤色黝黑而红润，腰部以上全裸；女子躺在乳白色的岩石上，肤色姣好，身穿薄薄的长袍，臀部缠绕着许多布块。她们脸上有种自由大胆的神态，可能真是妓女。

最头上的一位男子正用大拇指和食指举起一个鸡蛋，给靠在他身边的一位金黄色头发的女子看；那女子正伸出她的左手，像要去触摸男子的胸脯。那男子的右手上举着一只很大的葡萄酒盏，显然正在狂饮。

另有一对男女，那女子有着浅色的头发，正在转身观看着什么，并以伊特鲁利亚人特有的动作，右手腕弯曲向下与人打着招呼。他们似乎也在向头上那位男子手上的神秘鸡蛋致礼，而那位男子显然是死者，人们正在为他开庆宴。在第二对男女的前面，有个头戴花环的裸体男仆正在摇晃一只空酒壶，好像在说，他得再去拿些酒来。再下去是另一个男仆，正举着一片像斧子或扇子似的奇怪东西。最后两位宴饮者形象有些残破了，其中一人正举着一只花环递给对方，但并没把花环放到对方头上。印度人至今仍把花环放到人们头上以表示祝福。

在宴会者之上的坡顶的交汇处，那两只巨大的雄性金钱豹正拖着它们的舌头，传递信号似地面对面看着对方，并各自在小树的一边举着一只前爪。他们是地下世界守卫生死之门的神灵，贝克斯[1]身边的豹。

这一简单的场景中有种神秘而不祥的、比普通生活场景意义更深的东西。似乎一切都是那样的明朗欢快，但其中含有某种更重更深的意义，那是美学意义之外的一种东西。

如果你仔细关注，你会发现还有很多东西可看；但如你只是匆匆一瞥，那么除了用蛋黄涂料彩绘的不生动的、半遭损坏的、随意涂抹的小画所组成的一个小小的悲哀的墓室之外，那儿便不再有什么可看了。

那儿有许多坟墓。我们看完一个，上来，在午后的阳光下会稍稍有点目眩，然后穿过一片荒芜的、折磨人的小山坡，像进洞

---

〔1〕 罗马神话中的酒神。译者注。

的野兔一样再一次潜入地下。那片山顶真是片坟窝。

渐渐地，伊特鲁利亚人的地下世界对我们变得比地面上午后的实景更真实了，我们开始与画中的舞蹈者、宴饮者和悲悼者同呼吸共命运，并对他们十分关切了。

一座非常可爱的绘有舞蹈场面的坟墓是"托姆巴·丹尔·特里克立诺"或"丹尔·孔维多"墓，两个名字都是"宴饮者之墓"之意。这个墓的大小形状与我们见过的别的墓几乎一样，是个约 15 英尺长、11 英尺宽、墙高 6 英尺、中间高 8 英尺的小墓室。这个墓也是个单人墓室，与这儿所有的彩绘古墓几乎一样，所以没有内部摆设，只是乳黄色岩石地面的后半部分高了两三英尺，升高的一边有四个洞，那是插石棺腿用的。除此，这墓室便只剩下彩绘的墙和顶了。

它们过去是那么可爱，现在仍是那样！绕墙一圈的跳舞者的形象仍是那么色彩鲜亮，女子们身穿薄如蝉翼的小花点亚麻薄布衣裙和色彩鲜艳的带有细致花边的斗篷，男子仅仅披着肩巾，一切充满了新鲜气息。

醉酒的女子带野性地转过头去，弯曲着她那长而健美的手指，她虽带野性但颇有自制力；而身材魁梧的年轻男子则向着她转过身去，又向她举起自己跳舞的手，直到大拇指与她的刚刚相触。他们在露天穿过小树林舞蹈着，身边有鸟在奔跑，一只长着狐狸尾巴的小狗正以幼稚可爱的神情观看着什么。

下一个女子在疯狂而欢快地跳着舞，几乎她身上的每一部分：其柔软的靴子、滚边的斗篷、她手臂上的饰物，都在跳舞，

欢快的伊特鲁利亚男女

直跳得让人想起一句古老的格言：身体的每一部分、灵魂的每一部分都该知道宗教、都该与神灵保持联系。有个年轻男子正边吹奏着双管笛边跳着舞向她走来，他只披一件滚边的精细亚麻布披肩，披肩搭在他的两个胳膊上，他那强壮的双腿自如地跳动着，竟是那样地充满了活力。那男子的脸上还有种庄重的热情，当他转向其外侧的女子时，那女子迅速弯腰向他鞠躬，同时敲响了手上的响板。

画中的她与所有女子一样有着白嫩的皮肤，那男子的肤色却是黑里透红的。那是墓中的习惯，但并不止于习惯。在人类的早期，男人在承担神圣的天性天职（指成人）时常用深红色颜料涂抹自己的皮肤。红种印第安人至今还保留着这种习惯，当他们希望认识其神圣的或不祥的自我时，他们用红色涂抹自己的全身。那肯定便是为什么他们被称为"红种印第安人"的原因。过去，在其所有严肃庄重的场合中，他们都用红色颜料涂抹自己的皮肤。这种习惯至今仍在，今天当他们想增加自己的预见力，或看清事实的真相时，他们用朱砂涂眼眶，也用它涂抹皮肤。你也许会在美国某些小镇的街道上见到他们的那种模样。

这是种非常古老的习俗，美洲印第安人会告诉你，红色颜料是一种药，它会使你看得见一切！——但他所说的药与我们理解的并不一样，它甚至比魔力还要深刻。朱砂在他们是神圣的、强有力的或神性化的颜色，显然在所有古代世界中，人们都曾有过这种信念。全身深红色的男人是他神化的自我的躯体。我们知道古代罗马的国王们，——他们很可能是伊特鲁利亚人，在公众场合出现时，也总是用朱砂把脸涂成朱红色。以西结[1]说：她看到墙上有男人的肖像，其中之闪族人的形象都是用朱砂画成的——公主于是逐一查看，觉得这是来自其出生地的、之闪的巴比伦尼亚人所有的习俗。

从那时起它成了伊特鲁利亚人的部分习俗、部分象征，用以表达他们的男人都是红色的、强有力的红色。这些坟墓中的一切都有其神圣和深层次的含义，但红色却并非很超现实的东西，今日的意大利人如果几近全裸地在海边呆一阵，他会获得可爱的红黑肤色，变得和任何印第安人一样黑。伊特鲁利亚人经常裸体，

---

〔1〕 **Ezekil**，以西结，《圣经》中提到的公元前六世纪时希伯来的先知。译者注。

于是太阳用神圣的朱砂色涂抹了他们。

舞蹈者继续跳着舞，小鸟在奋飞；在一棵小树的根部，一只兔子蜷缩在一个球茎、一个充满了生命的圆球之中；树上挂着一件镶了窄窄花边的披帛，像一件牧师的长袍，显然这是另一种象征物。

终端的墙上画着宴会场景，虽有些破损，但仍很有趣。我们可以从中看到两只分开的长沙发，一名男子一名女子各坐一只。这里的女子是黑头发的，所以无需成为娼妓。伊特鲁利亚男人习惯与他们的妻子共坐一张长沙发，尤其在这一时期，这一习惯比希腊和罗马人中更常见。古代西方世界认为一位正统的女子像男子那样靠在沙发上有失体统，即使在家中餐桌旁也不该如此，如果女子要在这种场合出现，她得在椅子上坐直。

而在这里，女子那么安静地与男子靠在一起，有个女子甚至在黑沙发的那一头露出了一只光着的脚。在长沙发的前面，每每有张低低的小方桌，上面放着精美的、给宴饮者享用的佳肴，但他们并不在吃。一个女子把手举到头顶正向一端一名穿长袍的吹笛手打着奇怪的招呼；另一女子好像正用举着的手在对那位迷人的女子说"不！"站在她身旁的那个女子可能是位女仆，显然在给她递送香水瓶；头上的那位男子则显然正举着一枚鸡蛋。墙上部的常春藤上挂下来几只花环，一个男孩拿来了一只葡萄酒罐，音乐在空中回旋，床下有只猫在觅食，一只公鸡正警觉地注视着它，一只蠢笨的松鸡正背对着一切在稚拙地踱着步。

这座可爱的坟墓绘有常春藤和常春藤浆果的图案，那是地下世界守护神巴契斯的常春藤，分布于顶梁上和墙顶部的边缘。顶坡用红、黑、白、蓝、棕色和黄色涂成了方块状；在交汇角上，这儿没有传令兽，而是两个背对着中间一张常春藤覆盖的祭坛而坐的裸体男人，他们的胳膊穿过常春藤向外伸展着。可惜其中一个男子几乎已被损坏得看不清了，在另一男子的脚部、坡顶的交汇处，画有一只鸽子，那是灵魂之鸟，正咕咕叫着从虚无中飞出。

这个墓自1830年起便已开放，至今仍保持完好。能在弗里兹·维格的书《伊特鲁利亚会话》中看到右边墙上古老的舞蹈者的水彩画的复制品，我觉得很有意思。此画画得不错，但你如果仔细看，会发现它在线条、位置安排上都有出入。要复制那些与我们的习惯很不一样的伊特鲁利亚绘画很难。画中的兔子全有斑点，像某种样子奇怪的猫。在吹笛人前面的小树上还有一只小松鼠和许多鲜花。许多细节现在已看不清了。

但那是幅好画，不像维格的某些临摹品有点弗兰克曼化[1]、希腊化，或按我们伟大的祖先们认为应该的那样作画，而是追求真正有趣，并带有一种当事物已经很完美，却仍在思考应该如何更完美的永恒的警惕。

我们又回到地面世界，并在露天走了几分钟，然后再一次下到了墓穴中。在"女祭司之墓"——"巴切恩蒂墓"，我们发现其壁画已几乎失去全部颜色，但在终端的墙上我们仍能看到

---

〔1〕 约翰·弗兰克曼，1755—1826，英国新古典派雕塑家和画家，其绘画形式拘泥于希腊绘画风格。译者注。

一个奇怪的、不可思议的舞蹈者，他正拿着齐特琴[1]从时间的迷雾中走出；在离他远一点的地方，在那棵小树之外，有个朦胧的古代世界的男人，一个短胡子的强壮而神秘的男子，正伸开双臂迎向一位野性的古代女子，那女子举起双手向他转回了身子，脸上的表情非常激动、灵敏。这真是太好了，古老生命的力量和神秘性从这些模糊的形象中显露了出来，显然伊特鲁利亚人仍活在那里，活在墙上。

在这些人物形象之上，在岩顶交汇之处，有两只带斑点的鹿正腾跃着相互传递着信息。在它们身后的两边的神龛里，有两头带白鬣、拖着舌头的黑狮正伸起爪子把它们拦腰抓住。就这样，古老的故事又重现了。

从墙的彩条顶际挂下来一些粗糙的花环，岩顶画有小小的星星，或四瓣形的花朵。那么多东西竟都看不清了！然而在奄奄一息的色彩和形式中，有多少生命力包含其中啊！

在"黛尔·毛托墓"——"死亡男子之墓"，宴饮场景显然被一个死去的男子躺在床上、一个女子正在温柔地俯身替他盖上脸部的场景所替代，而这儿几乎仍像宴饮场景一样，可惜它被严重损坏了！——在岩顶交汇处，两头传递信息的黑狮正举起前爪捕捉两只跳跃着的、吓破了胆的向后看的小鸟。这是一种新的变化——残破的墙上可以看到一个男子的一双舞蹈着的腿，尽管已残缺不全，但从中可以看出那是伊特鲁利亚人的双腿，显然比现

----

〔1〕 一种扁形古琴，有30—40根弦，用拨子或手弹奏。译者注。

古老的观念：狮子在撕咬食草动物

代完整的男人躯体更有生命活力。然后是一名真正令人难忘的男子的黝黑的裸体，那男子举起双臂，使他那只巨大的酒盏在画面上竖起，同时又以张开的手和闭上眼睛的脸表露了一个奇怪的临终姿势。他头上戴着花环、脸上留着小圆点的小胡子的模样，似仍活在那个墓中的阴影和特有的含义之中。

"迪勒·莱奥尼斯墓"——"雌狮之墓"也很可爱。在其岩顶的交汇处，两只带斑点的雌狮，正晃动着各自如钟的乳房，在神龛两边各自相对传递着信息；底下是一只巨大的陶瓶，一边有位笛手在对着它吹奏，另一边有位齐特琴手在弹奏，他们正对着陶瓶内的神圣之物演奏着乐曲；陶瓶两边各有两小队舞蹈者，其步伐非常强健有活力；在舞者队伍下面有个荷花台座，台座下面又有围绕墓室的许多跳跃着的、一致跃向下面起伏的海面的海豚，还有鸟在跃鱼间飞翔。

右边墙上靠着一个令人印象深刻的黑里透红的男子，他戴着顶奇怪的拖着长辫似的尾巴的帽子，他的右手握着一枚鸡蛋，左着拿着宴会的浅酒盏，他在世时的官袍绶带挂在他前面的一棵树上，象征他在世时欢乐的花环挂在他的身旁。他举着象征再生的鸡蛋，——在生命破壳诞生之前，其芽胚正沉睡于蛋壳之内，犹如灵魂沉睡于坟墓之中一样。还有一位靠墙而站的男人，可惜已很模糊了，身边挂着不知是花环，还是如我们儿时时常玩的那种蒲公英茎做成的链圈。有个有着可爱裸体曲线的吹笛男孩正在向后者走来。

　　在"迪拉·普赛拉墓"，——"少女之墓"，墙上画有因褪色而变得模糊的宴饮人物，还有非常华丽的格子和钥匙形图案的沙发套和非常漂亮的斗篷。

　　"迪·瓦西·迪平蒂墓"——"彩绘陶瓶之墓"的边墙上画有一对巨大的双耳花颈瓶，一个不可思议的奇异的舞蹈者正向它们跳云，他那短上衣的下摆飘飘而起，犹如在飞。那对双耳颈瓶上画着至今仍可恢复的彩画。终端处的墙面上画着一幅柔和的小宴会场景：满脸胡子的男人温柔地托起和他在一起的那位妇人的下巴，一个小男仆孩子气地站在他们的身后，沙发下有只警觉的狗。男人手中拿着的"西利克斯"——酒盏，显然是我们见到过的最大一只，这种夸张无疑表明了这次宴会的特别重要意义。他抚摸那位女子下巴的动作既温柔又可爱，那是一种非常精心的关切。

　　这又是伊特鲁利亚绘画的魅力之一：它们具有触动人心灵的

直感，使人和生物全获得了动人的魅力。这是生活中、艺术中最难得的一种素质，现代人创造涂抹的东西不计其数，但缺乏真正的动感魅力。尤其在绘画中，人物可能在接吻、拥抱或彼此手拉着手，但其中没有流动的柔情，因为他们间的触摸并非源自人类心底深处的感情本源，它们只是一种外在的接触，一种与对象不相融的东西。这便是为什么这么多大画家，不管他比别人聪明多少，其作品都会令人生厌的原因。而在这里，在这幅褪色的伊特鲁利亚绘画中，维系沙发上男女双方的是一种动人心魄的宁静的交融。而那腼腆的男孩、抬起鼻子的狗，甚至从墙上挂下来的那只花环，同样也充满了温柔之情。

在宴会场景之上的三角交汇处，这次我们看到的不是狮子和斑豹，而是海怪——伊特鲁利亚人最喜欢的想象中动物。这是匹带着长长的、飘飞着的鱼尾的马。这里两匹海怪面对面腾起它们的前腿，鱼尾一直飘飞到了岩顶的窄角处。它们是居于海边的伊特鲁利亚人最喜爱的象征物。

在"迪·维柯墓"——"老人之墓"，一位美丽的女子将她的头发向后梳成一个东方式的长圆锥形，这使她的头像个倾斜的橡果。她正把一个精致的扭着编成的花环献给那位白胡子的老人。老人在花环的另一边，正举起左手向这位女子表示着什么，这是伊特鲁利亚人常有的姿势，肯定都有特殊意义包含其中。

在他们头上，两只腾飞的梅花鹿被两只狮子拦腰抓住。在那里，斑驳的波痕、时间的蚀迹、人为的破坏，似乎正在静静地吞噬着一切。

我们继续往前走，看了一座又一座古墓，视觉经历了一次又一次的朦胧，心中既充满了发现诸多宝库的快乐，又为只剩下这么少的东西而深感遗憾。真的，在一座又一座古墓中，几乎每一幅绘画都已褪色或遭受侵蚀，或因碱化而被消融，甚至受到了人为的有意破坏！宴饮的人只有残片，跳舞的只有肢体没有主体，鸟不知要飞向何方，贪吃的狮子的头被贪吃掉了！

——它们曾是那样明快和欢娱的场面，是地下世界的欢乐场面，以美酒、伴舞的笛声和急促回旋的肢体欢迎款待着死者，这是一种献给死者和神秘世界的真诚而深厚的爱意和荣耀，与我们的观念世界形成鲜明的对照。对此古人有其自己的哲理，正如一位老异教徒作家所说的那样：我们身上没有一部分可以没有宗教感，愿我们的灵魂永远不会缺少歌声，我们的膝盖和心脏永远不会停止跳跃和舞蹈，因为只有有了这一切，人才能懂得神灵——

这则哲理在伊特鲁利亚人的舞蹈者身上表现得很明显，他们全身直到指尖的每个细胞都懂得神灵，在那片正受消溶侵蚀的天地里舞蹈着的身体和肢体的美妙残片照样懂得神灵，并将神灵活生生地显现在了我们面前。

但我们无法再继续观看坟墓了，外面的天空已变得苍白而空旷，当我们再一次从墓穴中出来时，它已因夜幕的降临和海上射来的夕光而变成一片白色。那条老狗缓慢地、费时地再次站起来跟在了我们后面。

我们决定让"迪勒·伊斯克里仲尼墓"——"碑铭之墓"作

钉满了白色钉子的假门，可能意为"生死之门"

为我们今天行程的最后一个项目。它已模糊不清，但非常吸引人。随着乙炔灯的亮起，我们看到在我们面前的终端墙上，画着一扇上面钉满了白色钉子的假门，似乎从那儿可以走进另一间墓室。它的左边骑过来一小队影子般的高个子骑手，右边奔来一小队影子般的疯狂的舞蹈者，个个疯得像鬼怪。

骑手们全裸着骑在四匹裸马上，走近那扇画门时，他们打出了一种手势。马或是红色或是黑色，红色马上有蓝色马鬃和蹄子，黑色马有红色或白色马鬃和蹄子，它们全是高大而腿部瘦劲的古代马，脖子拱起如一把弯刀，走过来时姿态高昂优雅、长长的尾巴华美地甩向红黑色的死亡之门。

在右边，舞蹈者们充满野性地跳跃着，弹奏着乐曲，举着花环或酒盅，犹如狂欢者一般挥舞着他们的胳膊，抬起他们充满活力的膝盖，用他们长长的手掌打着手势，其中有些人的身旁还写着小字——他们的名字。

在假门之上的山形墙上的交汇角有一幅精致的画：两头大张着口的白鬃黑狮背对背而坐，它们的尾巴在彼此间像弯曲的草茎向上扬起，同时各自都举起一只黑色前爪，抓向一头对死亡临头充满恐惧的梅花鹿那畏缩着的头颈部；在每头鹿后面的那个岩顶交汇角上有头小黑狮，也正跑过来咬那两头畏缩的梅花鹿的腰部，给鹿以第二个致命伤，因为鹿的伤处一个在脖子上、一个在腰窝，都是致命的。

墓室的另一头是摔跤者和赌博者，可惜现在已很模糊了！我们在幽暗中已无法看清或看到更多有关伊特鲁利亚人不可屈服的生命的东西。罗马人说伊特鲁利亚人邪恶，然而在这些坟墓中，他们的生命却显得那样的纯洁生动并充满朝气。

地面上的天空辽阔而苍白，让人觉得有些空虚，我们已无法再看清上下任何一个世界——伊特鲁利亚人的地下世界或普通的地上世界了，我们于是在风中默默地、疲惫不堪地回到了镇上。

那条老狗无怨地慢慢跟随在后头，导游答应明日再带我们去看别的坟墓。

伊特鲁利亚人的绘画中有种让人难忘的东西，那些向外拖着长长舌头的斑豹，那些腾飞的海怪，那些张皇失措的、腰部颈部被咬住的梅花鹿，都闯入了你的想象世界而不会再消失了。

我们还看到了波浪起伏的海面、跃起的海豚、跳入纯蓝的海水中的潜水者，及急切地尾随他爬上岩石的小男人；然后是靠在宴会床上的满脸胡子的男子，他们是怎样举着那枚神秘的鸡蛋的啊！还有带着锥形螺髻的妇人，她们又是如何热切地前倾着身子、脸上带着我们不再理解的关切的！

裸体的奴仆们欢快地弯身去取酒瓶，他们的裸体便是其自身的服饰，比服饰简洁亮丽得多；他们四肢的曲线显露了生命的纯真欢乐，这种欢乐至今仍深藏于那些舞蹈者的肢体之中、于张开的大而长的手掌之中、于其全身直至手指尖每个细胞都投入的舞蹈之中。这种舞蹈源于心灵深处，犹如大海涌动的水流，犹如某种强有力的、独特的、流过他们全身的生命之流，与今天我们虚浅的生命之流大不一样，似乎他们是从更深的地方吸取到生命能源的，我们在那里却遭到了排斥。

然而在几个世纪之内他们便失去了自己的生命活力，罗马人把活力从他们身上抽走了。其后似乎是某种抵制生命、自我控制以及专制的、如罗马人所理解的力量，某种必须是道德的或其中须含有道德因素的——一种为内在丑陋寻找托词的力量，总是成功地摧毁了自然的生命之流——当然总还会有些野花和野生的生命得以幸存的。

自然的生命之流！它对于人类并不如看起来那么容易获得。在伊特鲁利亚人所有活力的背后是一种生命的宗教，这种宗教基于首领的严肃认真的负责；在所有舞蹈者的背后有一种生活场景，甚至是一种生命的科学、一种宇宙观及人在宇宙中所处位置的观念，它使人能利用最深的潜能而活着。

对于伊特鲁利亚人，天地万物都是活的，宇宙间一切皆有生命；人类该做的事情只是让自己能融入其中而活着，他得从外部世界神奇的巨大能量中把生命力吸取进来。宇宙是有生命的，它就像一个巨大的生命体，其中的一切都在呼吸蠕动，蒸汽的蒸腾上升如同鲸鱼鼻孔中的呼吸一样；天空用它蔚蓝色的胸怀接收了这些蒸汽，把它们吸进并估量着它们，然后在把它们再呼出来之前先改变了它们的形态；地球内部有火焰，犹如一头野兽体内炽热的肝脏的热能一样；从地球的裂缝中冒出其他生命的呼吸，那些蒸汽直接来自地下活着的肌体，地球和其他生物的呼吸一样也是呼气伴随着吸气的，这一切都出自一个完整的生命，并有其伟大的灵魂。

除了这个伟大的灵魂，宇宙间还有无数游荡着的小灵魂，每个人、每个动物、每棵树、每个湖、每座山和每条小溪都有自己的灵魂，并有自己特有的意识，可以说至今仍然如此。

宇宙是个整体，它的灵魂是个整体，但它是由所有生命组成的，而最伟大的生命是地球，它的灵魂是其内部之火；太阳只是伟大的地球内部之火的反照或者外喷，或其中的一束光明而已；——而与地球并列的还有海，海水时而涌动时而沉静，并拥有自己深藏的心灵。地球与海洋并肩同处，却完全不一样。

这便是一切。宇宙是个单一的生物体，有其单一的灵魂，它会经常变化，当你想到它时，它便变成了具有水和火两个灵魂的双重生物，这两个灵魂会突然分开却又永久地结合在一起，它们由宇宙的伟大活力结合在一种最终的均衡状态之中。然而它们一会儿分开一会儿结合，很快生成了万物：火山和大海、小溪和高山、树和动物和人类，其中每一种都是双重性的，或都含有双重性，会突然分开却又会永久地结合在一起。

有关宇宙生命力的古老观念在史前早已被人们信奉过，并在我们能对此瞥上一眼之前，它便被提炼成了普遍的宗教。当历史在中国、印度、埃及或巴比伦，甚至在太平洋和原始美洲的文明中真正开始时，我们看到了这一强化的宗教观念的验证：宇宙生命力的观念。生命万物虽一片混乱，却仍有某种统一的秩序；追求所有荣耀的人类之所以冒险、挣扎，实际只努力于追求一样东西：生命活力、更多的活力，使自己获得更多再更多的宇宙能量，那是稀世珍宝。

积极的宗教观认为，人类凭借灵活的注意力、敏感以及自己的最大力量，能从外界获得更多的生命力，获得越来越多的闪闪发光的活力，直到他变得像早晨一样光芒四射、像神一样光辉灿烂。当他获得了完全的自我时，他会把自己涂成朱砂色，犹如黎明时的光线，犹如神的肌体，变得可见、红色、极富活力，于是他成了一个王子、一个国王、一个神、一个伊特鲁利亚人之王鲁库蒙、法老、白尔沙扎[1]或亚述巴尼拔[2]或塔奎因，或者如音乐中的"渐弱"——亚历山大或恺撒或拿破仑。

----

〔1〕 古国巴比伦的最后一任王，于公元前518年被波斯国王塞鲁士所杀。译者注。
〔2〕 公元前669—前626年，著名的亚述国王，因倡导文学艺术、保护艺术家而著名。译者注。

这便是所有伟大古老文明背后的观念，它甚至在大卫王[1]心灵的背后、在赞美诗的声音中改变了一半形态。但对大卫王来说，这一有生命的宇宙仅仅只变成了一个人化的神。而对于古埃及人、巴比伦人和伊特鲁利亚人，严格地说世界上没有人化的神，他们只是偶像或象征物，只是有生命的宇宙本身在聚合分离、闪光或呼吸，那是由最强的灵魂所决定并操纵的，并只发生在瞬间；只有这一无双的灵魂才能从宇宙本源中汲取最后的火焰，然后你们便有了真的神化的国王。

这里你们了解了古代有关国王的观念，国王由于有活力而成了神，因为他们从宇宙中聚集、吸取了一颗又一颗生命的潜能，直到他们穿上了深红色大袍，他们的身体成了最深的地球之火的一部分。法老以及尼尼微[2]的国王、东方之王，以及伊特鲁利亚的鲁库蒙斯，都是纯地球之火、宇宙生命力的活载体，是灵动的生命之匙，是通向神秘世界及获得生与死之快乐的深红色线索。他们在其自身内为其人民释放了宇宙宝库的巨大能量、带来了生命、照亮了通向死亡的黑暗之路，他们是宇宙之火的一束蓝色火焰。他们肌体中的灵魂是生命的给予者、是死亡的向导，在黑夜里它们引人向前，在白天它们带来比太阳光还多的光明。因此，如果这样的死者现在被用金子包裹起来，你会觉得奇怪吗？如果他是在过去被包于金子之中呢？

生命的授予者、死亡的向导，但他们在生与死之门两边全

---

〔1〕 以色列国王。译者注。
〔2〕 古代亚述之首都，在今伊拉克境内。译者注。

设了卫士，他们保持着秘密，严密守卫着那条通路，只让少数几个人被引进神秘的生命浴场和死亡浴场。那是个池中之池的池中之池，当一个人被浸入其中——如是死亡之池时，他会变得比血色还深黑；——如是生命之池，则会变得比火光还明亮，到最后他会变成高贵的深红色、变成纯朱砂色，犹如一件有生命的珍品。

　　大部分人不会被引入宇宙观念之池，也不会进入更活泼的生命意识的悸动和觉醒之中。你可以试验，但你永远无法使大部分人产生生命完全觉醒的悸动，他们只能明白一点点，不可能再多。所以你必须给他们象征物、仪式和手势，它们将使他们的躯体充满生命并得以发挥所有能力，但再多一点便是致命的了。所以确切的知识是不能让他们知道的，让他们尽量少地知道配方，别经历与之相关的所有实验。他们可能会变得粗野不驯，以为他们已获得了全部，而实际他们只不过如猴子般发出些空洞的唧唧叫声而已。奥秘的知识将永远是奥秘的，因为知识只是一种实验而不是配方，如果把配方拿出来是愚蠢的。一丝知识真是一种危险[1]，没有哪个时代能比我们今天的时代更能证明这一点了。猴子唧唧最终会是所有事物中最危险的事。

　　了解伊特鲁利亚人生活线索的是鲁库蒙斯，其宗教首领。他身后是牧师和战士，然后是大众和奴隶。大众和战士和奴隶不思考宗教问题。很快其宗教便不再存在了，但他们留下了象征物并

----

〔1〕 劳伦斯在此以其"自然贵族"观解释伊特鲁利亚人的社会历史。

跳起了神圣的舞蹈，因为他们在实际生活中总是与神秘性和宗教保持着联系，这种联系源自鲁库蒙斯，并下达至包括最低等奴隶在内的所有人，其血缘关系一直未被打破，但"知者"只是那些出生贵族或纯种家族的人。

故而在墓中我们只看到简单的、未被"引入"的普通大众的生活景象，没有埃及金字塔中的僧侣艺术。这些象征性的绘画对艺术家来说，只是一种想象的形式，其中充满了感情并且是种很好的装饰而已。伊特鲁利亚人的艺术全如此，他们的艺术家显然便是普通人、艺术公民。

估计他们便是古老的意大利种人，当宗教从东方传入时，他们对宗教的复杂形式一无所知，尽管官方宗教的残酷原则与土著人的那些原始宗教教义无疑相同。那时整个野蛮世界，无论是督伊德教[1]，还是条顿族[2]宗教，抑或是塞尔特族[3]的宗教，都有着相同的残酷教义。但伊特鲁利亚的新来者将自己宗教的科学性和哲理保了密，给其人民以象征物和仪式、给其艺术家以按自己意愿使用象征物的自由，它表明当时那儿没有僧侣统治。

后来，如苏格拉底之后那样，由于宗教怀疑主义传入所有文明世界，伊特鲁利亚宗教便开始消亡了。那时希腊宗教和希腊理性主义开始涌入，希腊故事或多或少取代了古老的伊特鲁利亚

---

〔1〕 古时高尔人与不列顿人之宗教。译者注。
〔2〕 包括日耳曼、荷兰、盎格鲁撒克逊及斯堪的那维亚人。译者注。
〔3〕 爱尔兰、苏格兰高地、威尔斯及布利登等地之人。译者注。

象征性思想的地位。而未受教育的伊特鲁利亚艺术家又如过去使用伊特鲁利亚象征物一般，十分自由地使用起希腊故事来进行创作，使这些故事又一次成了只为取悦他们自己而存在的东西。

但有样基本的东西伊特鲁利亚人是永远不会忘记的，因为那是在他们的血液以及他们主人的血液中与生俱来的：那就是灵魂脱离生命走向死亡的神秘旅程——死亡旅程以及它脱离生命后的寄居。他们对其灵魂在这一神秘旅途中的继续漫游和它的这种居留充满了迷惑。

在坟墓中我们可以看到这一点：迷茫的痛苦和对死亡感到恐惧的生动感情。人们赤裸裸地、荣耀地穿过宇宙之后，死亡随之降临，他们于是跳入了海中，与人世告别走向地下世界。

海是最大的原始生物，它同样具有灵魂。它的内部是孕育了万物的子宫，一切从它那儿诞生，最后一切又都被它吞回腹内。与海相对的是内部有火的地球，它同样掌管着生命前、生命后的一切。除水和火之外，还有一样东西，对此普通人一无所知——那是鲁库蒙斯为自己保留的一个秘密，因为他们把它的象征物捏在自己手中。

但普通人知道海。海豚突然跃进跃出，它作为一种生物突然出现、不知来自何处。它不在了，哦看！它在那儿！海豚只在快死时才放弃海上的彩虹。它跃出海面，然后又一个猛扎扎回海中。它是那样地充满活力，就像带着生殖火花的阴茎钻进了潮湿黑暗的子宫。潜水者同样，像阴茎一样带着它的小火星跳进了死亡的深海，而海将会放弃她的死者，让他像海豚一样体部带着彩虹跃出海面。

然而在水面游泳的张着双翅的鸭子则是另一回事，蓝色的鸭子或鹅常被伊特鲁利亚人用来象征什么。它们与那个晚上拯救了罗马的鹅[1]是同一样东西。

鸭子并不与鱼一样可以生活于水下，鱼是灵魂，有灵魂的生命，是通向广袤的大海的真正线索，是生命第一次归顺的水元素。基于这一原因，在公元一世纪时人们用鱼来代表耶稣，尤其在意大利，在那里人们现在仍用这种伊特鲁利亚象征物来想象耶稣。耶稣是那片广阔的、湿润的、永远生殖的水元素——大海的灵魂，那片海是东方法老和国王想把自己投入其中的红色火焰的相对物。

但鸭子并不如鱼那样具有适应水下生活的本领，它只在水面上游动，并且是热血动物，属于有生之灵体的红色火焰部分。但它潜到了水下，然后在水流上啄理自己的羽毛，由此它对人们便成了一种象征物——在水中快乐自在、潜入水下又浮上来抖动双翅——这是男子自己的阴茎和性生活的象征。因此你可以看到一个男人手中举着一只火热、柔和而机警的鸭子，把它送给女子的情景。今日的红种印第安人自制送给女子的秘密礼物，便是只内空的、用泥土做的鸭子，其内部有一小束火和香柱，这是一个男人可以给予一个女子的其身体和其火焰般的生命的那一部分。也正是其内含的这种机警和清醒，在夜间唤起了他的另一种意识并

---

[1] 传说古罗马丘必特神庙中的鹅是献给神庙的牺牲品，据说是鹅以其嘎嘎的叫声唤醒了罗马的保卫者们，从而把罗马人从高尔人的夜袭中拯救了出来。

保护了城池。

而女子献给男子的是花环，从"水池"边采来的花编成的环，可以戴在男人头上，也可以套在他的肩膀上，象征他获得了那位女子神秘而不同的力量——女性力量。放在肩膀上的不管是什么，象征着外加的一种力量。

小鸟在坟墓的墙上不祥地飞翔着。艺术家肯定经常看见那些僧侣、占卜官手上拿着弯曲的鸟头手杖出来，站在高地上注视飞过这一地区天空的云雀和鸽子。他们在观察预兆和天地变化的迹象，以此寻找某种预示，如该怎样引导某些重大事件的进程等。

这一切对于我们似乎有些愚蠢，但对他们，热血的鸟飞过有生命的宇宙，正如情感和某种预兆飘过一个人的胸中，或某种思想飘过其内心一样。在飞行中，突然飞升的鸟，或稳稳地从远处飞来的鸟都被包裹于一种很深的意识之中、包裹在所有事物的复杂命运之中而运动着。

既然在古代世界中，所有事物是相互关联的，人类的胸怀就会反映在天空的胸怀中。反之亦然，在观察者的心中，鸟如正飞向一个不祥的目标，它们同样会在天空显出迹象。占卜官如能见到鸟在他心中飞翔，那么他便可以知晓命运会从哪条路向他飞来。

占卜术实在算不上真正的科学，但它如我们的心理科学和政治经济学一样确切，占卜官就如我们的政治家一样聪明，因为他们都须进行预测，只要他们打算做的事称得上这个名词的话。当你得对付生活时，你没有别的路可走。而如果你与宇宙同呼吸共命运，你便可以靠观察宇宙获得自己生活的线索；如果你靠相信某个神而生活，你就会向他祈祷；如果你只凭理性生活，便会把事情考虑得实际且透彻。

但这一切最后都会归结到一点：祈祷也好、思考也好、研究星象也好、观察鸟的飞翔也好，或者研究牺牲品的内部结构也好，这全是一个相同的过程，最终只是为了获得征兆。所有一切依赖的是你能证实目标的真诚和宗教凝聚力的程度。

如果你能够做到这一点的话，一个纯关注的行为就会给你带来答案：你选好一个对象，然后集中注意力对它进行关注，最好集中全部意念。你所作的每个真正发现、每个严肃而有意义的决定，都是根据征兆作出的，哥伦布便是凭某种征兆发现美洲大陆的。灵魂受到震动，然后作出一个纯关注的行动，便有了发现。

带巫气的舞蹈，可能是祭司舞

占卜术及通过察看牺牲品内脏卜凶吉的法术并不如现代政治经济学那么愚蠢，因为如果牺牲品内滚烫的肝脏澄清了占卜者的灵魂，使他能够作最深的内省，而这种内省本身让我们知道了我们需要知道的最终结果，那么为何还要与占卜者争吵不休呢？对于他，宇宙是活的，它处于悸动的和谐之中；对于他，血是有意识知觉的，他用心来思考；对于他，血液是意识本身红色而闪光的溪流。

由此，对于他，牺牲品的肝脏——血液得以在那里抗争并战胜死亡的伟大器官，是个具有永恒意义和神秘性的物体，它使他的灵魂震颤，使他的意识净化，因为它同时也是他的牺牲品。所以当他注视那滚热的肝脏时，会发现它犹如星光灿烂的天空，显出了田野区域的图像，但这些田野区域是红色的、是闪光意识中的田野或区域，这个意识跑遍了整个灵体世界，因此它肯定包含了他自身血液中的问题的答案。

研究星星、研究布满繁星的天空同样如此。不管什么东西，只要能在某个令人困惑的时候，将人的意识带入一种专注状态，它便能给这种困惑以一个答案，但这是个真正的征兆问题。一旦出现某种虚假的可靠性和纯科学的估算，全部事情便成了一个骗局、成了一个把戏。这一点不仅在占卜和星象术中如此，在祈祷和纯推理中，甚至在伟大规律和科学原理的发现中亦如此。

今天的人们如古代人一度用占卜术玩把戏那样用祈祷来玩把戏，他们也以同样方式利用科学来玩把戏。每个伟大发现、每个伟大决定的作出都基于一个寻求征兆的行动，事实只在事发之后才被确证。但所有寻找征兆的企图，甚至祈祷也好，推理也好，研究本身也好，如果用心不纯，都会沦为把戏。由于内心不纯洁，苏格拉底经常令人不快地玩弄逻辑把戏。

无疑，当怀疑主义者统治了古代世界时，内脏占卜和占星术便变成了虚假之物、变成了把戏。但在以前的许多世纪内，它们曾有过真正的影响力。有趣的是，在力维（译者注：历史学家，著有《罗马史》等书）的书中我们可以看到，占卜术在建立伟大的罗马共和国时曾起到过怎样巨大的作用啊！

　　让我们从鸟转向动物，我们在墓中发现了屡屡出现的狮子攫获梅花鹿的情景。按古代人的观念，世界一旦诞生，便具有两重性。万物皆有两重性，不仅性别具有两重性，磁场也具有两重性。这是"邪恶的异教徒"式的两重性，然而它不包括后来美好与邪恶这两个宗教意义上的两重性。

　　斑豹和梅花鹿、狮子和公牛、猫和鸽子或松鸡，它们是伟大两重性中的一部分，或动物王国中的阴阳两极。但它们不代表正义行为与邪恶行为，与之相反，只代表神圣宇宙在其创造动物过程中阴阳两极的相对运动。

　　灵魂是宝中之宝，它存在于每个造物之中，存在于每棵树、每个池塘之中。它同样意味着两重性之间——如火性和水性两方之间达到平衡均匀的那个神秘的意识之点。这一神秘之点把自己包含在来自右手的一个又一个活泼的动作之中，也包含在来自左手的一个又一个活泼动作之中，它在人死之后并不消失，而是被储存到了鸡蛋、陶瓶，甚至再次成长的树上。

　　但灵魂本身——每个造物的意识火花，并非是双重性的。作为永恒不死的东西，它同时也是我们的人性和我们的两重性最后成为牺牲品的祭坛。

由此在作为墓中关键画的三角处绘画中，我们一次又一次地看到了在祭坛、树或陶瓶两边脸对着脸的传令兽，而狮子正向鹿的臀部或颈部袭击，鹿正在被杀害，不管是在白天还是黑夜，不管狮子是黑色或是浅色的，情形都一样。

鹿、小羊羔、山羊或母牛是富含母乳并富于生殖力的温驯动物。也许是雄鹿、公羊或者公牛——畜群伟大的、额上带着显眼的力之角的父亲，指出了生育类牲畜的危害性。他们是有生育力的、不断生育的生物，是和平和繁殖的兽类，所以连耶稣也是羔羊（译注：因为他代表了和平）。这类动物的不断产生将使地球到处充斥牲畜，直到牲畜在全世界摩肩接踵、拥挤不堪，什么树也无法在其间生长。

但这是不行的，既然它们只代表了动物世界平衡的一半。平衡必须得到保持，体现这一点的便是我们都得上去作牺牲品的祭坛，它甚至就是死亡，正如它是我们的灵魂和最纯洁的珍宝一样。

所以，从鹿的另一边我们看到了狮子和斑豹。这两种动物也有雌雄之分，那些雌的同样具有泌乳的乳房、同样哺育幼子，就如狼哺育了第一个罗马人一样[1]。预言中把它们当成过多的鹿——包括伊特鲁利亚人的消灭者。所以，这些猛兽守卫着宝藏

---

[1] 传说一头母狼用乳汁哺育了被抛弃在台伯河（意大利中部一河）岸的婴儿罗蜜勒斯和他的兄弟雷默斯。他们俩是为逃脱篡夺其祖父王位的篡权者阿缪罗的迫害而被抛弃的。罗蜜勒斯在神话中成了罗马的缔造者和其第一位国王。母狼则很早便成了罗马的神兽。

和生命的大门，这样有生产力的动物会被减少或停止过多生育。它们咬鹿的脖子和臀部，那是大血管经过的地方、致命的地方。

这类象征便这样遍布伊特鲁利亚人的坟墓，这也肯定是所有古代世界的象征方法，但这里的一切和在埃及的一样都不那么确切与富于科学性，它只是单纯的、发育不完全的，他们的艺术家如孩子把玩童话故事一样把玩着这种象征物。然而正是这种象征因素激起了伊特鲁利亚人的深厚感情，给了那些舞蹈者和动物以特别满足的天性。像沙简特[1]之类的画家那么聪明，但最终沦于无趣、乏味，因为他永远不具备对自己的琐碎和愚蠢的知觉性。一只伊特鲁利亚豹，甚至一只小鹌鹑便值他所有的画。

勇猛的狮子总在墓中正面三角墙上方

---

[1] Sargent，美国肖像画家，劳伦斯认为他的画"冷峻"。

塔奎尼亚的彩绘坟墓（二）

在那里，狮子的暴怒和蛇的狠毒，都是神圣的，全来自那个带有生命原始之根的、独一无二的、神性的——生命之圈，伊特鲁利亚人由此保持了好奇和生命的欢乐，以及害怕和厌恶。他们行如儿童，但有力量和威力，以及真正成人的感悟知识。他们有一片极有价值的知识世界，这个世界对现代的我们却已完全不可见了……

我们坐在位于城门上方的咖啡店的简陋桌子旁，看着傍晚带着工具和对收成的估望从田野归来的农民进入城门。他们经过城门时，小镇海关的职员查看了他们，问了他们一些有关是否带了草捆之类的问题，并戳了戳他们臀部的包裹。当一车灌木枝条拉近时，他喝令停下来，然后用一根长长的钢棍拨开枝条，插进去仔细查看是否藏有酒桶或油罐、橘子包或其他食物，因为所有带入意大利小镇的食物——除食物外别的东西也如此，——都必须付税，有时得付很高的税。

可能在伊特鲁利亚人时代，农民在傍晚进城时的情形与此相同。伊特鲁利亚人是本质上的城市居民，即使是农民也居住在围墙之中。

在那些日子里，农民们无疑即奴隶，与今日的意大利农民非常相似：他们在农田间劳作，没有工资只获得部分农产品；他们热心于田间劳作，带着今日意大利人仍然具有的对土地的执着认真，和几乎是热切的关注；他们住在城里或村庄里，但夏季会在野外的田里建些小茅屋住。

在过去那些日子里，在像今天这样的一个美好傍晚，男人们会带着裸露的、因日晒风吹而黑里透红的肌肤和强健而无忧无虑的体魄进来；女人们则身穿宽松的白色或蓝色亚麻罩衫翩翩而至；显然其中有些人会吹着牧笛、有些人会唱着歌进来，因为伊特鲁利亚人酷爱音乐，并具有现代意大利人已失去的内在的轻松。

农民们会来到大门内那清洁整齐的神圣地方，他们走过一直向上延伸到山顶的、两边尽是一排排有着欢快色彩的门面、画着或挂着点亮的赤陶花灯的低矮小房子组成的街道时，会边走边向那座五光十色的小庙致敬。

此时你几乎仍能听到他们或静静地或呼喊着、吼叫着、吹着笛子、唱着歌、赶着极安静地行走着的绵羊山羊混合的羊群、牵着脖子上仍套着辕杆的、步履沉缓的、如鬼怪似的白色公牛进来。

显然在那些日子里，年轻的贵族们会裸着四肢身骑一匹几乎全裸的马，可能手持长矛、虚张声势地慢跑着越过那些红棕色皮肤的、四肢发达、皮肤光滑的农民男女，一路溅着水花进来；甚至会是一位最高长官鲁库蒙，非常高贵地坐在由身体笔直的马车夫驾驶的四轮马车上，在日落时分徐徐而进，在神庙前驻足，行一遍简单的进城仪式。拥挤的群众将在一旁等候，而那位古时的鲁库蒙则满脸放着红光，东方风格的胡子修剪得很精致硬朗，脖子上戴着金项链，华贵的斗篷镶着深红色的花边、垂着丰富的褶皱并袒露着胸脯，他是那么威严沉着地坐在马车的座位上，犹如一尊神，人们甚至只要看上一眼就能吸取力量。

马车从神庙驶出又向前行走了一段，这位坐在四轮马车车座上的鲁库蒙，从腰肩上褪下了斗篷，就光着膀子和胸脯坐着。农民们于是诚惶诚恐地缩了回去。接着可能会有几个身穿白色长袍的市民举起手臂先表示敬意，然后走向前去陈述什么困难或要求替他们伸张正义，而那位鲁库蒙则安详地坐在属于另一个权威的世界之中，以自己内在的智慧和知识、责任感约束着自己，直到听完一切陈述，然后略言几句——随后随镀金的铜马车一阵风似地驰往山上自己的家中。市民们各自散去也回到自己的家中，于是黑暗的街道只留下音乐声和摇曳的火把，整个城市开始晚餐、晚宴，开始尽情地享受一天中最快活的时光。

现在这一切已不同昔日了。那些土褐色的农民身裹粗陋的衣衫、散漫地穿过那片荒废的空地、拖踏着脚步无歌无意义地回到了家中。我们已失去了生活的艺术，以及一切之中最重要的一门科学——日常生活的科学、行为科学，对此我们真的已变得全然无知了，我们有了替代它的心理学。

如今在意大利，在意大利炎热的夏天，如果一个体力工人在大街上脱去衬衣，裸着躯干自在地干活，警察会立刻冲过去、侮辱性地命令他马上穿上衬衣。他们会认为这是个彻头彻尾的蠢汉粗人，只有尽可能地把这样粗野的人消灭，生活才会变得合情合理；而女子在大街上裸露胳膊和大腿则只不过是对整个人类躯体的一种羞辱而已："看那人，那没什么。"

两者都无所谓！——既然如此，劳动者的躯干又有什么大不了的呢？

在旅馆那空空如也的黑暗中，呆着三个矮小黄脸的日本男人。有人告诉我们，他们是来塔奎尼亚城下的海边检查盐厂的，他们有政府的许可。那家盐厂，从海边围海而成的水池中提炼盐的工厂，是一所监狱，由罪犯担任工人。你也许想知道为什么日本人会被正式地派到这里来检查这样的地方？有人告诉我们说，因为这些盐厂"非常重要"。

亚伯蒂诺与三个日本人正打得火热，似乎已获得他们很深的友情，他俯身于他们的餐桌上，年轻的棕色头颅挤在三个黑色头颅中间，显然完全被接纳了。他匆匆赶去吃他们的食物，——然后赶回来看我们打算吃些什么。

"那儿有什么？"

"那里有意大利。"他说话时总带着令人喜欢的从容不迫。好像那里有适合沙皇的菜单，然后说一句"我去问问女主人！"便突然离开了——箭一般地射了出去——他然后回来，以洪亮的嗓音告诉我们结果。我们早已确知他会说什么，他却似乎在宣告发现了新耶路撒冷似的——"有鸡蛋——呃——和牛排——呃——还有一些小土豆——"我们对鸡蛋和牛排非常了解！无论如何，我决定再吃一次牛排和小土豆——油炸的。我们的运气不错，午餐后还剩下一些。

亚伯蒂诺又箭一般射了出去——只为了箭一般射回来并宣告土豆和牛排已做好（由中国厨师做的，他悄悄耳语说）——但那儿还有牛蛙。还有什么？牛蛙！——哪种牛蛙？——我会让你看的——他又箭一般射了出去，回来带来一盘有八九对剥了皮的牛蛙后腿的菜肴。B眼睛转向了别处，我要了牛蛙——它们看起来很吸引人。

因牛蛙安全抛锚而欢欣鼓舞，亚伯蒂诺跳跃着又箭一般地离去，片刻带回来一瓶啤酒，然后悄悄告诉我们所有有关那些中国人的消息，他这么称呼他们——他们不会说一句意大利话，他们要表达一个意思时，便拿起一本小书《法意字典》，面包——呃？他们要面包。唉！——亚伯蒂诺低声咕哝着，像一个逗号或分号。我把它写成了"唉"——他们要面包，呃？——唉！——他们拿出小字典——于是他意想不到地拿出一本小字典，把它放在台布上，舔了舔手指，翻着那些意想不到的页码——面包！——呃！——P——你看"P"下面——呃！——这就是——"佩恩"！——面包——正是这个词——面包！他们要面包。然后是酒！呃！拿起小字典——（他兴致勃勃地翻动着那些不可思议的小页码）——呃！就在这里，"维诺"！——酒！——就是，酒！他们就这样干！每个词！他们找出了"名字"！呃！名字？你！呃！——我告诉他们，叫亚伯蒂诺！

男孩如此滔滔不绝，直到我问他"雷朗尼"（牛蛙）怎么样了？噢！呃！雷朗尼！——他又箭一般地离去，接着端着一盘炸蛙腿——成对的蛙腿，旋了回来。

他是个活泼有趣的男孩，但其担有责任的内心深处有某种悲哀和渴望。第二天他旋风似地过来给我们看一本威尼斯风光的书，那是中国佬留下的，他固执地这么叫他们，问我是否想要这本书。我说不要。他然后又给我们两张日本邮票，以及写在一张小纸片上的其中一位日本绅士的地址。这位日本绅士和亚伯蒂诺打算交换艺术邮票。

我坚持说他们是日本人不是中国人。——呃！亚伯蒂诺回答，"但日本人也是中国人！"——我坚持说不是，说他们生活于不同的国家。他箭一般地离开了，然后拿回一本学校用的地图册——呃！中国在亚洲！亚洲！亚洲——他翻着页码。他实在是个很聪明的孩子，真该去上学，而不是在 14 岁的小小年纪便去经营一家旅馆。

领我们去坟墓的向导得整夜看守那家博物馆，所以黎明后得睡会儿觉，因此我们得 10 点才能出发。人们都去了田里，小镇已空巷了，只有几个无所事事的人随意站着。城门已大开。晚上城门是关闭的，这样小镇海关的人能安然入睡，而那时你便既不能进城也不能出城了。我们又喝了一杯咖啡——亚伯蒂诺早晨的咖啡做得可不怎么好。

我们随后看到了向导，他正与一个穿着屁股、膝盖上缀有棉天鹅绒布片的旧灯芯绒裤、头戴旧礼帽、脚穿厚靴子的脸色苍白的年轻人谈话，那人显然是个德国人。我们走过去向向导——不是向那个德国小伙子——打了个适当的招呼便出发了。那德国小伙像是早餐喝了醋似的一脸酸溜溜的表情。

这个早晨我们得走好几英里去墓地的最远一端。我们还有好多墓可看，那儿总共还有 25 个至 27 个彩绘坟墓。

早晨来自西南面的微风很硬，但清新爽人，不像通常意大利的西南风那么肆虐。我们沿着大路轻松地向前行进，老狗在后面翻滚似地跟着，它喜欢在墓群中度过上午。

海面显得非常清明，这使空气加倍明媚、加倍令人心旷神怡，我们觉得犹如置身于大山之巅。公共汽车从维特堡隆隆而至经过我们身边，田野里的农民们正在劳动，向导偶尔向田中的女子们打个招呼，她们便俏皮地回敬着他。

那位德国青年步履沉稳地走着，但其精神似乎不如其步伐坚定。你不知道该与他说些什么才好，他似乎什么也不想给予，似乎不想别人与他说什么，可能我们不与他说话已使他生气。向导以永远不会逝去的快活用意大利语和他聊了会儿，但很快明显觉得轻松似地退了回来，然后与较温和的 B 作了伴把我与德国年轻人扔在了一边。那德国人显然在不时地吞咽着他的醋。

我觉得与他在一起和与现在的大部分年轻人在一起没什么两

样：他正在违抗比自己的罪过更大的罪过，他拿醋作饮料，迟疑地说着德语，因为意大利语似乎很蠢，他又不会说英语。我在最初半英里时便已知道：他23岁（看起来只有19岁），已完成大学学业，打算当考古学家，正旅行着进行考古活动，已到过西西里和突尼斯[1]，刚从突尼斯回来。他对这两个地方都觉得没什么——"全是瞎吹"——他急速地抛出这句话，像扔一个很讨厌的烟蒂似地把这句话扔了出来——他看不上任何别的地方，也看不上伊特鲁利亚——"不值得一看"。

他显然对我也不屑一顾：他认识一两个我遇到过的教授，对塔奎尼亚的坟墓很了解，以前已两次来过这里并在这里呆过，但对这些坟墓不以为然；打算去希腊，但并不期望在那儿有大收获；这次呆在另一个旅馆里，不是杰恩特尔旅馆，因为它还是廉价了点；他可能只住一个晚上，拍一下所有坟墓的照片，他有架很大的摄像机——如日本人似的有意大利政府的许可——显然并没多少钱，但自己不花钱干一切事真是太棒了——期望成为一位著名教授，在一个他不以为然的领域——我不知道他是否总能填饱肚子。

他是个易怒易烦躁的青年人，即使在沉默、客气时亦如此，——不值一看！——没什么意思！——这些似乎是他最喜欢的句子，似乎这也是当今所有年轻人最喜欢说的话。对于年轻人，世上没什么值得一提的东西。

---

[1] 突尼斯，突尼西亚的首都。突尼西亚为北非一共和国，临地中海，在古代迦太基旧址附近。译者注。

我想这不是我的过错，所以设法忍受一切。作为战争时的一代人已很糟，成长在战后肯定更糟。你不能因年轻人找不到什么有价值的东西而责备他们，战争夺去了他们的大部分生活意义。

我的年轻伙伴倒没这么糟：他甚至很愿意人们让他相信点什么，他内心深处有种渴望和悲悯。

在这个令人欢欣鼓舞的阳光灿烂的早晨，我们经过了有着白色大理石墓碑、有许多神秘地跨越于一条中世纪水渠之上的拱桥的现代墓地，走下大路，走上一条蜿蜒于山顶的长长小路，越过在海风中如纤细的羽毛般翻飞并荡起波澜的绿色麦田向前行进着。

这儿那儿常不是有紫色白头翁草的花须，便有小片的马鞭草和大片大片的雏菊，以及一簇一簇的甘菊花。在曾是墓冢的一个石土包上，日光兰获得了优势，它们在清新明亮的空气中开放出穗状的花朵，就像一群聚集于山头的战士。高地上的麦地是一片生机勃勃的绿色，但粗犷而起伏不平，因为那儿曾经全是墓冢。

我们沿着麦地、沐浴着迎面而来的微风一路前行着。海的光亮使空中充满令人兴奋的明快气氛，整个原野则是一派恬静和安详。犹如两只狗向对方嗅鼻似地，我们俩用德语警惕地交谈着。

我们突然转到了一座几乎看不见的坟墓前——德国青年知道确切的路线。向导匆匆过来点燃了乙炔灯，狗给自己找了块避风之地缓慢地蹲歇了下来，我们走入地下，又离开了现实世界，慢慢沉进了伊特鲁利亚人的世界之中。

在这片墓地最远一端的墓群中，最著名的一座墓是"公牛之墓"，它有向导称之为"色情画"的壁画——但只是"一点点"。德国青年一如平时耸了耸肩，但他告诉我这是所有墓中最古老的墓之一。我相信他的话，因为它看起来确实很古老。

它比别的墓宽些，顶部不那么倾斜，沿边墙有一架放石棺用的石床，终端的石墙上挖有两个门洞，是从岩石中挖出的，通向显得更阴暗的第二个墓室。德国青年说第二个墓室是后来挖的，由第一个墓室往里挖掘而成，那儿没有任何有价值的画。

我们回到第一个、那个旧的墓室，它因终端墙门洞上方的两头公牛而被称为"公牛之墓"。画上一头长着男人脸的公牛正在"色情地"猛攻，另一头公牛则安详地躺着——其神秘的眼睛扫视着墓室，静静地背对着一幅图的另一部分，向导说那幅图并不"色情"——"因为上面是位女子"。德国青年带着醋酸的表情笑了笑。

这个墓中的一切显示了东方式的古老文化：塞浦路斯[1]或希蒂特，或克里特的迈诺斯文化。终端墙两个门洞之间有幅迷人的画，上面是一个裸体的骑马人拿着一支长矛、骑着一匹裸马正走向有棵美丽的小棕榈树、一口井或泉眼的地方，那上面有两头雕塑的黑脸兽——带着奇怪的黑脸的狮子；从靠近棕榈树的那头狮子嘴里流出一股水直注入一只圣水碗中，稍远的一边有一个战

〔1〕 地中海东部一岛国，公元前六世纪由埃及王统治，后来归属波斯，然后又回归埃及，最后属罗马帝国。译者注。

士正在走近，他戴着铜头盔和护胫，显然他踏上井台时在用其左手中挥舞着的剑威胁那个骑马人。战士和骑马人都穿着东方式的长长的尖头靴，那棕榈树也不是典型意大利风格的。

这幅画有种特别的魅力，并显然有其象征意义。我对德国青年说：你认为它意味着什么？——哦，没什么意思！骑马的人想到水槽处饮他的马，可水不多了！——拿剑的男人？——呃，可能是他的敌人。——黑脸狮子？——哦，没什么意思，不过是井边的装饰物而已。——图的下部有几棵挂着花圈和帛巾的树。边上的图案，这次没用鸡蛋和标枪，而是用了所谓的"金星"形。在两个标枪形之间，有个上面放了小十字架的球——那是，那是象征物吗？——我问德国青年。——这儿没有象征物！他愣愣地回答——仅仅是装饰物而已！——这可能是真的，但伊特鲁利亚艺术家没有象征物以外的概念，不会比今日的英国饰马者有更多的概念，所以我们无法认可德国青年的话。

我此时只好放弃想弄明白的念头。画的上方有一句用伊特鲁利亚语写的纤细而潦草的句子。——你能读懂吗？我问德国男孩。他很快读了一遍——我自己得一个字母一个字母地辨认。——你懂上面的意思吗？我问他。他耸耸肩。显然没人能读懂。

在岩顶浅角处的传令兽看起来很奇怪，其中间蹲踞着的坛子、所谓的神坛，四角上有四只公羊的头；右边有个黑脸白身的男子正牵着松弛的缰绳骑在一匹黑马上飞奔而至，身后跟着一头飞奔的公牛；左边有个更大的形象，那是一头拖着舌头的形状怪异的飞奔的狮子。但狮子的双肩上长出的不是翅膀，而是第二个脖子，上面有个长有胡子的黑脸山羊头。所以这头复合动物有其第二个向后倾斜的脖子和山羊头，以及第一个有鬣毛的狮脖和吓人的狮子头；狮子的尾端是个蛇头。显然这是确切的凯米勒怪兽[1]。——在狮子尾巴之后奔驰而至的是带翅膀的雌性司芬克斯[2]。

这头有着第二个头和脖子的狮子代表了什么？——我问德国青年。他耸耸肩，说：没什么！——他觉得它并不意味着什么，因为本来就没什么意思，除非是 A、B、C 般明确的事实，那对他才会有意思。他是个科学工作者，如果他不想要一个事物有意思，它实际上便没有意思。

但带有从肩部向后反弹的山羊头的狮子肯定代表着什么意思，因为由本凡纽托·色利涅修复的、现存于佛罗伦萨博物馆的阿雷左著名的青铜雕凯米勒怪兽同样非常生动，那具青铜雕是世界上最动人的青铜雕之一，上面的带胡子的山羊头，从狮子肩上扭曲着向后弹去，山羊头上的右角则被越过背部向前扫来的狮尾的蛇咬住。

尽管这是正确的凯米勒怪兽，臀部颈部带着骑天马的佩格萨斯留下的伤痕[3]，它仍不可能只是个大玩具，它有、并打算表达一个确切的神秘意思。事实上，希腊神话只是某种非常明确、非

〔1〕 希腊神话中狮头狮身加羊头、蛇尾的吐火怪兽。译者注。
〔2〕 古埃及和希腊神话中狮身人面有翅膀的怪物。译者注。
〔3〕 佩格萨斯是希腊神话中杀死凯米勒怪兽的勇士。译者注。

有山羊头、狮身、蛇尾的凯米勒怪兽象征几种不同的生命力

常古老的神秘观念的粗显形式，这种古老观念远比神话或希腊神话古老，神话和人化的神仅仅是早先宇宙（泛神）宗教的一种衰退形式而已。

对我来说，这些伊特鲁利亚艺术品的奇怪的潜在意义和美，正从艺术家或多或少意识到的其象征意义的深奥性中显现出来。伊特鲁利亚宗教显然从来就不是神人同形的宗教：他们的宗教中所包含的无论什么神灵都不是现实的人形的，而是各种元素力量的象征物，如早期埃及的情形一般，只是象征物而已。

那未分开的神灵头，如果我们可以这么称呼的话，是芒达姆——带着其核心的、代表了生命最最元始物质的原质细胞的象征物，而不是我们一般理解的那样是一切创造、进化的最最源头的那个人、那个人化的神。

所以可以这么来思考：伊特鲁利亚人的宗教关注所有物质的

和原创性的动力和力量，是这些力量建立又摧毁了灵魂。这个灵魂、个性如一朵花渐渐从混沌中产生，只能再消隐于混沌，或者说是地下世界之中。——我们却正好相反，下结论说人类的开端是语言！——它否定了物质世界的真正存在。我们却只存在于语言之中，而语言只是锻打出来的用于掩盖、虚饰、隐匿一切事物的薄片而已。

对伊特鲁利亚人来说，人，按其不同的表现特性或能力，可以是一头公牛或一只公羊、一头狮子或一只鹿，人在其血管中有鸟的翅膀和蛇的毒液的血，一切皆源自其血液。而无论他变得怎样复杂和矛盾，血缘永远不会受到打扰或被遗忘。血液中含有不同的潮汐，有些总是处于冲突状态：如鸟和蛇的、狮子和鹿的、豹和小羊羔的，而冲突本身便是统一的一种形式，就如我们看到的同时具有一个山羊头的狮子一样。

但年轻的德国人不会想到这些，他是现代派，只有显而易见的东西本身对他才是真正存在的东西，有山羊头、又有自己的头的狮子真是不可思议，而不可思议的东西就不可能存在、就不值一提。所以，所有伊特鲁利亚人的象征物对于他便是不存在的、是粗陋浅俗不值一想的，他不愿为此花费心思，因为它们都是精神无能的结果，所以不值一提。

但也许他是不愿放弃自己的东西，或泄露任何将能使他成为著名考古学家的秘密，尽管我并不认为他是那样。他还不错，将自己的感悟告诉了我，详细告诉了我他的发现，否则我可能会忽略，例如：那匹白马的线条明显地已被修改过，你可以看到马的后腿和乳房以及骑马人的脚的原来线条，你可以看到艺术家怎样深思熟虑地改变了线条，有时还不止修改一次。好像他每次都是先画出整个形象，然后修改一下位置和方向以满足自己的感觉。

由于当时没有印度橡皮可以擦掉第一次画的东西，至少从公元前六百年开始，出现了一位具有纯真艺术家内在灵感的伊特鲁利亚人留下的精致微妙的错误，而他那漫不经心的快乐使他随意留下了自己的修改痕迹让别人去窥视，如果别人想这样做的话。

伊特鲁利亚艺术家或用刷子，或可能就用指甲，在柔软的粉墙上划拉出他们要画的形象的轮廓，然后露天上色彩，所以干得快。其中有些画我觉得像是掺蛋黄的颜料画的，在其中一座墓中，我想是"弗朗西斯科·圭斯廷尼尼墓"吧，绘画像是直接画于裸露的乳酪似的岩石之上的，在那种情形下，男子披肩的蓝色会显得非常鲜艳。

伊特鲁利亚绘画的精妙之处如中国画、印度画一样，在于其形象那奇妙的、含意深远的边线，它不是轮廓线，它不是我们称之为"素描"的东西，它是人体突然消失于大气之上的一种流畅的轮廓线。伊特鲁利亚人似乎看到了从形象内部到表面汹涌而出的活泼泼的东西，其黑色侧面形象的轮廓和曲线便显示了所绘形象的内在的整个运动。确切地说在那儿没有造型，形象虽画于平面上，但它们几乎都是丰满的，甚至肌肉饱满的，我们只有到了后来的"汽笛之墓"时，才看到了造型的形象，那是庞贝[1]风格的绘画，讲究光线和阴影。

那个古老的世界必定是个迷人的世界，那儿的任何东西都是活生生地显现的，在与别的一切事物发生关系时的昏暗状态中全显得光彩照人。这不仅仅是日光将它作为孤立的个体事物而显示了出来，使那儿的一切都具有视觉上的鲜明轮廓，还在于其极端的清晰度是在情感上、生命力上与奇异的别种东西相联的。一个事物从另一个事物中蓬勃而出、心理上相矛盾的事物感情上却融合在一起，以至于一头雄狮同时也可以是一头山羊，或不是头山羊。在那些日子里，骑在一匹红马背上的男人不会只是骑棕色驽马的杰克·斯密思，他是个肤色温雅的造物，脸上充满了死或生的色彩，血液中燃烧着游历的渴望，燃烧着涌动的热情，和由这种渴望和热情而燃起的动物生命力的狂潮所推动的狂奔，它周旋于某种神秘的旅程之中，周旋于其自身的某个重负之下，正奔向某个不可知的目标。

同样，一头公牛并非仅是那么个价值的、不久便会归于屠夫的留种动物，而是头极富神奇色彩的野兽，它是带有推动世界万物隆隆运转、推动太阳喷薄而出、推动男人带着繁殖力量出现的伟大的、熔炉般的热情的井口。这头公牛是畜群之首，小牛犊和小母牛、母牛们的父王，是牛奶之父。前额上有着威力之角、象征着生殖力之角的好战部分的它，是力量、妒忌、冲突、向敌方猛攻的咆哮着的主人。

---

[1] 意大利西南部维苏埃火山山麓之一古城，公元 79 年因火山爆发而被埋入地下。译者注。

山羊与之相同，是乳汁之父，但它不代表巨大力量，它代表机智，是妒忌、顽强的生殖力之父的机智意识和自我意识部分。而狮子则是带着饮血的能量而呈黄色并怒吼着的最最恐怖的部分；它也像太阳，但太阳因吸饮地球的生命力而得以维持自己的生命，因为它能像一只黄母鸡孵蛋那样温暖世界万物，又能用其滚烫的舌头舔取世界万物的生命。山羊说：让我永远生育吧，直到世界成为一只臭气熏天的山羊。但随后来自另一血统的同样源自男人体内的狮子怒吼起来，以另一种智慧的热情举起爪子去攻击山羊。

　　所以，所有造物都是潜在地以其自己的方式行事的，变化万端的意识在永恒的矛盾和对立中展开暴风雨般的搏斗，这是任何智力都难以调和的。所以我们只能象征性地理解生命的世界，但因此可以说，每一种意识，狮子的暴怒和蛇的狠毒，都是神圣的，全来自那个不可破的带有原子核、带有生命原始之根的、独一无二的、神性的生命之圈，——生命之圈，如果你想这么称呼的话。而带有灵魂和个性的人类，则源自与所有万物的永恒联系之中，血缘一成不变，并且不可摧毁，但始终处于矛盾斗争的风暴之中。

　　古人有意识地、如现在的儿童一般无意识地，观察着事物中永恒存在的奇迹。在古代世界，三种驱人行动的情感肯定是"好奇"、"恐惧"和"崇敬"："崇敬"是拉丁语词中的"崇敬"之意（它同时含有"好奇"之意），同时也有我们理解的"崇敬"之意；"恐惧"从广义上说还包括厌恶、害怕和仇恨；然后出现了

105

最后的、也是个人化的骄傲感。爱只是"好奇"和"崇敬"的副产品。

但只有在看到了一切事物在相关的内在情感意义上的震颤中的变化之后，古人才能保持这种好奇和生命的欢乐，以及害怕和厌恶。他们行如儿童，但他们有力量和权威，以及真正成人的感悟知识。他们有一片极有价值的知识世界，这个世界对现代的我们却已完全不可见了，在那个世界中他们是真正的成人，我们却是孩童。现在则正相反。

即使是"公牛之墓"中的两处"色情"画，也并非肮脏淫秽之画，其意义远非如此。德国青年与我们所感到的完全一样，画中包含的是与其余画相同的天真的好奇感，相同的古代成人完全接受的生活的无邪心态，相同的通过公牛的眼睛、斑豹的眼睛看事物，并通过它们得出结论的方法。

这两处小画都有其象征意义，与道德不道德的概念完全无关，它们被置放于传令兽的相对位置之中，这次是与人脸公牛有关，而不是与斑豹有关，其中含有公牛的安详和人脸公牛低着角的进攻势态，这不是一种判断，而是感情行动及其反应的集中体现——乳汁和生殖力之父的行为及对它的反应。

在这片遥远的、麦浪覆盖着的小山中，还有许多美丽的古墓，"占卜官之墓"便非常引人入胜。它的终端墙上画着一条"通向坟墓"的门道，两边各有一名男子做着可能是哀悼的姿势，其姿势是一手伸向额头，显得奇怪而极其严肃。这两名男子正在墓门旁哀悼死者。

不！德国青年说。画中两边有哀悼者的门，并不代表通向坟墓的门，人们只是画上一扇门，以便以后可以按此挖出并建立第二个墓室，同时那两个男子并非在哀悼——

那么他们在干什么？

耸肩！

在画门上方的三角地带有两只狮子，一只白脸，一只黑脸，抓住了一只山羊或是羚羊：黑脸狮翻过身来咬住了公山羊脖子的一边，白脸狮则咬住了它的臀部。这儿我们又有了两头传令兽，但它们不是对着中间的祭坛或树吼叫，而是咬住了山羊、生命乳汁的给予之父的脖子和臀部。

边墙上有非常精致的表现裸体摔跤者的壁画，然后是一幅引发了许多关于伊特鲁利亚人"残忍"的议论的场景画：一个身上只缠一条薄布带的男子头上套着一只布袋，屁股上正被一只凶猛的狗撕咬着，这条狗由另一个男人牵着，那男人手上的绳索连着一段显然是带木节的皮带之类的东西，这段木节系在了狗的项圈上。

牵着绳索的男子戴着一顶特别高的圆锥形高帽，他的四肢很发达，正激动地跨向头上套着布袋之人的身后站定；受害者现正被拴着狗的一根很长很长的绳索缠住，但似乎他的左手已快抓住绳索把狗从其臀部拉开了，他的右手则握着一根大棒，正打算在狗进入其够得着的范围内时打那条狗。

这幅画被认为是一幅表露了伊特鲁利亚人野蛮残忍的体育运动的画。然而既然墓画中有一位拿着弯曲的节杖的占卜官，他正对着飞过身边的黑鸟紧张地举起手掌，而摔跤者正在奇怪的三个大碗叠成的碗堆上方摔跤；在墓的另一边墙上，在第一幅画中牵着狗绳的戴圆锥形高帽的男子现在正在极其兴高采烈地跳着舞，似乎在为获得胜利和自由而再次高兴。那么我们完全可以肯定这幅画与其余的画一样是象征性的：遮着眼睛的男人正与某种狂暴的攻击因素战斗。如果这是一种运动，就该有观看者，如在"四轮马车之墓"中所展示的运动场面一样，然而这里并没有观众。

无论如何，墓中所画的场景都是那么的真实，似乎可以肯定一切均已在实际生活中发生过。可能生活中就有某种形式的试验或考验，会给人一根大棒并把他的头用口袋套上，然后让他去与一条攻击他的凶猛的狗搏斗，而那条狗已被绳子拴住，甚至有一段木把系于脖子上，凭此受考验的人能抓住并攥紧这个把，同时击中狗头。套着口袋的人有打狗的很好机会。

就算这是一种运动，不是某种形式的试验或考验，其残忍也并不过分，因为袋中的人有较早击中狗头的很好机会，与罗马的血腥格斗表演相比，这几乎可算是一种"公平游戏"。——但它肯定比运动有更多的内容，那牵狗绳的男子的舞蹈真是太漂亮了。

从某个方面来说，墓画本身也是显得过于令人紧张、过于富于含义的。狗——或狼或狮子——咬人的臀部是一个太古老的象征，我们在佛罗伦萨博物馆的刻有阿美耸斯[1]的石棺顶部便可以

---

〔1〕 希腊神话中一群居于黑海边的女战士。

很容易地看到这种象征物。这个石棺就来自塔奎尼亚——棺盖的尾部刻有一个裸体的男子，他分开着两条腿，两边各有一条狗在咬他的臀部。那狗代表疾病和死亡，正在咬股中的大动脉，而那是男人身上涌现生命的部位。——在古代象征主义中这种动机很普遍，而恶毒势力攻击股内大动脉的神秘观念后来被希腊人改变成了阿克泰和他的狗的神话。[1]

另一座非常精致的墓是"男爵之墓"，它有绕墙一周的单一形象的、画于亮色背景上的黑色装饰带，画中有马和人，全是黑色侧影像，构图非常精彩。那些古代马匹似乎完全满足于它们作为马的身份，似乎比罗沙·蓬荷[2]，甚至是威拉斯奎兹[3]所画的马在灵魂上更像马，尽管后者更形似些，而因此便有人问：到底什么是一匹马的马性？一个人看着马时，他看到的会是什么？那永远无法用语言表达的会是什么东西？

人所看见的会与用相机拍的快照不一样，也与电影摄像机摄下的连续瞬间快像不一样，而是一种伴随着起伏的好奇情绪的视觉印象，其中掺和了涌动起伏的想象，然后由大脑挑选出自认为能代表所见形象的某些特定因素。

我们早已下决心要依客观事物本身来看事物，就像拍照那样，但相机既不能感觉马的体温及其特殊的体形，也不能

---

[1] 希腊神话中著名的牧羊神，因偷看月神阿特米斯洗澡而受到神的惩罚，被变成一头雄鹿，最后被他自己的狗撕成碎块并吞食掉。
[2] 法国十九世纪画家，以画马著名。
[3] 西班牙画家，以画骑马者肖像风俗画著名。

嗅到马的气味、感觉马性，也不能听到马嘶。而我们看马的眼睛则带着我们所有的有关马的感官体验，更不用说我们对其狂怒的恐惧、对其力量的崇敬了，我们的眼睛是真能"看到"这些的。

这是完全的儿童视觉，是全方位并有感悟力的，但这种感悟性的视觉在我们身上会因成长而变得残缺不全并丢失，等到成熟后我们就只能看到马的单调无趣的一面，只能看到其静止的外表形象了。

我们走进一座又一座坟墓，走入地下的黑暗世界，又出来融入微风荡漾的明媚世界之中，一天很快便过去了。看过一座又一座坟墓之后，我们竟离城越来越近，发现新的公墓就在眼前。我们已走过与斜坡交叉的水渠，只要再走一段地下通道便可到达小镇了。

在新公墓附近我们又进入了一座大墓，这是我们见过的最大一座墓——一个巨大的地下洞穴，那里有宽大的搁置石棺、棺架用的石床，中间有巨大的方形石柱，上面画着一个泰丰——有着卷曲的蛇形双腿、胳膊后有双翅、双手托着岩顶的海神。石柱顶上有两个泰丰，另一个在石柱的另一面，与第一个几乎一模一样。

在这个地方，伊特鲁利亚人的魅力几乎是一下子消失了。这座墓巨大而粗陋，某种程度上可以说是丑陋得像山洞，而有着红色肌肉和由光和阴影雕刻法造型的泰丰则显得很"聪明"，所以可能是现代人所为，是为增加效果而雕的。他有些像庞贝画

中的形象（以红色为主
调），——有点像布雷
克[1]，但却是出自一种很新
的现代意识——表象性意
识，古老的注重内在性的
艺术风格在这里消失了。
80 年前看过这个泰丰的丹
尼斯认为这个雕像远比古
代舞蹈者的画精彩，但我
们不这么认为。

蛇腿、带翅的泰丰石柱雕像

戴着卷曲假发的一
些海豚在一条波浪形的
窄边上运动，我们凭经验认为这条波浪形的窄边不该是海，
而是个"升起"的平面，实际是中心带着生命原质之核的
"一"的神圣象征物，这里第一次被用于民间。那里还有一幅
人们列队走向冥府的残片，很有点希腊—罗马风格，但其中
真正属于古代的魅力已荡然无存，舞蹈着的伊特鲁利亚人的
精神已经死去。

这是最后期的坟墓之一，据说是公元前二世纪的，那时
罗马人已统治塔奎尼亚很久了。罗马人占领第一座伊特鲁利
亚大城维伊的时间约在公元前 388 年，这座城市已被完全摧

---

〔1〕 英国十七世纪一海军上将。译者注。

111

毁。从那时起，伊特鲁利亚渐渐衰弱沉沦，到公元前 280 年的和平时期，我们可以说罗马人对伊特鲁利亚的军事控制已全面完成。

所以坟墓突然发生了变化。那些被认为是公元前五世纪的坟墓，像有马和人的侧影装饰带的"男爵之墓"，以及"斑豹之墓"之类的坟墓，不管它们具有什么东方色彩，仍完全是伊特鲁利亚式的，也非常有魅力。然后我们突然来到了"冥府或地狱之墓"，人们认为它是公元前四世纪建的，这儿一切全改变了，你看到的是带有巨大但严重损毁的壁画的一个巨大、黑暗、笨拙、随意的地下世界，非常潮湿并且恐怖。

尽管有人以自己的方式觉得那上面的画有趣，墓中的壁画又写有潦草的伊特鲁利亚文字，但它们已突然失去所有伊特鲁

伊特鲁利亚后期壁画中呆板的人物像，伊特鲁利亚式活力已消失

利亚式的魅力。它们仍有些许伊特鲁利亚式的自由流畅，但总体来说已属于希腊—罗马风格：一半具有庞贝特色，一半是罗马特色。它们比那些小小古墓内的壁画更随意，但同时已失去全部的动感，形象呆在那里没有任何流动的生命活力，没有丝毫动人之处。

我们在那里看到的不是绝妙的古老侧影像，而是现代"绘画"，虽看起来很好，但我对此常只有强烈的失望。

当罗马人在公元前四世纪从伊特鲁利亚的鲁库蒙斯手中抢过权力——至多只让他们当罗马行政长官时，伊特鲁利亚的神秘性几乎立刻消失了。在国王——神，或者说是按宗教概念统治国家的古代世界里，国王及其王族和主僧的废除会使这个国家立刻处于无声音无意志状态，在埃及和巴比伦、在亚述[1]、在美洲的阿兹特克[2]和玛雅[3]的贵族统治都遭遇过这种情况。人们由种族的精英之花统帅着，拔掉了这枝花，整个种族便陷于无助和无望了。

伊特鲁利亚人并未被彻底消灭，但他们失去了自己的一切。他们曾基本依仗自然伟力的主观控制力而存活过，但他们的主观力量在罗马人的客观力量面前衰落了，几乎在一瞬间，真正的种族意识消亡了，伊特鲁利亚人的知识变成了迷信，伊特鲁利亚君主成了肥胖而无能的罗马人，伊特鲁利亚人民成了无以表达思

---

〔1〕 亚洲西南部之古国，兴盛于公元前 750 年至公元前 612 年间。
〔2〕 西班牙入侵前墨西哥中部一土著印第安族人。
〔3〕 中美洲印第安人之一族。

想、毫无生存意义的人,这一切在公元前二三世纪突然发生,其变速真令人惊讶。

然而伊特鲁利亚人的血脉在继续跳动着,乔陶[1]和那些早期雕塑家似乎又成了伊特鲁利亚血液的开花植物,他们时不时开出一朵花来,却总被某些超级"力量"践踏致死,这是无尽的生命忍耐力与无尽的、总是取胜的权威力量之间的一种搏斗。

那儿还有一座巨大的后期坟墓——"盾之墓",——据说建于公元前三世纪,其中有许多壁画残片。有一幅宴饮场景,画的是一个坐在宴会长椅上的男子正从一个女子那儿拿过一枚鸡蛋[2],女子的手碰着了他的肩膀。他们其实最好分坐在两张椅子上,因为他们间实在没什么感情,虽然一脸郑重其事的样子——但全在外表上,没有内在的东西——所以是那样的乏味。当然他们还算有趣,但好像是现代艺术家所为,一个嗜好童稚味、嗜好天真古朴的极端现代派艺术家之所为——在其所谓的真正古代风格后面只有空虚——空气是空虚的,蛋仍举着,但对那些男人女人并不比巧克力复活节彩蛋对我们更有意义,它已变得冷冰冰的了。

在"冥府之墓"出现了表现阴森可怖的地下世界、地狱及其恐怖气氛的画,这显然是伊特鲁利亚人从恐怖的罗马人那里承继来的。早期那种可爱的仅有一个,或可能两个墓室的小墓让位给

---

〔1〕 十四世纪意大利佛罗伦萨的画家及建筑家。
〔2〕 此处作者有误解,译者见过此画,是男子将一鸡蛋放入女子手中。译者注。

了这些阴险的地下岩洞，地狱恰如其分地得以引入了。

人类追求与自然和谐、控制自己而虔诚对待伟大生活洪流中的精华之具有深远意义的努力，已形成一种古老的宗教，但这种宗教随着希腊罗马人的到来转变成了一种抵抗自然、发展超越自然、完全束缚自然的智力机巧和机械力量，变成了直到最后完全控制自然、使自然失去自由并完全地、完完全全地驯服于人的低劣欲望的企图。

奇怪的是，随着人类战胜自然的欲望的出现，阴森的冥府、地狱、炼狱也相继出现了。对于信奉伟大自然宗教的人们来说，死后的一切是生命奇异旅程的延续；而对于相信人的意志的人们，死后则只有地狱或炼狱或虚无，天堂只是个不足以解决问题的虚设场所。

但历史学家们竟很自然地抓住了伊特鲁利亚人后期坟墓中所反映的那些基本非伊特鲁利亚式的证据，去建构一幅阴森的、地狱般的、毒蛇般缠人的、被高贵的罗马人极正确地毁灭了的、邪恶的伊特鲁利亚的图画。这个神话至今仍然存在，似乎人们永远不愿相信自己的感觉，他们宁愿继续相信从某些"古典"作家那儿读来的某些精心炮制的卑劣小谎言，而整个历史学似乎只是把一些古老的神话和古老的谎言用漂亮的丝线串起来，然后再用它们织成图案而已。

瑟俄普帕斯[1]聚集了某些令人厌恶的故事，对其后的历

---

[1] 公元前四世纪的希腊历史学家。译者注。

史学家似乎那一点东西已足够，因为那是文字记载的东西，所以足矣，而那 500 万个欢乐的小坟墓所反映的一切则不足挂齿，文明的起源是文字，真的！甚至瑟俄普帕斯的文字记载便已足够。

或许被认为代表了伊特鲁利亚坟墓之美的最受欢迎的画，是那幅著名的、头上戴有麦穗花环的妇女头像画。这幅画来自"冥府之墓"，之所以被选中，就因为它更具希腊—罗马风格而不是伊特鲁利亚风格。而事实上，这幅画显得有些蠢笨和过于自我意识化——过于现代化，自然它表现了古典风俗。现在的人们只能按习俗来判断事物了，可我们并未忽视一切，我们可以对那些人的视觉判断十之八九。

"海神泰丰之墓"之后，我们感到已足够，那儿已没有真正属于伊特鲁利亚人的东西，所以最好离弃所有的墓地而只记住一点：几乎我们所知的、得之于古典作家的有关伊特鲁利亚人的知识，全来自伊特鲁利亚后期的墓内壁画，它代表的只是衰竭的、趋于毁灭的、罗马化的伊特鲁利亚。

很高兴从目前塔奎尼亚所在的山坡上下来，走进山谷再走上古代伊特鲁利亚人的塔奎尼城显然存在过的对面那座小山。那儿有许多花，有蓝色的风信子花和白色、淡紫色带触须的白头翁花，在一片麦田的一角有大而紫色的白头翁花，还有一大片硕大并带有橘黄色花蕊的粉白色白头翁花——是那种大花瓣的。这儿的白头翁花有那么多品种真令人惊奇，在塔奎尼亚我只在这一处发现这种带有深橘色花蕊的粉白色白头翁花，但可能只是偶遇而已。

小镇真的在围墙的终端终止，城墙的脚下便是荒芜的山坡，坡下只有一小片农田，其中有座用草盖成的小茅屋。乡野里没有任何房屋，农民们只住在城内。

可能在伊特鲁利亚人的时代便是这种情形，但那时这片土地上的人肯定要多得多。可能在绿色的玉米地间会有许多茅屋、许多临时性的小屋，以及精致的大路——伊特鲁利亚人教会罗马人修筑的那种大路，那种穿行于山间和高高的黑色围墙之间的、沿山脊起伏的大路。

伊特鲁利亚人虽因贸易和金属锻造而变得富裕，似乎主要还是靠土地为生。今日意大利农民的那种执着于土地的文化似乎便是伊特鲁利亚思维体系的遗风。另一方面，是罗马人，而不是伊特鲁利亚人，在乡野建立了带有巨大围场或奴隶"工厂"的巨大房屋，在那里奴隶们晚上被关起来，白天被成群地赶出去劳动，西西里岛和伦巴底[1]及意大利其他地区的巨大农场想必便是这种罗马奴隶制度——大"农场"的遗留物。

然而你可以想象伊特鲁利亚人具有一种不同的制度——农民是佃农而不是奴隶，他们有自己的小块土地，从父亲到儿子他们投入全家力量从事农田劳动，然后把收成的一部分交给地主，其余的留给自己。所以他们至少是半自由的，有属于自己的真正生

---

[1] 意大利北部一地区。译者注。

活，并受到其主人的宗教生活的鼓励。

罗马人把这一切全改变了，他们不喜欢乡村，只在繁荣时期在乡间建造带有给奴隶住的集中营式的巨大住宅，但即使如此，由于凭商业和侵占他们更容易致富，所以罗马人渐渐抛弃了土地，使土地沦于荒废，这给黑暗的中世纪[1]铺平了道路。

从西南方向吹来的风变得越来越硬，四周没有树，甚至连灌木也被风吹弯了腰。当走上伊特鲁利亚人的塔奎尼亚城曾矗立过的绵长而孤寂的山巅时，我们几乎要被风吹走了，只好在一丛灌木后坐下来以暂时避风。

在那里我们可以看到硕大的、黑白相间的乳牛正慢悠悠地朝山坡下饮水的地方走去，小公牛弯着身子在玩耍，漫山遍野尽是如柔软的毛发般翻卷着的绿色麦浪。在稍远处的内陆，绿色的土地渐渐消失，让位给了那座栖息于山顶之上的遥远的小镇，远远看去它就像一个风景点。在伸向海边的另一座小山上，塔奎尼亚正傲然耸立着它那四方形的尖塔。

我们仍在那片高地坐着，那儿曾是塔奎尼亚古城的制高点，那时的占卜官曾在这儿的某处举起他们的曲杖，观察过飞过这方天际的小鸟。我们今天能做的也只有这些了，在塔奎尼亚古城上我找不到遗留的连在一起的两块石头，能找到的只有空旷和孤寂。

我们可以走另一条路、穿过对面那座现代小城的另一座城

---

〔1〕 欧洲历史上从公元 476 年至公元 1000 年的时期。译者注。

门回去。于是在强劲的大风中我们开始迅速往下走，往无风之地走。小路在小小的山谷里开始慢慢往上延伸，好在我们正好在背风面。我们就这么穿过了第一道城墙、第一道中世纪城门。路在墙内拐弯，我们经过了小城海关，但那儿没有任何房屋，只有一堆人在那儿兴高采烈地玩着"摩拉"游戏[1]，数字出口时犹如爆炸声，带着玩者粗野的激动情绪。这些人灵敏地朝我们看了一眼，看到我们笑，竟也笑了。

我们继续朝前走，通过了第二道令人不快的城门，走进了第二道围墙圈内，却发现我们还没进入城内，那里还有第三道城墙及第三道笨重的城门。我们终于到达了小城的老城址，那儿中世纪优雅的小广场已变成畜舍和谷仓，以及贫穷农民居住的房屋了。一座古老小宫殿的底层前，现在开了一家打铁铺，铁匠正在为一匹难驾驭的骡子打铁掌，那骡子踢着脚挣扎着，使一小群不可避免的围观者不时发出大声的吆喝。

这片荒废的角落和狭窄的街道已变得古怪、孤寂、贫民窟化并令人绝望，好像已属于另一个时代；一个美丽的石阳台上晾晒着一些破衣服，房屋似乎变得黑暗而诡秘，人在其中犹如潜伏着的老鼠。

然后又出现另一座高耸、尖削的塔透着空虚和茫然。这些尖锐的、僵硬的、空洞的、毫无意义的尖塔给小城带来一种古怪的氛围，它们在房顶后毫无缘由地把自己尖削的塔顶耸入空中，使

---

[1] 一种流行的古老赌博游戏，两人迅速伸出手指并猜双方手指的总数，嘴里同时喊出这个数。译者注。

119

你从远处看这座小城时，会觉得这些尖塔就像一座现代小镇里的工厂的烟囱。

当初，当这片海岸遭受地中海上猖獗的海上流浪者、诺曼底冒险家、野蛮海盗蹂躏时，这些塔曾被建来用于退居和防御；后来中世纪的贵族们仅为炫耀争相建塔以比赛谁的塔最高，直到小城变成了尖塔林立的波隆那[1]，犹如发怒时竖起猪鬃的豪猪，或满是烟囱堆的匹兹堡[2]般的城镇——只不过它全是方形的塔而已。然后在它们使天空变成了小残片之后，法律开始禁止建塔，许多塔开始被拆除。然而在塔奎尼亚，一些塔还是留存了下来，岁月就在它们身上交替更迭着。

---

〔1〕 意大利北部城市之一。
〔2〕 美国宾夕法尼亚州西南部一城市，为钢铁业中心。译者注。

伏 尔 西[1]

那些遗物出自一座叫"伊西斯"的坟墓。"伊西斯"是埃及神话中管丰收和孕育的女神，有人认为此墓中有一位躺得笔直僵硬的女尸、众多的"伊西斯"小雕像、六个鸵鸟蛋，是埃及人之墓。但显然，远古地中海东岸的一切对有些人来说都会像埃及人的东西……

古代伊特鲁利亚是个由 12 个城市组成的盟体或松散的宗教联盟，由于每座城各有几英里的乡野环绕，所以我们该称这些城为州，12 座州城组成了古代世界的一个著名联盟——伊特鲁利亚联盟。在这 12 座州城中，塔奎尼亚据说是最古老的，也是最主要的；凯丽是另一座大城，在它北面不远处则是伏尔西城。

伏尔西现称瓦尔西，现在那里已没有城市，只有一片遍布伊

---

〔1〕 意大利一古城，伊特鲁利亚人时期称维莱克斯，现有公元前八世纪到一世纪的城市遗址和大量古墓。

特鲁利亚古墓的寻宝之地。罗马帝国衰亡后伊特鲁利亚城亦开始衰败，原因可能是以死亡横扫此地的疟疾，或如杜凯蒂书中所说的，是十字军东征时回教徒的彻底扫荡所致。总而言之，那儿的生命现在已荡然无存了。

我就沿海岸线的伊特鲁利亚城市——伏尔西、维多隆尼亚、波坡隆尼亚，询问德国男孩，他的答复总是相同，没什么！没什么！那儿没什么！——

无论如何，我们决定去看瓦尔西，它在塔奎尼亚之北只十几英里之外。我们只乘了一站火车便到了蒙特尔多·迪·卡斯特罗，然后坐公交车一路晃悠着到了离海不远的、位于山顶之上的那座小镇。

那是个星期六的清晨，很早，山上的小镇，或者说是村庄尚是一片死寂。我们从公交车上下来，到了一片像小广场却又什么也不是的地方——这座小镇没有可称作生活中心的广场，发现那儿有家咖啡店，于是进入店内要了咖啡。在那儿我们得知可找到马车去瓦尔西。

小咖啡店主是个黄皮肤、行动迟缓的男子，脸上带着农民特有的缓慢出现的微笑。他看来没有什么精力，看着我们的眼神有气无力。或许他得过疟疾——尽管此时高烧并未侵扰他，但似曾吞嚼过他的生命力。

他问我们是否要去大桥——蓬特大桥[1]？我说是的，是蓬特

---

[1] 伊特鲁利亚人造的三孔大桥，后经罗马人加固。

大桥，因为我知道伏尔西离这座著名的修道院古桥不远。我问他我们是否能找到一辆轻便马车带我们去那儿？他说很难。我说，那么我们就步行去，因为路程只有5英里、8公里——8公里！他用黑眼珠讥嘲地瞥了我一眼，以缓慢的、患疟疾似的简单语句说，——它至少有12公里。

书上说是8公里！我坚持着喊道。——如果你打算租车，他们总会把距离夸大一倍。但他看着我迟缓地摇了摇头。12公里！他说。——那么，我们只能坐马车去了。我说。——你也找不到路。那男子说。——有马车吗？——他不知道。有一辆马车，但早晨去某地了，在下午两三点前不可能回来。故事通常是这样的。

我坚持着问，没有运货的小马车、四轮车或两轮车了吗？他缓慢地摇着他的头。我眼睛紧盯着他继续坚持着，一副他得为我们造辆车的架势。最后他出去去看有没有车了。一会儿他回到店里，还是摇了摇头。然后他与妻子商量了一下，又出去了，这次他去了有10分钟。

一个满身粉尘的小面包师进来了，这是个常见的精力充沛的小个子，意大利人通常如此。他进来要了杯饮料，坐了一会，喝了饮料，满是面粉的脸上那对眼睛扫了我们一眼，便起身离开了小店。片刻后咖啡店男主人回来了，说可能有辆两轮马车。我问在哪里？他说赶车人马上就到。

到蓬特显然要两个小时——路还有些泥泞。如果我们在那儿呆两个小时，这趟旅行就得6个小时，显然我们得稍许带些食物——因为那儿什么也没有。

　　一个小脸的、瘦弱的年轻人出现在门边——也像是疟疾患者似的！我们可以有两轮马车了。——多少钱？——70个里拉！——太贵了！我说，实在太贵！50个里拉，否则不乘了。愿不愿随你，50里拉！——门边的年轻人一脸漠然。脸上总带着模糊的嘲讽般的微笑的咖啡店主人对小青年说去问问。小年轻离开了，我们等着。小年轻片刻便回来说，好的，就这样！——什么时候走？——索别托！——"索别托"意思是"立刻"，但最好再明确些。——10分钟以后吗？我问。——可能20分钟！年轻人说。——你该说20分钟！咖啡店男子说。他是个诚实的男人，真的，其沉静的姿态中有种令人愉快的东西。

　　我们打算出去买些吃的东西，咖啡店主陪我们去。此地的商店大多只是山洞，我们到了面包师那儿。那儿门外停着辆正在装面包的马车，是年轻、敏捷的面包师在装车。进入店内我们买了一长条面包及一些切了片的香肠，还想要些乳酪，可是没有——但他们说可以给我们弄一些来。

　　我们等了好大一会儿。我满是兴趣地问等在一边的咖啡店主：马车还没准备好吗？——他转过身来，指着门外那匹套在面包车辕之间的高大、剽悍的母马说——这便是拉你们的马，送完面包后，他们会把马拴到你们的马车上，由那个小年轻替你们赶车。——显然什么也不需要，只需要耐心，因为面包师的母马和他的小年轻伙计是我们惟一的希望。乳酪最后终于来了。

我们又逛出去买橘子。路边一只低矮的凳子上坐着个卖橘子的女人，但已经等得不耐烦的 B 不喜欢那些橘子的外表，所以我们又走进了路对面的一个小洞店——那里另有一个女人在卖橘子。橘子很小，B 不耐烦地挑剔着还是不想要，但那女子坚持说橘子很甜，如苹果般甜，并且多汁。——我们买了四个，我还买了片茴香作沙拉。——那女子说得对，我们吃橘子时发现它们很甜美，那时真希望有十个。

　　总的说来，我认为蒙特尔多的人诚实并有吸引人之处，但大多过于沉静迟缓，这肯定是疟疾所致。

　　咖啡店主问我们是否晚上呆在蒙特尔多。我们问这儿有没有小旅店？他说，哦，对，有几家！我问在哪里？——他指了指街上。我问，但你们要那么几家旅馆干什么？——给来购买农产品的代理商住，他说，蒙特尔多是一个大农副产品加工中心，有许多代理商会来，许多！——无论如何，我决定如果可能，我们晚上就离开此地，因为蒙特尔多没什么好看的。

　　马车最后终于备妥了，是辆宽敞的、车厢稍低的轻便两轮马车。我们上了车，坐在了那匹黑紫色的母马和那位面包师的年轻伙计之后。那位显然已好多天没洗脸的小年轻驾起车开始了我们的行程，他身上有种羞涩和漠然相结合的东西。

　　小镇很快被甩在了身后，带有一方块一方块排列整齐的铅黑色橄榄树的绿色原野，沿坡一直伸向了随海岸伸展的、与古罗马瓦·奥雷利亚大道平行的铁路线；铁路线之外则是一望无际的平坦的海滩地以及海边的白色空地，它给人的是无限的空虚感，而海就在它的外侧。

瘦劲的黑紫色母马向前奔驰着，步伐迈得很漂亮，但很快我们便离开大路走上了一条宽宽的、略呈红色的、上面布满车辙的粘土小路，路的部分地方还尽是一滩滩泥浆和深不可测的满是积水的泥坑。幸运的是已有一星期没下雨了，所以路尚可行，大部分车辙已干枯，行走在这条宽阔的、宽如沙漠般无边际的小路上还不算太难，只不过有些颠簸而已。母马不耐烦地大步向前行进着，我们的危险是有可能被它颠得脖子脱臼。

男孩已摆脱羞涩，开始熟练驾驶了，并且显示了直率外向的性格。我对他说——路现在干了，多棒啊！——如果是15天前，他说，你们根本无法过去。——但当傍晚前我们再次经过这条路时，我说——如果是在恶劣的下雨天，我们就得骑马经过这儿了！他的回答却是：即使坐这辆两轮马车，你们也能过去的。——总能过得去！我说。——总能过！他说。

那就是他，可能与不可能由一时的心态决定。

我们到了一片瘴气弥漫的沼泽地。这片平坦的、辽阔无际的滨海平原已让海水浸泡了几个世纪，是意大利境内最荒凉萧瑟的部分。显然在伊特鲁利亚人手下这是片相当肥沃的平原。伊特鲁利亚人似乎是非常聪明的排水工程专家，他们以其热衷土地的农民文化的特有方式排干土地，使之成了麦浪的温床。而在罗马人手下，精致的排水渠道、水平面全被毁坏，渐渐地流水把它们带来的泥浆抛落在海滩上并窒息了自己的流动，然后水又渗进土地制造了沼泽地和大片大片水流滞止的浅池，致使那儿蚊群如恶魔般大量繁殖，以致在一个温暖的五月的日子里会有几百万在嗡嗡萦绕！随蚊子而来的是疟疾——古时候称之为"沼泽热"。

在罗马时代后期，这个瘟魔便曾降临伊特鲁利亚的广大平原地区和罗马城四周的原野。然后显然，这片土地增加了高度，海滩地变得更加宽阔但比以前更加荒凉了，沼泽地于是成了死亡之地，人类生命在这儿那儿不断逝去或灭绝或勉强生存……

在伊特鲁利亚时代，在自海滩向北、向内陆上升了好几英里的大山坡和这片海滩地上，无疑曾大片大片地覆盖过松树林。那些令人赏心悦目、枝叶扶疏舒展的伞松林曾经在高高的五月花树和石楠树覆盖的、从中欢乐地生长出其红色树干的大地上不断蔓延、扩展，犹如从无边无际的石楠花、一丛丛的五月花和金雀花组成的浓密的灌木林中升起的巨大的红柄绿伞一般。连续向北延伸的松树林现在仍一片生机勃勃，并因其伞冠而显得幽静、遮天蔽日。

但这些松林将难逃被吞噬的厄运。随着大水池和沼泽地的扩展，伊特鲁利亚时代的松树已不可复生地倒下了，随之出现的是大片大片无树的土地，上面只有人几乎无法进入的、连绵几英里的、杳无人迹的低矮灌木林和芦苇丛。

那儿永远闪烁着绿光的五月花树和杨梅树、乳香树、石楠丛、金雀花丛，以及其他荆棘类、树胶类、粗疏类的荒地植物茂密生长，其顶端因永不停息的海风的吹拂而弯曲或折断，因而变

127

成了不到一人高的低矮、黑暗的灌木林，它们从高高的山坡一直伸展到了海边。这其中有野猪在兽群中游荡，有狐狸和狼群猎杀野兔，有雄鹿和数不清的野禽，以及在海滩和大水池病菌杂生的岸边徒步行走的火烈鸟。

　　这片瘴气弥漫的沼泽地就这样存在了几个世纪，其中夹杂着几片干爽之地或略略增高的地区，那儿因此变得物产丰盛，但其余的大部分地区则是一片荒芜，只有牧羊人在可能立足的地方放牧着羊群，只有非人放养的野牛在游荡。然而在1828年，他斯卡尼[1]的莱奥坡德大公签署了开发沼泽地的法令，到如今意大利政府在这一工程上已取得辉煌的成果，它开发的大片农田已成为他们新的农业资源，不少新农场已展现在人们面前。

　　但这儿仍留有大片的荒地。我们在杂草丛生的、坑坑洼洼的荒路上颠簸着直向遥远的大山驶去，路上首先经过的是麦田，然后是有巨大的、吃腐肉的灰头乌鸦成群飞舞着的荒凉之地，再是一小片冬青橡树灌木丛，然后又是一片麦地，接着是一片与世隔绝的、让人想起美式房屋的农舍，这是片在光秃秃的高地上遗世独存的、让人看了不舒服的农场。

　　小年轻告诉我，他曾在这个地方当过两年牧牛倌。大群的牛在光秃秃的农舍周围、在圈着的铁丝网内悠悠漫步。但那儿有张告示，说这地方由于牛嘴和牛脚的疾病（即牛口蹄疫病。译者

────────────

〔1〕　意大利中西部一行政区。

注）已被关闭。驾车经过那儿时，小年轻向一个令人生厌的女人和两个孩子打了个招呼。

我们一路飞驶着，驾车人瑞奇告诉我，他父亲也曾是这个地区的一名牧牛倌——他的五个儿子与他一样。小年轻用那种生活于荒野及与人隔绝之地、生活在自己土地上的人通常有的那种关注远方的目光向四野及遥远的前方看了看。他知道每一种迹象。他显然非常高兴能离开蒙特尔多再次外出。

他的父亲已死去，一个哥哥已结婚住在这儿的农舍里，瑞奇离家去蒙特尔多当了面包师的伙计，但他并不快活，觉得像被关进了笼子。又来到这片空旷的沼泽地，他因此又变得活跃灵敏了。他几乎一直过着单身的日子——他只有 18 岁——孤独和空间对他犹如对一只荒野中的鸟一样珍贵。

一大群冠顶乌鸦在四处飞翔，许多大个的野云雀从荒地上飞起，除此，一切对我们来说都是静悄悄的。瑞奇说现在狩猎季节已过去，但如有杆枪，他仍会对那些乌鸦放上一枪。显然当他在漫长的、炎热的、疟疾流行的日子骑一匹小马出门、在旷野里放牧牛群时，他已习惯于手中有杆枪。牛不会得疟疾。

我向他打听狩猎的事。他说在山脚那边很多。他向前指了指，那是六或八英里以外山坡开始上升的地方。既然这么多荒地已被排去积水并清理开发出来，狩猎只好移到山中了。他父亲过去常在冬天陪伴猎人上山。

从罗马或佛罗伦萨来的打猎者冬天仍会来这里，他们身穿猎装，带着狗和一大堆抱怨及随身物品。他们仍能猎到野猪、狐狸和我认为是雄鹿而不是公山羊的"凯坡利奥罗"。但野猪是主菜，人们在现在或冬天可在佛罗伦萨的市场上见到满是猪鬃的野猪肉。但它如其他任何一种地球上的野生动物一样，已变得越来越稀少。很快，剩下的动物将只有驯养的动物了——人和最驯服、最大群的动物。再见了，野猪甚至旷野！

那儿！男孩说，那儿就是修道院的桥！——我们透过绿色大地的空洞看过去，只见空无一物的土地上有座灌木簇拥着的小黑塔，旁边有条长而直的沟渠，显然还在继续向前挖着，这是政府的排灌工程。

我们离开大路开始在杂草丛生的小路上颠簸向前，身边是一片片难看的燕麦田。瑞奇说人们该把这些燕麦割下来作牲口饲料。沿着那条建设中的巨大的排灌渠道，有一小座牧人住房和新的铁丝篱笆，瑞奇也是第一次见到。他再次把母马赶上山坡向那座小屋走去，去问一个衣衫褴褛的小男孩，他怎么才能穿过铁丝篱笆。小男孩告诉了他，瑞奇很快便领会了，在这片属于他自己的空间，他已变得和野兽一样机灵。

五年前，他说，那儿没有这些！——他用手指着那儿说：没有沟渠、没有篱笆、没有燕麦、没有麦田，只有荒地、杂草丛生的原野，除了冠顶乌鸦、牛群和牧牛人，没有别的生命。现在牛群全消失了——兽群是唯一的幸存者，牧场小屋全被遗弃了。他指着几英里远的最近一座山脚下的一座大房子说——那儿，那儿已没有牛群、没有牧牛人了，取而代之的是汽犁犁地、机械播种、机械收割小麦和燕麦，沼泽地边的人不是增加而是减少了，小麦种植已全靠机器——

我们又踏上了一条所谓的小径，左转右转着沿一片稍许倾斜的小坡下滑到一个灌木空洞处和有一座塔的一片古老的黑色废墟处。我们很快便发现那个灌木空洞下是条杂树丛生的溪谷，非常深。溪谷上有座古怪的桥，像彩虹般向上拱起，却窄而陡峭，在上面走似乎得极其小心。它在峡谷上高高隆起，上面石铺的小径像两片破损的石墙间的一条水沟。它的一头直接架在对面废墟前的黑色熔岩上，那废墟一度曾是边境要塞的古堡。峡谷中的小河，弗拉河，曾是佩珀尔州和他斯卡尼地区的分界线，所以古堡是守桥用的。

我们想过去，但瑞奇要我们等一下。他跑过去与人商谈了一下，回来后爬上车，把车驾上了石墙间的桥面。桥面宽刚够容下马车，刚够，桥墙似乎擦着了我们的身子。我们就像在爬一个水沟，而很远的下面，透过一丛灌木，是奔流着的弗拉河，一条湍急的雨溪。

我们向桥的另一头驶去，远远的那一头是修道院的熔岩墙，那墙似乎要把我们挡回去，因为母马的鼻子几乎快碰到它了。尽头在一座拱门下，在那儿路拐向了左边。瑞奇灵敏地驾着母马转过了弯，出桥口、钻拱门、拐弯，路面刚够马车擦着古堡的墙勉强过去。

就这样！我们算是过桥了。过了废墟我们又往前行驶了几码，然后下到了溪谷上一处杂草丛生的地方，这是个精彩的浪漫之地：伏尔西的伊特鲁利亚人建在第一片土地上、建在黑色熔岩

131

堆上的这座古桥，像一个黑色泡沫升起在空中，那么圆润奇特，而小河则在离其 100 英尺底下的灌木丛中流淌。桥身如黑色泡沫悬浮于空中，带着它早被世人遗忘的完美事物的强烈韵味，那么奇特而孤寂地呆在那儿。当然，它在罗马和中世纪时代曾经过重修，但基本上还是伊特鲁利亚人的东西，体现了美丽的伊特鲁利亚运动感。

靠近这一边，可以看到大部分已埋进废墟的古堡那黑色的建筑，墙的顶部和黑塔上已杂草丛生。古堡与桥一样，由红黑色的砖、海绵似的熔岩石建成，但它的砖更方一些。

四处已一片荒芜。城堡并未完全成为废墟，而是部分成了农用住房，瑞奇认识住在这儿的人。小溪对面有几片燕麦地、两三头喂养着的牛和两个小孩，但这边一直到群山脚下则只有石楠丛生的荒坡，荒坡上有条小路伸向山中、伸向绿树掩隐中的一幢大房子，我们在很远处早就见到它了。

那便是巴底亚修道院，桥也由此而得名。它现在已不再是座修道院，倒成了一座大别墅，它与溪水这一边的土地一起属于拿破仑的兄弟路迅·波拿巴，他在这儿是"卡尼农公爵"。拿破仑死后，卡尼农公爵仍在这座巨大而丑陋的别墅中势力兴盛、不可一世，他是这片荒野的主人。

1828 年，几头在古堡附近犁地的公牛突然闯进一个岩洞，结果人们发现那是个有着碎陶瓶的伊特鲁利亚人坟墓。这立刻引发了一场大挖掘，"格雷西瓮"的全盛时期由此开始了。除了从中获取钱财，路迅·波拿巴对陶瓶并无兴趣，他雇一名农民监工来监管其发掘工作，并发布命令说每片彩陶碎片都须得以保留，但粗糙的陶器必须打碎，以防价格降低。

一切在粗野中进行着，陶瓶和其他碎片被大量掘获，"没价值"的东西则遭到了砸毁。在 1845 年或 1846 年路迅寡妇之时，丹尼斯看到这项工作仍在进行着：监工膝盖间横着枪坐在那儿，挖掘者粗野地往里挖着，挖到一片古老粗陋的伊特鲁利亚陶片，他们便往地上猛一掷使它成为碎片。

丹尼斯想要一片这样的古陶片却未能如愿，他遭到了粗暴的拒绝：命令是，这样的东西必须被砸碎。

但彩陶的碎片却由公爵夫人的专业工匠很有技术地粘合到了一起，她要用一把碎陶片拼成的小杯小盏来换取一千顶皇冠。遭到劫难的坟墓重又被用土填上了。这项工作一直持续着，因为所有附近的土地拥有者全开始了挖掘。在开始挖掘后的头两个月内，路迅·波拿巴便从几亩地的坟墓中得到了近两千件伊特鲁利亚古物。

伊特鲁利亚人给波拿巴留下了巨额财富。到 1847 年，有人统计已有近六千座坟墓被挖开，其中的巨大发现是成千上万只"希腊"陶瓶，"宁静的新娘"[1] 遭到了太多次的疯狂浩劫。

我们吃了带来的食物，母马吃着地上的草。此时我惊讶地发现，有四五个骑自行车的年轻人从溪谷对面的旷野中出现、猛然骑下小路，然后下了车，爬上了这座古桥的高高拱顶，然后消失

---

[1] 有一首诗这么提这些坟墓。译者注。

在古堡里。

大山中又下来一个骑驴的男子，一个穿着棉灯芯绒衣裤的快乐青年，他骑着一匹不加鞍的驴。他与瑞奇用低低的、乡村式的神秘语调说了一两句话，便上了石桥。然后溪谷对面又有两个骑骡的男子快速走上了石桥，另有一个农民赶着两头阉牛过来，牛角在高高的石桥顶上似乎刺破了青天。

这么偏僻的一个地方，看起来却十分热闹，但所有空气仍因偏远、可疑、戒备而显得沉重，就像是在中世纪一样。我要瑞奇到那大屋子去买些酒来，他说不知道是否能买到。但他还是带着半野性的不情愿及对走近陌生地方的恐惧感去了。

一会儿他回来了，说那儿的小店已关门，他没法弄到酒。——那么，我说，让我们去看看坟墓吧！你知道它们在哪儿吗？——他模糊地指了指远处的荒野说，就在那儿。显然我们得备上蜡烛，因为坟墓内很黑，那儿没别的人家。——那么让我们从农民那儿要些蜡烛来吧，我说。——他又一次回答说，小店关着门，我们没法弄到蜡烛。他似乎有些不情愿、有些抑郁不乐，就如普通人遇到小难题通常表现的那样。他们相互间都是那么的害怕和不信任。

我们走回了黑色废墟。穿过一道过去可升降的黑色吊闸门，我们走进了一座半荒废的黑色院子。里头暗得出奇，但有七八个人或蹲或站地呆在那儿，他们那些闪亮的自行车全靠在颓塌的墙上。他们全是些相貌古怪的年轻人，个子矮小、胡子拉碴，并且很脏。他们不是农民，而是某类劳工，看起来像随垃圾一起被扫到了这里。瑞奇显然对他们有些害怕，倒不是因为他们是恶棍，仅仅因为他不认识他们。

但他们当中有一个是他的朋友，一个 20 岁左右的古怪的年轻家伙。他身穿一件紧身蓝色运动衣，皮肤显得细嫩，但机灵的脸上有缕很黑很黑的胡子。他的微笑有些古怪。见到我们，他立刻以一种奇怪的不自然和似笑非笑的好奇神情过来绕着我们转起来。

所有人似乎都跟他一样，有种不可接近的、好像被遗弃的人的神情，但似都有种不可知的素质在那儿。事实上，他们是这片荒野地区最古怪、最贫穷的当地人。

古堡的这个院子很暗，给人一种不祥感，但其颓败状况又显得很有意思：有星星点点农民正耕种的孤伶伶的小块土地的迹象；门外有架楼梯，曾经是很大的楼梯，向上通向显然现在住着人的房间。那儿有两个房间对着石桥。

怀疑甚至几乎是仇视、消极冷漠而不是积极热情的感觉仍很强烈，我们于是又出来走上了石桥。瑞奇有些左右为难地、喃喃地对他那位黑胡子、亮眼睛的朋友说了些什么。所有的人似乎都有古怪的、迅捷而黑亮的眼睛，及一种老鼠眼中才有的光亮。

我最后淡然地问他，那都是些什么人？——他自言自语似地回答说，他们是劳工、开河工。我很纳闷，在这个荒僻的地方用得着什么劳工、开河工？他然后解释说，他们是来为排灌工程干活的，来这个小店领取工资并购买东西——现在是星期六下午——但负责这家小店、卖酒和生活必需品给这些工人的监工尚未来开门。所以我们什么也买不到。

瑞奇至少先前没告诉我们这一切，但当他提到这是些挖水渠的工人时，我完全明白了。

至此，我们及我们对蜡烛的渴望成了这片土地上的一个重大问题。我对瑞奇说，为什么不去问问那些农民有没有蜡烛。他说他们没有。幸运的是正在此时，一个肮脏的妇人出现在那堵黑墙上部的一个窗子前。我问她是否能卖给我们一支蜡烛？她退回去想了一会儿——然后回到窗前说，当然，6角一支。我向她扔了一里拉过去，她扔下来一支蜡烛。就这样！

然后那黑胡子的年轻人眼睛闪着光说，我们该再要些蜡烛。于是我又向妇人要另一支蜡烛，并又扔上去5角——那时她正在默算给我的找钱，便又扔下了一支蜡烛。

B和我与瑞奇一起跑向我们的马车，我能感觉到瑞奇仍然不快活。——你知道坟墓在哪里吗？我问他。——他又一次模糊地指了指——在那儿！——但他仍不快活。——是否该从那些人中叫一个人作向导？我对他说。——然后我得到了这个不可避免的答复：随你的便。——如果你不怎么了解这些坟墓，我对他说，那么找个人来和我们一起去。——他仍犹豫着，带着这类人特有的麻木不定的神情。——无论如何，找个人来！我说。他有气无力地走了。

他带着一位矮小粗壮约40来岁的、胡子拉碴但并非不干净的农民轻松地回来了。那农民叫麦可——他穿上了最好的夹克衫前来陪我们。他性格安详但似乎很有主意——一个有着淡棕色肤色的人，不是那种带有浑圆而柔和脸的黑肤色的古怪当地人。有个大约 13 岁左右的儿子跟着他，两个人一起爬到了马车的后座上。

麦可指示了方向，我们于是驶下了小路。马走上一条不明显的路，驶向了那片荒芜的、遍地石头的原野。我们身后跟来一个骑自行车的黑眼睛小男孩。我们经过之路的左边有座由临时板屋搭建成的营房，几个妇女听到声音跑出来观看；路边是巨大的木炭堆，刚从大山上下来过周末的黑肤色烧炭人站在炭堆旁看着我们；驴和骡正无精打采地低着头站在那儿。

这是座烧炭人的冬季营地。大约一星期左右以后，麦可告诉我，他们会抛弃这片营地到大山中去生活，这样可逃避自五月开始的"沼泽热"。显然他们有些野性，看起来像是精力充沛的一群人。我问麦可患"沼泽热"的人是否很多——我指的是疟疾。他说并不太多。我问他有否得过，他说没有，从没得过！

——确实他看起来厚实健壮，身上有种奇怪的、压制着的、爆发性的精力，但我觉得他脸上还是有某种漠然的、有些憔悴的、病黄色的忍受着的东西，我觉得似乎像疟疾。我问我们的驾车人瑞奇他是否得过热病，开始他也说没有，然后又承认说，他过去得过几次。这很明显，因为他的脸瘦小蜡黄，显然疟疾曾侵袭过他。但他和麦可一样有种比普通意大利人更强、更男人式的精力——显然在这些地区，正是这种东西使他们否认疟疾曾经侵扰过他们。

荒原的左边突起许多扁平的墓包、巨大的墓包，比色维特里的还要大。我问麦可那是否就是坟墓？他说那是些古墓——但我们得先去看河边的墓。

我们沿一片岩坡下到了溪岸边，那是个树荫自古蔽日的地方。远处，在我们身后一直到右边，在我们走过的荒地的那边，孤伶伶的古堡黑塔轮廓分明地耸立着。溪流对面有座长而低的小山，杂草丛生并十分荒凉。溪流下游更远处是那条排灌渠道。这片土地似乎全很空芜荒凉，一副被遗弃的样子，但带有生命曾蓬勃热烈过的地方所特有的那种几乎不祥的严酷性。

——他们说伏尔西城在哪里？——我问麦可。他指了指溪流对岸那长长的、低低的高地。我猜也是在那儿——既然坟墓是在这一边。但就一个伊特鲁利亚城址来说，它看起来有些过于低矮，过于不设防了，它对世界竟那么敞开胸怀！我猜它靠海的一边是用城墙来防卫的，内陆一边则靠溪流。——我问麦可那儿是否还有什么遗迹。他说什么也没有！——只有城墙拐弯处有丁点痕迹。

伏尔西显然不像凯丽和塔奎尼亚那样曾是很大的城市，但它是联盟的所在地之一，并且真的曾很富裕，这一点从这里墓中挖出的成千上万件彩绘陶瓶便可作出判断。

下去的岩坡极不平坦，我们只好从车上下来，开始步行。瑞奇留下照看母马，麦可给我们带路，我们跟着下到了一条有倒钩的铁丝篱笆前。这个地方我们自己是永远也不会找到的。麦可熟练地把铁丝篱拉起来，让我们爬了过去，过到了峡谷布满灌木、岩石的那一边。

那儿的河边树木葱茏，有些树叶闪烁着鲜绿的色彩。我们往下走上一条很简陋的小路，经过用铁门极仔细地锁着的一条墓前通道，那铁门还用有倒钩的铁丝网围着，又如隐士隐居的洞穴般外面长满了茂密的几近堵塞通道的草木。

我们在茂密的草木和峡谷表面风化脱落的岩石中绕过，来到了坟墓的开口处。这些入口都是从岩石表面挖进去而形成的，过去肯定曾是沿峡谷而修的排列整齐的漂亮的墓穴入口，就像门外有着舒适通道的一排石屋一样。但现在它们已成了令人沮丧的洞口，要穿过它人还得爬过挖出的土堆。

一进入里面，在三支烛光的照耀下——因那位骑自行车的黑脸青年也带来了一小节蜡烛，我们觉得像进入了幽暗的狼窝，那儿有和色维特里一样的一间又一间巨大的互通的墓室，有放石棺的潮湿石床，有七英尺长的、在跌落的岩石和碎砾中杂乱陈放着的可怕的巨大石棺，有些石棺内仍有着令人恶心的死人骨灰。在那儿除了黑暗潮湿的墓室你看不到别的东西，那些墓室有时清晰可辨，有时只见躺在潮湿和恐怖的黑暗中的粗陋的巨大石棺及翻出来的残余垃圾，以及挖掘留下的废土堆。

有时我们得躺下来肚子贴地爬过废墟堆、爬进墓穴，像老鼠一样下到洞穴中，而蝙蝠则盲目地在我们的脸上乱窜。一旦进入墓穴，我们又得在昏暗中爬行于巨大的岩石和碎砾堆之上，从一间黑暗的墓室爬到另一间墓室。通常一个墓有四五间以上的墓

伊特鲁利亚神性动物石碑

室，这些墓室全由岩石中挖出，造型犹如人居住的房子——有着倾斜的坡顶和中梁。

这些坡顶上还垂挂着大群大群淡棕色的、毛茸茸的蝙蝠，一串串犹如巨大的、毛茸茸的啤酒花串，使你几乎无法相信它们是活物。我看见那位矮壮的骑自行车小家伙把蜡烛举向其中的一串蝙蝠，烫烧蝙蝠的皮毛，烫烧那些麻痹迟钝的动物。于是那薄如蝉翼的翅膀开始拍动起来，半昏迷半死亡的蝙蝠从岩顶的一大群中落下，然后一大群开始用翅膀探索般地低飞起来，一齐涌着挤着飞向出口。

那小黑家伙因焚烧了它们而显得很快活。但我阻止了他，他有些害怕，不敢再打扰它们了。

小家伙的长相有些古怪：很矮，有胖胖圆圆而柔和的身材曲线，头发黑色，脸很平板，并有这个地区特有的那种像蝙蝠似的黑眼睛。他可能有 20 岁——像一头奇怪的笨乎乎的洞穴动物，会以极其奇怪的方式爬进洞穴——柔软的、圆圆的臀部奇怪地突起在后部，就像某种不灵活的动物。

我注意到他的耳朵后面全是鳞状物和潮湿的疮口，无法知道是肮脏还是源自某类奇怪的疾病，但除此他似乎非常健康有活力，也似乎对耳后的疮口毫无感觉，似有某种动物般的无意识。

长得高大得多的麦可，确实很熟悉自己的路，他在黑暗和废墟和蝙蝠和潮湿中领着我们转上转下、爬过了一座又一座坟墓——然后从峡谷顶部的茴香树和灌木丛中钻了出来——然后再领我们进入一个洞穴。他让我们看了去年人们从中挖掘出过一块大铭文碑的坟墓——告诉我铭文碑立于何处——是在那儿，在最里头的墓室中，是背对着墙的。他还向我描述了他也曾参与挖掘的、从这儿的泥土中及石床上挖掘出来的、大部分已成碎片的陶瓶。

　　但现在那儿已一无所有，我已厌倦于一个又一个地爬进这类令人毛骨悚然的、充满潮气和巨大落石的洞穴，那儿没有生动和美丽的东西得以幸存——没有。当我们终于从挖掘过的墓穴中出来、看到远处仅有的长满灌木和茴香树和巨大蒿草的溪岸时，我感到十分高兴。或许还有许多陶瓶、石棺深藏于此地——但且让它们藏着吧。

　　我们沿着来时的小路往回走、爬回了地面世界。当我们来到通向那座锁着的坟墓的通道时，麦可告诉我，就在这里还留有一些绘画和别的珍贵古董。可能这就是那座著名的"弗朗考斯墓"，它里头的绘画已被梵蒂冈博物馆复制，它是在 1857 年由 A. 弗朗考斯发掘的，是瓦尔西发现的仅有的几座彩绘坟墓之一。

　　我们想设法进去，但终未能如愿，我们无法砸开锁，那根本不可能。当然，要进行那样的探险，你必须获得当官者的许可，但那意味着有官员跟在身边。

　　于是我们爬到了顶上的开阔世界。瑞奇让我们上了马车，母马拉着我们一路颠簸着驶向一片大墓地。那是我们想要看的，那里有许多巨大的草木覆盖着的墓丘，像圆而低的小山包。绕墓基一圈的石雕，如还在的话，肯定已被埋进土中了。

麦可领我们钻进了通往墓丘开口处的通道上那稠密的荆棘和灌木丛中。由于草木过盛，这条通道已几乎被堵塞，人得像野兔一样从扰人的荆棘丛下爬过去。

终于你来到了墓丘前平坦的入口处。这里，甚至在 1829 年，还有两具奇怪的石头司芬克斯守护着入口，现在却已一无所有了。在甬道里端或拐角处，过去还有守护的狮子和格里芬[1]，可跟着烛光走在这条狭窄的、拐弯抹角的甬道上，我们现在能看到什么呢？现在只像身处矿穴之中，狭窄的甬道不断拐着弯，引我们从一无所有走向一无所有。我们的蜡烛已所剩不多，只有 4 个烛头了。麦可又把一节燃着的蜡烛头留在两个甬道的衔接处作为路标。

我们继续往前走着，仍是从一无所有走向一无所有。有时我们得弯腰屈尊一会儿，因为帽子擦着了从顶上挂下来的蝙蝠串，然后再继续往前走，走过一个墓室又一个墓室，在从不通向哪儿或不知起什么作用的狭窄的石阶上一次次处于动弹不得无可奈何的境地。当然有时墙上会有一个壁龛，——但那便是一切了。

肯定有个中心墓室，这些甬道最后肯定通向那里，但我们

---

〔1〕 希腊神话中半狮半鹫之怪物。译者注。

无法找到它。麦可说没有中心墓室——墓丘内全是甬道，没别的只有甬道——但丹尼斯说墓地在 1829 年被挖开时，人们曾发现在墓丘的中心有两间小墓室，从那两间墓室上升起两座砖砌物一直通向墓丘之顶，那无疑是支撑巨大的、几英里外便可看见的阴茎纪念物、又称"西皮"的底座。那墓室内的地上曾被发现有铜和薄金的碎片。但现在那儿已一无所有，墓丘的中心无疑已崩塌。

就像走进某座古代的金字塔，这里与我们见过的其他任何一座伊特鲁利亚坟墓截然不同：如果这座大丘是座坟墓，那么它肯定是某个很重要人物的坟墓，他的石棺形成了所有这座外壳内的睾丸：这肯定是个如埃及法老般重要的人物。

伊特鲁利亚人都很古怪，这座没有内在坟墓、只有没完没了的弯曲甬道的丘包，肯定不是史前时代的纪念物，便是埃及人的金字塔。

爬够了并不通向哪里的甬道之后，我们终于走了出来，爬出了荆棘缠绕的小道。感谢上帝又见到纯净的天空了，我们于是全挤进了马车，母马拉着我们昂然驶上了回路。那个小黑家伙骑着车又静静地跑在了我们前面，去为我们打开大门。

我们再次回头观看那座称作"可可米拉"的巨大墓丘，在那儿的两间死寂的小墓室之上，在很久以前曾有过已死去的、我们不认识的人之手在柔软的泥土上堆砌墓丘，那墓丘即使在现在，在那平坦的、瘴气弥漫的土地上，仍那么奇怪地令人注目，这真是座带有内在神秘核仁的奇怪的土丘！它曾像一个巨大的乳房温和地突起，又暗示着勃发的"西皮"纪念物，这真是太成问题了。当马车颠簸着越过盗墓者挖出的土堆时，我们只好转过头来把背对着它了。关于伏尔西，似乎有某种令人悲哀，或毋宁说是令人惊奇的东西。

在那片小营地里，烧炭者们正准备洗净他们的脸过星期天。我们在无边的旷野里驶过那儿时，妇女们都微笑着站到了路边。"嗨，你变得这么胖了！"瑞奇对一个体态臃肿的微笑着的妇女喊道。"你倒还没发胖！对不对？"她喊了回来。

在桥上，我们向麦可和他的儿子道了再见，然后又一次驶过了高高的拱桥之顶。到对面后，瑞奇说要喝水，于是我和他一道爬下去到了溪边一条古老的、只有涓涓细流的小泉边，喝了些凉水。溪流在底下奔涌着，石桥在上面拱起其高耸如虹的黑色桥脊，我们听到了赶着骡子驶过拱桥的赶骡人的吆喝声。

这座桥上曾有一条水渠，很奇怪今天能在桥面对着大山的一面看到像胡子似地挂下来的巨大的钟乳石群。水渠已不在了，沾满泥水的钟乳石群却自在地延伸着，真是一切都会成为过去！

我们爬上去钻进了马车，母马响起"啪哒"、"啪哒"的马蹄声又向远处驶去。一路上我们又经过那位穿棉灯芯绒裤的骑着毛驴的小伙子身边，瑞奇说他是山上下来的农民；我们还遇到了迎面而来的骑马人，是从遥远的蒙特尔多赶往山里去的。这是个星期六的下午，清爽的海风强劲地吹拂着这片沼泽地，结束了工作的人们骑在马背上、骡上、驴上正走向远处，有的正赶着满载物品的驴去山里。

我对瑞奇说，生活在这里很不错，山上有座房子、有匹可骑的马、有辽阔的空间，只可惜有疟疾，除了疟疾，一切都好！

瑞奇先前曾承认过，疟疾在此地仍很猖獗，尽管儿童常能幸免，成人却少有逃脱的，热病有时会不可避免地降临到他们头上。蒙特尔多比广阔的农村发病更加肆虐，在雨季由于行路不易，病人只好等死。

现在瑞奇变了说法，说这里已几乎没有疟疾了，道路总那么畅通，蒙特尔多的人在可游泳的季节去海边游泳，还在海边建起了小茅屋，道路因此变得任何时候都易于通行了，真很容易，所以人们不再得热病了。如果人们饮食得当，时不时能吃上点肉、喝上一杯尚可的葡萄酒的话，真的不会再得病了。——他非常希望我再来这里，住进山脚下被遗弃的某座房子里，那样他会替我照看马匹，我们可以一同去打猎——甚至不是打猎的季节也行，因为没人会来抓我。

B在我们颠簸着向前时微微打上了瞌睡。瑞奇说的也是个梦，我非常向往那样——如果能确信没有疟疾的话，那样我真会让里奇照看我的马。他没有高贵的外表，但他单纯、勇敢，并显然很诚实，单纯并且比城里人或挖墓的农民远更具男子汉气概——

所以我们已见到伏尔西所有我们能见的东西了，但如果我们想看伊特鲁利亚人埋在伏尔西的东西，我们只有去梵蒂冈，或去佛罗伦萨博物馆，或在伦敦的大不列颠博物馆，去看其中的陶瓶、雕像、铜器、石棺和珠宝首饰了。

大不列颠博物馆有最遥远年代的伊特鲁利亚人的遗物，那些遗物出自一座叫作"伊西斯[1]之墓"，那儿埋着一位丹尼斯认为肯定是埃及人的女子。他是从她笔直僵硬的躺卧姿势、"伊西斯"小雕像、六个鸵鸟蛋，以及其他墓内发现的重要随葬品来判断而得出结论的。她死时卧姿必须完全和活着时一样，这是伊特鲁利亚人的观念——这位埃及女子怎么来到了伏尔西？她怎么会和一位古代伊特鲁利亚女子一起埋在这片现在被叫作"坡尔迪拉"的伏尔西的墓地里？

谁能知道这一切？而所有她留下的遗物现在已在大不列颠博物馆里，伏尔西什么也没有了。显然她不会是埃及人，远古地中海东岸的一切对丹尼斯来说都会像埃及人的东西的。

这便是一切。伏尔西遗址从古罗马时代直到 1828 年一直消隐无闻，而一旦被发现，那么多坟墓便即刻被土地拥有者掠劫破坏了，一切有价值的东西已全被拿走，然后坟墓或再次被掩埋关闭，或惨遭遗弃。伊特鲁利亚人那么爱惜地收集起来的、放置于其死者身边的成千上万只陶瓶哪儿去了？许多仍在，但它们早已散落各处，就是没能留存于伏尔西。

---

〔1〕 埃及神话中司丰收和孕育的女神。译者注。

伏 尔 泰 拉

艺术对我们就像是某种被精心烹调制作过的东西——像一盘通心粉面条一样，即精炼到"煮烂"地步的质量，大量的希腊美便有这种"煮烂"的效果，它在艺术意识中煮得太久了。但伊特鲁利亚人的艺术从未达到过那样完善的境地，看他们的东西就如打开一本本生命之书，使你感到温暖，仿佛置身于火热的生命之中一般……

伏尔泰拉是西部伊特鲁利亚大城市中的最北一座。它离海约有 30 英里，位于一座高耸的巨大悬崖上，在那儿你似能招八面来风、观整个世界、俯视伸向大海的色西那山谷，往南越过山谷和高原看到厄尔巴岛[1]的山巅，往北逼近卡拉拉大山脉，往内陆越过广袤的前亚平宁山脉[2]，直达他斯卡尼的心脏。

---

[1] 位于意大利与科西嘉之间的一座岛屿，是拿破仑第一次被放逐的地方。译者注。
[2] 在意大利中部。译者注。

你乘罗马至比萨的火车离开色西那，然后便可慢慢转上有着相同名字的色西那溪谷。那是条绿色葱茏、偏僻宁静的溪谷，尽管当年曾有许多来来往往的古伊特鲁利亚人和罗马人、中世纪的伏尔泰拉人和比萨人，现在又有火车汽车穿梭其中。好在今日的交通并不拥挤。

伏尔泰拉是个半岛，但奇怪地显得封闭和冷峻。

那辆小小的、孤伶伶的小火车驶进了山玲迪·伏尔泰拉车站，那儿有几家著名的、现已归属国家的老盐厂，可以看到盐水正被从深井中抽出来。

旅客留在火车上的东西正被转运到月台对面一节老式的小货车上，许久后这节货车终于被其后一台小引擎推动着开始像甲壳虫似地爬上了斜坡，然后上了一条弯弯曲曲的小铁道。

在葡萄园和橄榄树中间，我们乘的这节车上了一片陡峭但圆和的斜坡，速度之慢几与人步行相同。你乘车不断往上、上到了山谷顶部，到了与往南延伸的高山同样的高度，看到了前面有两三座小塔的悬崖。一路你看不到什么花朵，在凛冽的空气中，你只闻到豆类植物时不时发出的一种淡淡的香味。

经过不少倒退、交换之后，这节火车终于停在一片寒冷的路边小停靠点上熄了火。整个世界都在脚下，我们于是离开火车，转乘到了一辆小小的、古老的摩托公共汽车上，然后一路"哐当哐当"地驶向城市的最高层面，下到一个寒冷的、令人沮丧的小广场上。旅馆就在那里。

旅馆很简朴，甚至有些粗陋，但气氛十分友好，其随意的方式让人觉得舒畅，更重要的是，它有中央供暖系统，并且暖气正开着。这是个寒冷的、几乎是冰冻的四月的午后，伏尔泰拉虽只有海拔1 800英尺的高度，但它正好处在风口中，所以，冷得犹如在阿尔卑斯的任何一座高山之巅。

这是个星期天，那些暂时的重要人物正在忙乱地进进出出，给人一种骚动不安而小题大作的感觉，使得空气中弥漫着一种政治气息。侍者给我们端来了某种茶水，我问他人们在忙什么？他回答说当晚要举行一个盛大的晚宴，欢迎一位从佛罗伦萨调来统辖这座城市的新长官，新政权下的新长官。

他显然觉得这是个盛大而重要的"党派"活动，而我们这些可怜的外来者是无足轻重的。

这是个灰色的寒冷的下午，风在这座僵硬、狭窄的中世纪城市的僵硬、黑暗的角落中打转，一群群穿着黑色衣服、略显矮壮的小男人和假装优雅的年轻女子在大街上或匆忙或悠闲地来来去去，形成一种诡秘的微笑和嘲笑和威胁相结合的氛围，这种氛围常伴随着某个公众集会——尤其在意大利、在较偏远地区的某个政治性场合而出现。情形似乎是，人们，那些雕雪花石膏石的工人和少数农民不知道自己该站在哪一边，因此准备去消灭任何站在另一边的人。

本质上的不安分和举棋不定是意大利人灵魂中最令人好奇的东西，好像这儿的人永远不可能全身心地去干什么，因为他们无法相信什么，而这种信任上的无能根植于政治的放纵和狂乱之中，它使他们无法信任自己。所以，他们又怎能信任他们的"领导"或他们的"党"呢?

伏尔泰拉，忧郁而苍凉地独自站在她的岩石上，从伊特鲁利亚时期开始便一直在为自己的遗世独立而充满咬牙切齿的妒意，她尤其曾对佛罗伦萨人的被奴役进行过抗争。所以，有关这类新的老的村内暴君，即今晚她将为之设宴欢迎的"坡代斯特"，[1] 她的真正感觉会是痛苦的，甚至可能伏尔泰拉人自己也会这么说。

尽管如此，厚颜的女孩们仍会用"罗马"式的敬礼向人们打招呼，那真是彻头彻尾的厚颜无耻了。这种敬礼与我没有任何关系，所以我未予理睬，因为无论何种形式的政治都让人厌恶。而在一个向罗马统治进行过那么长时间反抗的伊特鲁利亚城市，我认为这种罗马式的敬礼实在不合适，罗马最高统治者也是不足挂齿的。

在墙上看到用粉笔强劲地写着："打倒列宁！列宁该死！"，这使我感到好笑。那可怜的绅士已死了好几年了，可显然连伏尔泰拉人也听说过他。更有趣的还是那些永久性地涂在墙上的传奇故事："墨索里尼永远正确！"有人生而知之、绝对正确，有人通过努力可以达到这一步，有人的绝对正确则是别人强加给他们的。

但我不会把自己的哪怕只是一只小手指头放到政治这块蛋糕上，我相信任何一个战后国，要在没有外部干涉和评判的情况下

---

〔1〕 意大利语，意即意大利法西斯时代的市长。

管理好自己的国家，得经过极艰苦的努力。让那些能统治的人去统治吧。

我们略感不适地逛着、观看着这座到处是石头的僵硬的中世纪小城。或许在一个温暖的阳光灿烂的日子，当投影变得很吸引人，当微风和煦地吹拂着人们的时候，它会显得宜人些。但在这样一个寒冷、灰色、刮着大风的四月的星期天下午，它只能让人感到厌烦：所有人都来到街上，都那么乏味和不易接近，石头建筑物显得特别僵硬并充满抵触性，小城实在不可爱。

我倒不在乎寒风，但喜欢真正的意大利中世纪式广场；我不在意是否市政大厦外部有各种类型的有趣军服，也不在乎那座冷冰冰的天主教堂[1]，尽管由于迷蒙的烛光和星期日香烛的气息，它显得真有些迷人。

看到病倒的耶稣木雕像我感到很失望，我对最终的解脱没兴趣，简单地说，我这人不易被逗乐。

这座现代小城并不很大，我们沿一条长长的石铺街道往前走，不久便出了黛尔阿可城门。这是座著名的伊特鲁利亚古城门，它很深，几乎如一条隧道，其外部的拱门倾斜着面向荒凉的乡野，它被故意建成某种角度与老路相接，这样当敌人逼近时可以从其右边擒住他，那是他的盾护不到的地方。

拱顶上部非常圆润漂亮，并且相当高，带有古代建筑特别厚

---

[1] 指伏尔泰拉市的迪佩利奥广场，四周尽是相同的灰色石块砌成的十三世纪的大楼，其中的市政大厦外部装饰以中世纪的军队制服，广场后面是座十三世纪建造的罗马式天主教堂。

重丰满的质感；从拱顶的突石上伸出了三个好奇而探询性的黑色的、现在已面目全非的人头，一个从拱顶的一块主石上伸出、两边两个从拱顶的两块基石中伸出，它们从城中注视着城外世界的陡峭空谷。

很奇怪，城门上的这三个古老的黑色伊特鲁利亚人头虽现已面目全非，但仍具有一种特别的、属于它们自己的向外发射的生命力。杜凯蒂说它们代表了挂在城上的无能的敌人的头颅，但它们并非是挂着的，而是带着热切的好奇伸向前方的，说它们是死人头真是胡扯，显然它们是某类城市之神。

考古学家们说只有外部拱门内的门柱及内部城墙是伊特鲁利亚人的建筑，是罗马人重修了拱门，把人头放到了原来的位置。罗马人根本不可能把什么东西放回原来的位置！——而拱门上方的墙只不过是中世纪的东西而已。

但我们仍将称它为伊特鲁利亚人的东西。城门的根基、那黑色的头颅，这是他们无法从伊特鲁利亚人那儿夺走的。那几个头颅现在仍在注视着世界。

拱门前大路外侧的土地陡峭地向远处倾斜而下，路本身转向东面、穿过了这座在整个世界之上的现代小城的城墙。路的两边如城门外通常的情形那样，是垃圾堆、满是废塑料废橡胶的垃圾堆、来自雪花石膏石工厂的白色粉末垃圾堆，是小城的废物场。

小路从城墙下转向远处，沿着山势蜿蜒而下，右边我们能看见矗立于不规则地下倾的山坡上一个小平台上的圣查拉教堂的尖塔。我们正要去那儿，所以在一片但丁式的与世隔膜的世界之上我们蜿蜒而下、一直下到了圣查拉教堂和更远之处。

这里的小路正好在残存的伊特鲁利亚古老城墙的顶部。它的右边有几座小橄榄树园、几片麦田，远处是令人讨厌的现代伏尔泰拉的城冠。

我们沿小路西下，经过几处开着鲜花、长着茂密常春藤和薄荷之类灌木的地方，它们就长在曾是伊特鲁利亚人城墙的遗址上面，离现代城墙很远；我们左边的土地陡然向下倾斜，并且陡得高低不平、令人不快。

伊特鲁利亚人的"伏尔泰拉"城——"伏拉瑟里"，曾矗立过的那片巨大的山顶，或者说高地，它同样高低不平地向四处伸展着，其间有悬崖峭壁的山谷，或多或少收入你的眼底，并且绵延有两三英里之远。它有些像只手掌，那虚张声势的陡峭掌心形成了一个巨大的弧形，囊括东南一直伸往海边；其手指，即那些狭窄的半岛则高低不平地伸向了内陆。

伊特鲁利亚城的巨大城墙席卷南边和东边悬崖，包抄了有着峻峭岩崖的城顶，然后折向北面、越过第一根手指或半岛，开始沿山而上沿谷而下，以其充满野性和猛烈遒劲之力的气势越过所有手指伸向一个陡坡，最后在那个巨大的城冠上封口。现代伏尔泰拉城仅仅占据了伊特鲁利亚时代旧城遗址的最高一部分。

沿城墙下去你会发现，城墙本身并无多少可看之处，它们现在已成断墙残垣，甚至说不上是断墙，只能说是由未经粘合的灰暗、悲哀色彩的方石堆成的巨大的破墙基而已，因某种原因，你看了只会觉得沮丧。而看姑娘和其情人沿着现在已是橄榄树园的墙基顶从小城走向远处，这才是令人愉快的事。

从圣查拉教堂出来，小路带我们穿过了冷漠、令人不快的圣圭斯多郊区小村，那是条在露天垃圾场上冒出来的黑色小街。小街上的圣圭斯多教堂如一座巨大的惊人的谷仓般矗立着，那么高，其内部一定令人印象深刻吧？可是不！里头竟一无所有，那么高的教堂，可建筑师们没创造任何成就。

这是个星期天的傍晚，夕阳正在徐徐西下，天很冷，孩子们却在四处大声喊叫着、粗猛地疯玩着。

离开这座基督教郁郁寡欢的纪念物，我们又来到了伊特鲁利亚人的城墙边，那儿显然曾是座伊特鲁利亚的城门：墙基上有片下陷处，有一条带沟痕的古路伸向此处。

我们在这儿的古砖堆上坐了下来，注视着奇怪地张着大口的、犹如巨大采石场的深渊。燕子在黄昏的霞光里翻转着它们那蓝色的脊背，从远古的嘴唇上掠过飞向远处，越过真正令人目眩的深渊，然后抓住一阵向上的风急急飘上来，像失了魂似地在一边颤动着翅膀。它们真的被那些魔窟似的深渊吓坏了。

深渊的低处呈灰黑色或灰白色，部分地方有些潮湿，整个看起来像是新挖出的，像是某个巨大的采石场一下崩塌而形成的。

这个地方称作"雷·巴尔滋"——悬崖。显然落在伏尔泰拉高地的雨水部分积聚于这座深谷之下，渗入低处的某个地层之中，引起了巨大的山崩。在深渊的对面，离小城很远的地方，矗立着一座巨大、古老、与世隔绝又风景如画的建筑，那便是凯默多勒西修道院。它有种悲哀的外表，最后注定会被雷·巴尔兹吞噬掉，因为它古老的围墙已开裂并摇摇欲坠了。

我们一次又一次地转向回家返城的方向，最后到了城墙的边缘，放眼日落时满天满地的金光，觉得真是壮观极了。陡峭的峡谷已沉于黑暗之中，远处的山谷静静地透着金绿色；群山一路明快地呼吸着，似出发正奔向远处大海发出的纯粹的、明亮的金色光芒之中；其中一片小小的阴影，可能是座小岛，在那儿漂动着像片生命的微尘。

而卡拉拉大山则像一名魁伟的卫士，在纯净如肌肤般的落日之光中正全裸着跃身向前，其头戴的高冠那么神气高傲，显示出一副优越于我们的气派；与此同时，西边那条开阔的大峡谷则像在喷发着金色的熔岩，似乎末日已经来到，上帝要把我们所有人收回到他那金黄色的变形炉——那个孕育万物的"一"中去熔化了。

然而一切尚未被熔化变形，我们便突然受到了一阵小小的惊吓，不禁从无垠的金色光芒中转过脸来。原来黑暗、僵硬的小城的大街上传来了叽叽喳喳的乐队奏乐声。乐声和平常一样仍那么自信地传来，与此同时夹杂着几位穿白色服装的少女的市民人流正如潮水般地涌向市中心广场。和乐队一样，市民中也发出了叽叽喳喳之声，不可避免的压抑着的揶揄声嗡嗡传来。显然他们是去参加一个仪式。

当我们来到旅馆前的广场，从广场边放眼西边空旷的世界时，发现夕阳已经下沉，它的光芒已转成红色，纯粹而强烈的红色光束从远处的海平线下射上来，使我们和海之间的深谷变成了

155

黑色，使整个世界之上闪烁着一种低低的红色光芒。此时只有这座有着狭窄街道和电灯光的小城，竟丝毫不为所动。

晚宴显然得到 9 点才会开始，现在只是一片嘈杂。时间刚过 7 点，我和 B 孤伶伶地吃着晚饭，我们就像两个孤儿，侍者得在百忙中设法不把我们遗忘。而他们在取所有的玻璃杯、高脚杯、酒瓶时竟是那么的激动。好像他们从占据餐厅背面的大竖橱里取出了几百个瓶瓶杯杯，然后一堆堆闪亮的玻璃杯被放到推车上推往宴会厅。

与此同时，失业的年轻人会在过道上探进脑袋来。他们戴着黑帽子，外衣搭在一个肩膀上，目光亮亮地巡视着餐厅，似乎想见到新市长。没见到他，他们便会离去回到他们所来的什么也不是之处。宴会便是宴会，即使是魔鬼为自己举行的也不例外。而新市长可能是个光明的天使也未可知。

外面又冷又黑，远处城市乐队正狂热地吹奏着乐曲，似乎在这个寒冷的星期天的夜晚连风也气短了。未被邀请参加宴会的我们，只能上床睡觉了，可午夜后，一阵阵突起的、狂吼式的吵闹——可能是掌声——还有无疑是一个小孩午夜后的大声尖叫，竟时不时地把我们惊醒。

早晨还是那么寒冷灰暗，一片寒冷而不可接近的乡土在我们底下呻吟着裂开了口，并且崩塌了，大海无法见到。我们沿狭窄寒冷的街道走着，感觉两边高耸、寒冷、僵黑的石墙几乎要压在一起了。偶尔朝雪花石膏石厂的车间瞟一眼，发现那儿的工人们带着星期一早晨的惺忪睡眼和低落情绪，正转动着柔软的雪花石膏石：或在切形，或在磨光。

谁都知道伏尔泰拉大理石——现在的人们都这么叫，因为由它做成的用作灯泡下部灯罩的那只透明石碗，已为世界上一半旅馆所采用。它几乎和明矾一样透明，也几乎一样柔软。他们像削肥皂似地把它削下来，再把它染成粉色、琥珀色或蓝色，然后做成所有那些人们并不需要的东西：染色雪花石膏石灯罩、灯碗、小雕像，染色或不染色的花瓶，有边上画一圈鸽子或藤叶的碗，以及仿古器皿等。

或许是电灯增加了对它的需求，或许人们对"雕像"的兴趣又开始复苏，此类贸易似乎正在变得兴旺。无论如何，人们对伏尔泰拉雪花石膏石工人和他们用来制作那些可卖商品的伏尔泰拉白土圪塔兴趣未减。对了，还有女神雕像，她也是从这儿出去的。

但我们想看的是古老的雪花石膏石花瓶，不是新的。当我们匆匆沿石街而下时，冰冷的雨开始下起来了，我们一下逃进了博物馆的玻璃门内，它刚好开门。可好像里头的雪花石膏石得低温保存似的，那地方竟如大冰箱一般冷得要命。

博物馆似乎过于寒冷、清寂、空虚、令人不快。但最后终于进来了一个穿制服的迷迷糊糊的老头，没想他竟十分惊恐地问我们想要什么？——什么？当然是看博物馆！——噢噢，对——对！他似乎才意识到博物馆是开在那里让人看的。是的！是的！先生！

我们买了票，开始往里走。它确是座非常有吸引力的、让

157

人兴奋的博物馆，但我们不巧碰到了这样一个痛苦的寒冷的四月早晨，院子里竟下起了冻雨，它使我觉得快和我们那几天呆在坟墓里一样了。然而很快，在有几百件如他们所称的小石棺、骨灰棺或骨灰瓮的房间里，古老生命的力量开始烧热我们的躯体了。

"瓮"不是个好词，因为它意味着，至少对我来说，是一个罐子、一个双耳长颈瓶、一个圆而有形的陶瓶，会使人联想到凯特"希腊瓮上的抒情诗"——他提到的陶瓶无疑不会是只骨灰瓮，而是只酒罐——或许与儿童聚会上的"茶瓮"相类似。这些伏尔泰拉人的瓮，尽管确是用来存放死者骨灰的，却并非圆形，它们不是罐，而是小型的雪花石膏石棺。它们是伏尔泰拉的特产，可能就因为伏尔泰拉人有雪花石膏石可用于制作。

伊特鲁利亚陶瓶

而在此，你可以看到成百上千只，它们都奇怪地显得富有生气并引人注目，尽管它们并未被当成高深的"艺术"品。描写伊特鲁利亚事物的最后一位意大利作家达凯蒂说：如果用艺术家的眼光来看它们还有些许动人之处的话，那么它们便会因所展示的各种场景而显得极其有价值，这种价值可能在其神话意义上，也可能在其有关死后人生的信念上——

乔治·丹尼斯尽管也未能在伊特鲁利亚古墓中发现多少"艺术性"，但也提到了伏尔泰拉的骨灰瓮——

"在这些伊特鲁利亚骨灰瓮上有种自然感，表达如此单纯但十分动人，肯定引起了所有人的怜悯感——它们是每颗心都会与之共鸣的和声，我羡慕它竟使任何一个走过这座博物馆的人动心，没有人对它不感到热泪盈眶：

"辨认以往和未来

自然之风吹拂着他的灵魂——"

如今自然之风已不再会吹落我们眼中的泪珠，至少不会那么容易地吹落了，但丹尼斯对那些有生命的东西显然比达凯蒂有更灵敏的感受。现代人所说的"艺术"意味着什么实在难以说清，甚至连丹尼斯也说过，伊特鲁利亚人从未达到过福莱克斯曼[1]达到的那种纯真、崇高、完善的美的境界。在我们对"艺术"的理解的背后也仍然存在着这样的偏差，艺术对我们仍像是某种被精心烹调制作过的东西——像一盘通心粉面条一样。一节麦穗是算不上"艺术"的，你得等待，等待它转变成纯粹的、完美的通心粉面条才行。

对于我，我觉得自己从这些伏尔泰拉骨灰瓮中，要比从——我几乎说过，从巴台农神庙的铁墙饰带中获得更多真正的乐趣。

---

[1] 十八世纪后期、十九世纪初英国著名雕刻家。译者注。

我讨厌这样的美学质量——即精炼一切、使一切到了"煮烂"地步的质量，大量的纯希腊美便有这种"煮烂"的效果，它在艺术意识中煮得太久了。

在丹尼斯的时代，一只破碎的古希腊或古希腊式的双耳长颈瓶——如果它确是"那个时期"的东西的话，在市场上价值几千顶皇冠，而这些伏尔泰拉瓮却一文不值，能保留下来真可称是人的大慈大悲了，因为否则它们早被砸得粉碎了。

如它们所示的那样，这些东西就如一本本打开的生命之书，它们是那样的引人入胜，看着它们你不会厌倦，尽管它们有那么多。它们使你感到温暖，像置身于火热的生命之中一般。

楼下展室中的骨灰瓮中杂有那些代表了"伊特鲁利亚"主题的瓮：那些画有海怪的；画有带鱼尾或带翅膀的海上男人[1]的；海中女子的形象与之相同；也有男人蛇腿并带翅膀的，女人同样。显然是伊特鲁利亚人，不是希腊人，给这些生物画上了翅膀。

如果我们还记得，在古老的世界中，所有能量的中心是在地球深处、在大海深处，太阳只是个运动着的辅助物体，而蛇代表了内部地球的生动能量，不仅指火山、地震之类的力量，还指促使植物根须生长、挺起树干——生命之树的伟大躯干、促使人的腿脚生长并运动、产生并支持其心脏跳动的能量；鱼则是水，甚至是孕育诞生光芒的海水之深度的象

---

〔1〕 希腊罗马神话中拖海神之车的海怪。译者注。

征。我们从伏尔泰拉人的想象中，可以看到这些象征所具有的古代力量，因为他们是一类面对海洋、生活于一片遍是火山的原野中的人。

然而地球的能量和海的能量在给予生命的同时也夺取生命，它们具有可怕的毁灭性也具有多产性。

有人说水中女神的翅膀代表了向太阳升腾的蒸汽，海豚弯曲的尾巴代表了急流，这是有关生命力的来与去的伟大的古代控制观的一部分：生命力涌现，体现在树叶的摆动和翅膀的张开升腾之中；生命力收回，体现在急流和海浪和死亡的永远向下的倾泻之中。

伏尔泰拉所发现的另一些普通象征性动物是钩着鸟嘴的半狮半鹫怪兽，那是撕开天地、同时守护宝藏的力量型动物，它们是雄狮和鹰的结合，是具有深不可测的巨壑的天和地的结合；它们不允许生命的"珍宝"、"金子"——我们可能得将它翻译为"生命的意识"，被生命的窃贼偷走，它们是这种珍宝的守护者；与此同时它们又是帮助那些必须与生命告别的生物撕离生命的勾魂者。

它们是那种生物，代表元素的、把人带向死亡、带过元素之间界线的生物，所以它的形象有时是海豚，有时是马头鱼尾海怪，即海马，有时是人头马身海怪。

马总是人体内部强健的动物式生命力的象征，它有时是海马，从大洋中升腾而起；有时则是半人半马的陆地动物，因此它会出现在坟墓中，因为人内在的热情正在回归大海，其灵魂得隐回到海水深处的死亡世界。有时它又会是一头人头马身海怪，有时是头雌性人头马身海怪，有时它披着一张狮皮以显示其凶猛的特质、驮着人的灵魂回来、又跑向远处，消失在另一个世界之中。

我们无法知道在骨灰棺上刻着的东西与它所存放的骨灰的死者之间是否有明确的联系，如知道，那将是件十分有趣的事情。当有着鱼尾的海神缠住一个人并把他驮走时，这是否意味着死者是溺死于海中？当一个被海妖默多沙[1]用蛇腿或带翅膀的蛇的力量缠住时，这是否意味着死者是在地上摔死的？——或以某种方式死于地面上——如岩石落到地上或被蛇咬伤之类的？而灵魂被一匹带翅膀的人头海马驮走，是否意味着死者是被某种热情带走的？

然而比象征性场景画更有趣的是那些体现现实生活的场景画，如狩猎野猪、耍马戏、举行仪式、在有篷马车上告别、海船扬帆远航、城门遭受攻击、举行献牺牲仪式、如在学校阅读似地拿着展开的卷轴的姑娘们，以及众多有男人妇女坐在宴席沙发上、奴隶们奏着乐、孩子在四处嬉戏镜头的宴会场景。

还有众多极其温柔动人的告别场面：死者在继续自己的生命旅程前，或当四轮马车将拉他远去、马匹等候在一旁时向妻子告别；灵魂独处一隅，掌管死亡的精灵举着将给死者一击的锤子站

---

[1] 希腊神话中蛇发蛇尾的恐怖女妖。译者注。

立一旁等。

这真如丹尼斯所说的：自然之风震颤着人的灵魂——

我问那位绅士般的老人，是否他知道什么有关这些瓮的事。可惜没有！没有！他对此一无所知，他才刚调来，什么也解释不了——他这么声明着。他属于那类优雅、害羞的意大利人，甚至不敢盯着看他正守护着的骨灰棺，但当我告诉他我认为某些场景意味着什么时，他竟像孩子般充满了好奇、听得入迷得几乎屏住了呼吸。

这使我又一次想到，今天的意大利人似乎更像伊特鲁利亚人，而不是罗马人，他们敏感、羞怯、对象征性和神秘性事物有着真正的热望，能从真正有趣的细小事物中得乐，发脾气时会不顾一切，总体上没有严厉或天性上的强意志力。强意志力在意大利人身上是第二性的东西，得自于几乎把他们吞没的日耳曼族人。

狩猎野猪在当今仍是意大利人喜爱的最主要的一项运动，而伊特鲁利亚人肯定也热爱这项运动，因为他们在其墓中曾一次又一次地表现过它。

难于确切得知野猪对他们有什么象征意义，但它常占据画面的中心位置，那儿通常是死者呆的地方，是供奉的公牛呆的地方。通常野猪在那儿遭到攻击，不是被人，而是被带翅膀的男孩或精灵，狗爬在围着野猪的树上，两把斧子正被挥舞着朝它砍去，它抬起自己的长牙发出了狂野的哀嚎。

考古学家说它指的是梅里格和克莱顿的野猪间的搏斗，

或赫格里斯和埃满瑟斯山上凶猛的野猪间的搏斗[1]，但这根本不足以解释这儿的场景。这是个象征性的场景：似乎这儿野猪自己便是牺牲者，凶猛、野性的雄性生命正遭狗和仇敌的猎杀。

显然在这里野猪必须死，它不像狮子和半狮半鹫的格里芬是攻击者，它是森林中自由奔跑的生命之父，它必须死——他们说在为死者举行告别宴会时，它也象征着冬天，但在最古老的陶瓶上，狮子和野猪常一次又一次相互面对面地出现，那似乎象征着对立。

告别的场景也十分迷人，坐在有篷的、由两匹以上马拉着的马车上的旅行者，由步行的赶马人和坐在马背上的朋友以及狗陪伴着，路遇其他正过来的骑马人。在马车的防雨篷下靠着一个男人，或一个女子，或整个家庭，全带着美好的心情沿大路向前行进着，而那辆马车，就我所见，总是由马拉着而不是由牛拉着的。

这显然是灵魂之旅，据说它甚至就代表葬礼。骨灰棺被扛到墓地、放进了墓中，但这些场景的纪念意义远比葬礼深，它强烈地表达了乘马车从一个世界赶向另一个世界的缓慢行进之人的感

---

〔1〕希腊神话中故事：当梅里格还是年轻小伙时，他的父亲，克莱顿的国王，因忘了向月神阿特米斯献贡，月神便派了一头巨大的野猪去克莱顿报复。梅里格用一队英雄与野猪搏斗，最后把它打倒在地。在赫格里斯的12项苦役的传奇故事中，其中之一便是去阿卡丹活捉埃满瑟斯山上的野猪。他设法把野猪赶到一片雪地里并弄得它筋疲力尽，然后用网捉住了它，最后以不同于传统的方式杀了野猪。

情，就像波尔人或摩门教徒那样[1]。

他们说这些有篷马车的旅行只有在伏尔泰拉才有，别的伊特鲁利亚地区见不到。而伏尔泰拉这种场景所表达的总体感情也是独特的，其中有种伟大的旅行感，好像出自一类牢记着自己通过海洋或陆地迁徙历史的人之手；同时其中还有一种奇怪的不安分，不像有几丝歌德味的南部伊特鲁利亚人，有种用舞蹈传达出的安定感。

楼上的展室里有更多的骨灰棺，但大多是古希腊式主题的东西，如海伦和迪俄斯卡里[2]、佩勒坡斯、米诺陶、杰森、梅迪逃离科林斯、俄迪甫斯和司芬克斯、尤里西斯和女妖西伦、埃特克尔斯和坡林尼西斯、圣托尔斯和拉皮瑟、伊皮简尼的供品[3]等一切全有，且尚能辨认清楚。由于有这么多希腊主题的东西，一位考古学家因此认为这些骨灰棺肯定出自罗马占领后殖居于伏尔泰拉的希腊殖民者之手。

你可能还会说《雅典的提蒙》[4]是由天主教堂被推翻后

---

[1] 波尔人原为定居于南非的荷兰殖民者，1836 年至 1837 年他们移居到了未开发的地区。摩门教徒，美国 1830 年由约瑟夫·斯密斯创立的新教徒派，1847 年它的 143 名男子、3 名妇女、2 名儿童乘 73 辆马车出发移居到遥远的西部。
[2] 在希腊神话里，迪俄斯卡里和双胞胎兄弟卡斯特和坡拉克斯在妹妹海伦被德修斯劫走时救了她。
[3] 以上全是希腊神话中的角色，如佩勒坡斯孩子时被其父泰托拉斯杀害并把肉献给诸神吃。当诸神知道了所吃的是什么后保留了佩勒坡斯并还给了他生命，并让泰托拉斯在海蒂受到了惩罚；米诺陶是半牛半人的神，被克里特王米诺斯囚于莱比林斯，每日喂以童男童女，直到德修斯摧毁了囚禁地，等。
[4] 莎士比亚一剧本。译者注。

165

殖居于英格兰的希腊殖民者所写的，这些"希腊"骨灰棺如《雅典的提蒙》一样是希腊式的，因为希腊人所造的东西总是"更好"。

不，"希腊"场景多得不可胜数，但它们的意义只是可被辨认而已，创造这些骨灰棺的人对他们所绘的神话所知甚少。神话对那时的伊特鲁利亚巧匠，犹如它们对今日的意大利人一样不熟悉，其中的故事只是被用作一种藉口，当地伏尔泰拉人凭此以维系自己的想象力，犹如英格兰伊丽莎白时代的人们运用希腊神话来作诗一般。

也许雪花石膏石棺的雕刻者们也是通过模仿古老的模型，或凭借对它们的记忆来工作的。无论如何，这些场景所表示的并非真正的希腊。

最最奇怪的要数那些"古典"主题的东西——它们是那么的非古典！对我来说，它们暗示了当时并未出世的歌德式风格，这种暗示远比伏尔泰拉以往的伊特鲁利亚人的希腊风格明显。当然所有这些雪花石膏石棺被认为是后来的，即公元前四世纪以后的东西。

公元五世纪的基督徒石棺似乎比其同时代的罗马石棺在血缘上更接近这些伏尔泰拉的骨灰棺。好像基督教是在意大利、是从伊特鲁利亚人的土壤上产生的，不是从希腊罗马文化中产生的，而愉悦类的早期基督教艺术的第一缕曙光——其古典作品内所含的歌德风格的自由笔触，在伊特鲁利亚人的场景中似乎更明显。希腊罗马的"过熟"形式让位给了粗糙的轮廓线和某种不加修饰的光和影，这是后来出现的歌德式风格的主要特征，但它仍被来自东方的沉重的神秘主义色彩所笼罩。

最早时代的伏尔泰拉瓮可能只是朴素的石制品或赤陶制品，但无疑伏尔泰拉早在伊特鲁利亚文化渗入之前已是一座城市，可能它从未永久性地改变过自己的特性。

一直到最后，伏尔泰拉人仍火葬其死者——那儿实际上并没有鲁库蒙斯的长石棺。在这里，大部分人都感到伏尔泰拉人不是东方式的人，与在塔奎尼亚画了那么多壁画的那些人不一样，这儿显然是另一个部落，另一个更野性、更粗犷的部落，受古老三巨人[1]的影响远远少得多。

在凯丽和塔奎尼亚，野蛮人被来自东方的影响深深摄住，这儿却没有！这儿野性而未开化的利格雷人彼此间是邻居，可能还是血缘亲属，这座由石头和大风组成的小城，过去和现在一直保持着它的北方质地。

所以，此地的骨灰棺是一本公开的书，让任何人都可按自己的想象来阅读，它们长不过两英尺，或差不多大小，盖上的小雕像古怪而矮小，古希腊人或亚洲人不可能忍受那样的东西，这是野蛮行为本身的一个标志，这里显示的北方精神相对希腊人、东方人或古地中海人的天性来说是过于强劲了。这儿的鲁库蒙斯和他们的妻子在其死后的雕像形式上得屈尊成为矮子——头几乎原样大小，身体却被压缩成了侏儒。

---

[1] 希腊神话中各有50颗头、100条手臂的三大巨人，这里指古希腊文化。译者注。

但那是个真实的雕像。其精彩之处通常是：盖子和石箱好像并不配套，这表明盖子是在死者生前便做好的，意在表现其真正的形象，而箱子是买现成的，它们彼此分开做成，恐怕就是这样。

　　也许在伊特鲁利亚时代，雪花石膏石工厂便如今天一样存在，里头只有一排排表现所有我们今天仍能见到的那种生动形象的雕像骨灰棺。也许由你自己选择一只希望盛放自己骨灰的箱子。但更有可能的是，工厂就在那里，雕花的骨灰棺就在那里，但你无法选择自己的骨灰棺，因为你并不知道自己什么时候死，所以你只可能将自己的形象雕刻在棺盖上，其余则让活着的人来替你完成。

　　而最有可能的是，在死者死后，其哀伤的亲人匆匆忙忙拿着死者的半身画像去订做骨灰棺盖，然后选一只最合适的骨灰棺。但也有可能两部分通常就是那么奇特地相配在一起的，所以，它们被发现时，里头总盛着骨灰。

　　然而我们必须相信，盖上的古怪、变矮了的雕像是努力仿照真人的雕像而成的。这儿没有南部伊特鲁利亚雕像的特征，那儿的雕像头具有鲁库蒙斯的傲慢的倾斜姿势，而这儿则几乎变得有些丑怪了。

　　死去的贵族该戴着官珠，手上握着神圣的佩特拉或祭酒盏，但在这儿他并不像南方那样，像举行仪式似地脐腰以上全裸，这儿的他衬衣会直达脖子，可能手上只举着常用的酒杯，而不是佩特拉，他甚至会在另一只手上握一把酒壶，完全是狂饮狂欢的形象。总而言之，南方伊特鲁利亚人特别"神圣"的、根深蒂固的象征主义在此已荡然无存，其宗教神力也已被打破。

这在妇女身上表现得更加明显，这儿有那么多妇女雕像，她们全打扮得富丽堂皇，但缺乏古代的神秘的正统感；她们手上拿着酒杯或扇子或

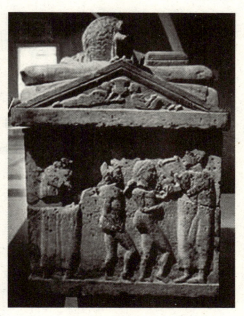

伊特鲁利亚雕花石棺侧面

镜子，或石榴或香水盒，或是奇怪的小书——可能是用于写字的蜡板；她们甚至会拿着象征性与死亡的古老的松果，但其象征力已几乎消失殆尽，而歌德式的注重实际和理想主义的特点已开始取代南部伊特鲁利亚人永恒的自然宗教观、取代真正的古代世界。

博物馆中有陶瓶和小铜器，以及中间有空心把柄的佩特拉，你也许会按正确的伊特鲁利亚人的习惯把两个中指放进佩特拉中，把它拿起来以进行对生命的最后一次祭奠、对死亡的第一次祭奠，但你不会像那么多在骨灰棺上的人那样，把两个手指塞进这个象征盘中间的小孔，把它举起来再翻过来。

把火把翻过来意味着火焰会窜向地下世界，而佩特拉翻过来则意味着地震，这儿你能感觉到伏尔泰拉人比较随意，他们没那么多古代神秘性。

　雨终于在寂静的院内停止了其冰冷的倾泻，一线阳光终于出现了，我们在一天内已经看到所有我们能看到的东西，于是走了出来，想从仁慈的上苍那儿获得些许温暖。

　还有几座墓仍开放着，尤其是塞尔西城门外的两座，然而我相信，不是亲眼所见，一切便不会有重要意义。在伏尔泰拉已被挖开、其中的东西已被取走的几乎所有坟墓，都已被重新掩埋，以便使农民不致失去那宝贵的两码宽的可耕地。那儿有许多古墓，但大部分已被夷平，而在地下有些倒是与南方伊特鲁利亚墓不同的、用不那么方的砖建造的奇怪的圆墓，但由此也可见，伏尔泰拉总体上说与南方的伊特鲁利亚已根本不一样。

　有一座墓已整个被移往佛罗伦萨考古博物馆的花园内，至少它的内部物品已到了那儿。人们在花园内照其 1861 年在伏尔泰拉被发现时的样子仿造了一座，据说所有骨灰棺均按原样放置，这个墓因著名的伏尔泰拉考古学家印汉拉米而被称作"印汉拉米之墓"。

　几级台阶引人下到一座墓的圆室内，它的中间有根方柱支撑着，显然被认为是被遗留在岩石之中的。在其绕墙一圈的低低的石床上放着一些雪花石膏石骨灰棺，它们有两排，绕阴影围成了一个大圈。

这个墓只属于一个家族，肯定有 60 来个雕有著名场景的雪花石膏石骨灰棺，所以这座墓如真按原样布置，所有骨灰棺真如人们所说的那样是按逆时针方向由最早到最晚者排列的，你肯定能确切地看到一两个世纪中伏尔泰拉瓮的发展情况。

但你内心只会充满疑虑和不解：为什么，为什么这座墓不被保留于发现之地，并保留其原样不被触动？它是在哪儿被发现的？

如果你需要上有关伊特鲁利亚人的实物课，佛罗伦萨博物馆的花园确实很有教育意义，但谁想上有关消失种族的实物课？人们需要的只是一种接触，因为伊特鲁利亚人的一切不是一种理论或一篇论文，如果它们有什么意义的话，只在于它们是一种人生经验。

但经验总是会遭到破坏，博物馆、博物馆、博物馆，所谓的实物课总被草草列出以证明考古学家们华而不实的理论，以及他们那想与规则协调、把一切纳入固定规则的疯狂企图，而实际其中并无固定规则，也不会有可能与之协调的东西。

这是一种病态吗？为什么所有经验必须系统化？为什么甚至连消失的伊特鲁利亚人也得接受宰割被纳入一种体系？它们实际永远不可能被系统化。你把所有的蛋打碎，把它们做成一个鸡蛋卷，这个蛋卷便是既非伊特鲁利亚的，也非罗马的、意大利的、赫梯[1]的，它什么也不是，只是个系统化的杂货。

———————————

〔1〕 小亚细亚东部和叙利亚北部的一个古代部族。译者注。

为什么不可调和的东西不能各自独存？如果你非要用鸡蛋、小鸟蛋、鸵鸟蛋做一个煎蛋卷，你不会得到什么像样的混合物，或把鸡蛋、小鸟蛋、鸵鸟蛋统一协调成什么我们可称之为"卵类"的东西，你得到的只是一团糟的无形之物、一只糟蛋卷。

　　问题就在于此。如果你想把色维特里、塔奎尼亚、伏尔西、维多隆尼亚、伏尔泰拉、契俄西、维奥糅合成一个像样的混合物，那你便得不到真正具有伊特鲁利亚特色的结果，只能得到一盘杂烩物，这盘杂烩没有生命、没有任何意义。博物馆不会让你得到第一手资料，它只是一场图示讲座而已，你所需要的是实际的、活生生的接触。我不想让人来"指导"我，别的人大部分也不会愿意的。

　　他们可以拿更多"无家可归"的东西来给博物馆展出，而将有特定地点的东西留在其原来的地方，把这座"印汉拉米墓"留在这儿，留在伏尔泰拉。

　　但这样想无济于事。我们走上山坡，走出伏尔泰拉的大城门，走进了那座巨大的中世纪古堡大墙下面的一座避难所，它现在是一座州监狱。沉重的城墙下有片公众聚会场所，有一小片有阳光和可躲避刺骨寒风的地方，几个市民现在仍聚在那里；远处，一派碧绿的乡野带着一个个尖削的山头波浪式地上升着，使我们就像从一艘高高的海轮上俯瞰波涛汹涌的海面一样。我们已在伏尔泰拉的最高点，一切尽在我们脚下了。

　　在我们身后，在那座黑色的堡垒中的，是那些罪犯。那里有个人，现在已是个老人，曾在那些监狱的墙内写了一出歌剧。他对钢琴情有独钟，30 年里每当他弹钢琴时，其妻子总在那里喋喋不休地抱怨，所以有一天他一声不响地、突然地把她杀了。于是 30 年的喋喋不休停止了，但他得到了 30 年监禁的判决，仍未被允许弹钢琴。人生真是不可思议。

那里还有两个罪犯曾逃跑过。他们曾一声不响地、秘密地用罪犯在监狱里吃的巨大的硬面包条刻出精彩的酷似他们自己的形象——头发和别的一切全像活的一样，然后他们把自己的雕像放在了床上。这使得狱头在用手电照到床上时只会对自己说："哦，他们还在睡觉呢，这些狗杂种！"

所以他们成功越狱，逃了出去。这使得喜欢满屋子关着罪犯——热爱其本职工作的监狱长丢掉了饭碗。这真是怪事，他实在该得到奖赏，因为手下有这么聪明的孩子、这么能雕刻面包的雕塑家。

佛罗伦萨博物馆

我们从伊特鲁利亚遗物中所看到的，是另一种形式的宇宙意识，还有地球的智慧，以及以不同于我们的生活、生存方式生活过的人们的生存启示……它们是一个古老的、更具悟性的人类意识潮退潮时留下的东西……显然，我们的历史起源于一个同样伟大的文明的终结，而不是野蛮或幼稚的人类童年时代，不是原始穴居和湖上架屋者的文明……

如果我们断然下结论，认定佛罗伦萨考古博物馆内决不会有什么伊特鲁利亚文物的话，或许到那儿去看伊特鲁利亚收藏品会显得轻松些，因为博物馆的一切尽是割离的、干枯的，那儿绝不会有真正有生命的东西。

伊特鲁利亚人不是一个种族，这是显而易见的；他们也不是一个国家，他们甚至不像奥古斯都^[1]时代的罗马人那样还称得

---

〔1〕 公元前 27 年到公元 14 年时在位的罗马皇帝。

上是一族人。奥古斯都时代的罗马人可能是拉丁人、伊特鲁利亚人、塞宾人[1]、塞尼特人[2]和乌伯来恩人[3]、塞尔特人[4]、希腊人、犹太人或那个时代世界上的任何一种人，也可能来自任何部落或种族，却以罗马人为自己的第一种称："我是罗马人。"

使一个种族成为文明种族的不是其血液，而是某些起主导作用的文化原则，当然一定的血性产生、或共鸣于一定的文化原则，一部分拉托姆地区的原始罗马人具有罗马文化原则的种子，那便是一切。

但当时甚至没有这样一拨原始的伊特鲁利亚人。在伊特鲁利亚没有过文明起点，正如一度我们有勇气回溯公元前 55 年朱拉斯·恺撒时代历史时所发现的，英格兰没有文明起点一样。不列颠早在恺撒看到它之前便已活跃、觉醒并生机勃勃，它也不是穿熊皮的涂成蓝色的野蛮人的国家，它有自己的古老文化，比罗蜜勒斯[5]的小山还要古老。

但随后历史性的侵略开始出现，罗马人、朱特人[6]、盎格鲁人[7]、撒克逊人[8]、诺曼底人[9]、丹麦人、犹太人、法国人纷纷

---

〔1〕 意大利中部一种族人，为罗马所征服。
〔2〕 意大利中部一古国人，亦为罗马所征服。
〔3〕 曾占据意大利中部台伯河以北领土及伊特鲁利亚等地之人，同样为罗马所征服。
〔4〕 爱尔兰、苏格兰高地等地之人。
〔5〕 罗马第一代国君，传说被父母遗弃在山上后由狼哺育长大。译者注。
〔6〕 公元五世纪入侵英国东南部的日耳曼民族。译者注。
〔7〕 条顿民族之一支，公元五世纪时移入英国。译者注。
〔8〕 日耳曼民族之一支，公元五世纪时同盎格鲁与朱特人一同征服英国并定居该处。译者注。
〔9〕 法国人与斯堪的那维亚人的混血人种，原居诺曼底，1066 年曾征服英国。译者注。

登场，在这之后究竟谁是英国人？"英格兰"这词意味着什么？它对英国的起源提供了什么线索？我们的全部历史都该消失吗？这大约和"塔兹"或"塔亨尼"[1]这两个名词提供了线索，弥补了伊特鲁利亚历史的欠缺功力相当。

伊特鲁利亚的情形与英国很一致，在朱拉斯·恺撒之前不列颠的朦胧时期，意大利也处于朦胧时期，部落间、种族间由于语言、习惯和宗教的具体差异而充满了没完没了的争斗和骚乱，这不是因他们是非理性者，也不是说他们是野蛮的穴居人，或因为他们生活于荷马之前，而是因为他们是活生生的灵性的人，有他们自己的复杂表达形式。

在那些历史尚未存在的朦胧时代——不是因为那时的人中不存在有智力的人，而是因为那时一种文化能非常彻底地扫荡另一种文化；在那些朦胧年代里到处充斥了侵略。一个侵略无疑接着另一个侵略，来自野蛮的北部的侵略者是陆路上步行的侵略者；来自古老的、文化发达的爱琴海盆地的侵略者则是海上驾船而来的侵略者。不断地有人入侵而来，不断地有人进入，来的全是陌生人。

但在所有的混乱中，有两种很深的情感或文化节奏一直在持续着，一种是某个古老的、古老意大利人种的生命节奏，那是属于土地的一种节奏，它会侵袭每个入侵者；另一种是史前地中海人，尤其是地中海东部人的古老的宇宙意识或文化

---

〔1〕 伊特鲁利亚人的早期别名。

原则。人类总在设法认识宇宙，认识宇宙的生命、热情、感觉、欲望、死亡和失望以及种种物理现象，直到现在它仍留有千百万种想认识宇宙的意想不到的方法，那意味着，仍有几百万个精神世界，或者说是宇宙整体中的世界对我们来说仍属未知。

每一种宗教、每一种哲学，以及科学本身，都有一条解释宇宙、理解宇宙的线索，每条线索把人导向其自己的意识目标，然后耗尽了它自己。

当人类意识达到自己的极限时，宗教这样耗尽了它自己，科学也这样耗尽了它自己。人类意识的不定性取决于驶向不同目标的不定数量的不同开端之不定数量。这些目标，通常是在我们到达时才明白其实它们是属于一个目标的，但新的开端却是从一个迄今为止无人知道的地方开始的。

我们在观看伊特鲁利亚人文物时得明白的一点是，它们透露了人类的宇宙意识——或人类在认识宇宙上所作的企图——的最后一缕光彩，而这个企图与我们自己的是截然不同的。说我们的历史产生于原始穴居和湖上架屋者之一的文化观点是十分幼稚可笑的，我们的历史起源于前一个人类伟大历史阶段的终结，那个阶段与我们这个阶段同样伟大，很可能猴子是我们的后代，而不是我们是猴子的后代。

我们从伊特鲁利亚遗物中所看到的，是另一种形式的宇宙意识显示后的末端，同时，还有地球的智慧，以及生活过的、可能以与我们的生活生存方式截然不同的方式生活过的人们的生存启

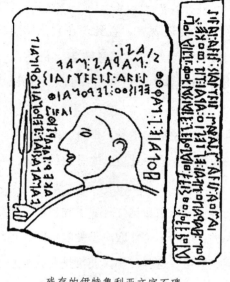

残存的伊特鲁利亚文字石碑

示。其中有两类不可混为一谈的东西：一群人的艺术性的或冲动性的或文化表达性的东西，以及一群人的宗教性的或科学性的或其文明的表达方式。第一类出于情感，第二类基于观念。

很显然伊特鲁利亚人是由各类部落和不同人种组成的，他们并不相互融合，伏尔泰拉人和塔奎尼亚人是两个有很大区别的人种，他们的平民无疑说不同的语言，他们所具有的共同之处只是彼此都保留着同一种古老的宇宙意识、同一种古老的宗教、同一种古老的以自己的方式理解一切的企图，或至少是按自己的理解方式解释宇宙。那便是文明化的原则。

文明如波浪涌现，又如波浪般消隐。人类一直到了科学或艺术时代，才设法去抓住史前时期最后一波中浮起的象征物的最终意义，那是在我们自己这一时代之前的时代。我们应该能与现在就是这样的、过去已是这样的和将来永远会这样的人们建立良好的联系。

在荷马以前的时代，欧洲人并非仅仅是粗野、不开化、有突颚的原始野兽，他们也不是心理幼稚的儿童。人类一直是人类，尽管其智慧形式各不相同；人类也一直是智慧的人类，他们并非全体都曾是无知的野蛮人或笨蛋。

史前文化最后一次波浪传递给我们的象征物，是人类在形成宇宙概念过程中的古老而广泛的努力的残余物，这种概念甚至在埃及上升到新的生活阶段时便已遭到破坏并萎缩；它在古代中国、印度、巴比伦和小亚细亚、督伊德（古代不列颠）、条顿、阿兹特克[1]、美洲的玛雅以及非洲黑人中重又出现过，但它上升的波浪，在人们由一种意识浪潮缓慢转向另一种意识浪潮、同时充满了交叠的浪潮之际，显然一次次变小，一次次衰退了。现在我们自己的意识浪潮已处在退潮期，所以我们如能在其上升时期抓住前面退潮的涟漪，我们也许能读懂其含义。

没有统一、和谐的伊特鲁利亚民族，没有纯粹单一的伊特鲁利亚人，从来没有过，这和今天没有所谓纯粹的美国人没什么两样。曾有过伊特鲁利亚人的特性，这便是一切。

真正的伊特鲁利亚人的特性只在于其宗教的象征物；而以艺术所能达到的极限来衡量，可以说也不存在伊特鲁利亚艺术，而只有泛指的艺术、受古老宗教观念支配的艺术。

这种宗教观念可能来自爱琴海、来自古代地中海东部，它是一个古老的、更广泛的意识潮退潮时留下的东西。如果

---

[1] 西班牙入侵前墨西哥中部的印第安土族人。译者注。

179

我们观看一下今日世界，就文化之所及，可以说它只有一种文化：基督教——科学文化，不管是在北京或达荷美[1]，或纽约或巴黎，现在的人们各自或多或少具有相同的生活观和宇宙观。

所以以前肯定也是如此，美洲金字塔的建造者们肯定与那时的埃及人、伊特鲁利亚人具有某些相同的古老观念、某种观念的残余；塞尔特人、高庐人[2]、督伊德人肯定仍保留了某些古代有关水、跃出水面的鱼、永恒、持续不断的死而复生等徘徊不去的观念，与古代意大利人以及希腊人或吕底亚[3]人的观念相似。

没有完全纯粹的伊特鲁利亚人，从来没有过，只有由接触了来自地中海东部不同人种而受到不同刺激的不同部族的史前伊特鲁利亚人，他们浮现在即将消亡的生命宇宙概念的最后一个浪潮之上。

这是你能感觉到的，如果这不对那就只好不对了，但感觉到的事往往很少有绝对错或绝对对的，绝对错的事不会被感觉到，因为它们既然毫不相干便不会出现，如能被感觉，它们肯定来自偏见或自以为是的先入之见；绝对对的事同样不会被感觉到，能被感觉到的只能是能通过各种不同的表达形式、常相互矛盾的形

---

〔1〕 非洲几内亚湾沿岸一共和国，原为法属殖民地。
〔2〕 欧洲西部一古国，领土曾包括今意大利、法国、比利时、荷兰、德国、瑞士等地。译者注。
〔3〕 小亚细亚西部一古代国家。译者注。

活性和象征性是伊特鲁利亚艺术的最大特点

式，以及逻辑推理所获得的东西。

　　但在寻找伊特鲁利亚文化的令人眼花缭乱的经历中，我们可以有一条稳定的线索可跟随，也可说有两条线索：第一条是所有艺术的纯自然性，或者说是肉体性或活性质地。这一点，我认为是意大利式的，是意大利泥土本身产生的结果。罗马人从抵抗这种奇怪的意大利自然表达法中获得了巨大的能量；也因为这一原因，在罗马人中，智慧会很快失去其魅力，而在真正的伊特鲁利亚人中却从不会失去。

　　第二条线索更具体，因为象征物在那儿有更理想的呈现。象征至少是半观念性的，所以是半固定的，因为情感和强有力的身体姿势总是流动的并且易于变化、永远不可能被固定的。

　　所以我们在认识其宗教象征意义时，有两条线索，一条是

181

其主导观念，或者说半固定观念；再是在其特有的肉体自由和生机勃勃和自发性中所包含的主导情感。这种自发性来自其肉体本身。

它们是认识伊特鲁利亚人的两条线索，它们贯穿其生活的始终，贯穿自伊特鲁利亚人从东方人、吕底亚人，或赫梯人或无论可能的什么人种中脱颖而出的那一刻起，直到他被罗马人和希腊人消灭的最后一天为止的整个过程。

鲜花般的他斯卡尼

几千平方英里的意大利土地被人类的手抬高、堆砌、改造成了小块平地，这是所有风景中最温柔、最敏感的雕塑作品，这是一个辉煌的成果，显示了意大利人的特殊美感，以及对土地肥沃多产的敏锐直感。伊特鲁利亚人已经消失，但在他们曾经居住过的土地上，花草树木间、山间台地上，似乎仍飘荡着他们的智慧和灵魂……

（一）

每个国家都有自己风采独特的专有花树，在英国有雏菊、金凤花、山楂花、野樱花；在美国有金柳、星草花、六月菊，以及枫树和我们称为"米歇尔玛斯菊"的紫菀；在印度有芙蓉花、曼陀罗花和金香木花；在澳大利亚有他们称为"瓦特尔"的含羞草及尖舌古怪的石楠花；墨西哥有称作沙漠玫瑰的、在丛生的棘刺中晶莹剔透显得十分可爱的仙人掌花，还有像下滴的泡沫般悬有一码长的乳白色钟形花的麟凤兰。

但在地中海沿岸，现在正是阿高色时节[1]，我们希望如以往一样见到水仙花、秋牡丹、日光兰和长春花。水仙花、秋牡丹、日光兰、番红花、长春花和香菜花只将其真正的风采留在了地中海。意大利也有雏菊花，在佩斯妥[2]就有小片地毯似的白色雏菊花；在三月的他斯卡尼则处处闪烁着小片小片的白屈菜花。然而这两种花，雏菊和白屈菜花，都是英国花，它们的真正风采在我们那儿，在北方。

地中海沿岸有水仙花、秋牡丹、长春花、日光兰和风信子花，这些花在地中海周围的阳光下说着自己特有的语言并被很好地理解着。

比西西里湿润、比罗马山区更有亲切味的他斯卡尼的鲜花特别灿烂。他斯卡尼设法保持了自己的偏远，它只对自己掩面窃笑。那儿群山突兀，并且彼此孤傲以对，其中有众多的小深谷带有溪流。这些溪流完全自行其道，与河与海不相往来。那儿的土地尽管已被开垦了几千年，仍有千万个完全隐蔽的小角落藏匿其间，鲜为人知。

然而由人类光光的两手和穿冬靴的脚，以及步履迟缓、目光温顺的公牛无尽的勤劳而形成的以葡萄树、橄榄树和小麦为特征的密集耕作型文化，并未毁坏那片乡野，并没有剥夺那片乡野。

---

〔1〕 商船聚集的时节，亦即供应丰富的时节。
〔2〕 意大利靠近塞勒诺的一个地区，因其希腊古庙而著名。

它没有使它荒芜，没有使它一毛不长，也没有驱走潘恩[1]和他的孩子们。溪水淙淙地流淌着，流遍了偏僻乡野的原始岩地；同时娓娓浅吟着穿过黑棘丛生的灌木丛；夜莺在那儿聚会合唱，那么安泰平和，那么不管不顾。

一片乡野竟得到像他斯卡尼这样完美的耕理，这真令人称奇。那里五英亩地的一半出产便得养活十口人，却仍有那么多的地方供野花生长、供夜莺逍遥。小山在那里突然耸起、自在地抖落了它们牵连着的邻居，而人就在这样的地方建起自己的花园、自己的葡萄园，并彩绘着自己的土地。说到巴比伦的空中花园[2]，全意大利除了平原地区，可以说全是空中花园。一个又一个世纪来，人类一直在耐心地雕绘着地中海沿岸国家的地表，刀笔温柔地绕着群山旋转削切，然后逐渐伸向大山坡和小山坡，直到几乎不可见的坪坝地，几千平方英里的意大利土地被人类的手抬高、堆砌、改造成了小块的平地，或被从就地挖出的石块砌成的石墙抬高。这是项经历了许多世纪的工程，这是所有风景中最温柔、最敏感的雕塑作品，这是显示了意大利人特殊美感的辉煌成果。由于对土地肥沃多产的敏锐直感，意大利人能按自己的需要对土地加以改造，却不会对它产生一丝的破坏，因而这种美显

---

〔1〕 希腊神话中半人半羊的牧羊神，这里指当地人。译者注。
〔2〕 巴比伦为美索不达米亚南部历史上的一个古国，在公元前七和六世纪时曾是世界主要古代文明国家的一个中心。白尔沙扎是其最后一任国王，于公元前538年巴比伦遭劫时被波斯国王塞鲁士所杀。巴比伦花园很可能由白尔沙扎所建，它可能是著名的巴比伦梯形金字塔神庙的巨大塔式建筑的一部分。

得极度自然。

这表明大自然是可以改造的，人类能够生活在土地之上、土地旁边而不破坏土地。在这里，在所有这些经过雕琢的山头和柔和地、敏感地被抬平了的土坡上，他们已经做到了这一点。

当然，你没法在四码宽的梯田，那种完全按原来母山的轮廓、坡形的升降起伏缩小变宽的梯田上开动蒸汽犁，玉米得在灰色橄榄树若隐若现地站立着、葡萄藤缠绕着的峭壁间的小片崖地上生长。如果耕牛能在每一小步之后可爱地驻足一次，它们便能耕作这些狭窄的田地，但这样人们得在底下的干燥石墙上留出一条小边、一条草塍。如果梯田过于狭窄无法耕种，掘地的农民仍得留出草塍来，因为它有助于防止下雨时表土的流失。

就在这样的地方鲜花找到了庇护所。土地被一而再、再而三地翻垦过来，有时一年一次，有时甚至一年三次。他们就这样翻垦了几千年，但这些鲜花从未被逐出它们的乐园。农民们用的是非常严密科学的"犁耕法"，所有球茎块根都被扔掉犁走，没有一株野草能幸存。

当春天蹒跚归来时，在梯田的田头和梯田间的石头缝中，附子花、番红花、水仙花、日光兰和无法抑制的野郁金香花会蓬勃出现，它们总是悬垂在某种存在的不安定的边缘，却总是那么洋洋自得，决不失却它们根基生长的机会。在英国、在美国，花会从土中伸出根须然后又窜回土中，它们像逃犯一般存活着，但在古意大利梯田的密集耕作方式下，鲜花的根却能自在地向四处飞伸并能牢牢地支撑住自己。

春天随第一朵水仙花到来了，那时天气尚有些寒冷、羞怯并刺骨。这是些小串的、乳白色的、有着黄色如核心般的酒杯形花骨朵的水仙花，当地人称它们为"小酒杯"。它们或稀疏地生长在草塍边，或在荆棘丛中崭露头角。

　　对我来说，它们是冬天的花，它们的香味带有冬天的气息，春天是随着冬附子花在二月间来临的。在某个寒冷刺骨的早春二月的日子里，当寒风从山上的积雪处刮来时，你会注意到，在橄榄树下那片淡黄色的土地上，有几个如干果似地紧缩着的淡金色的小球，躺在快贴地的毛茸茸的绿色圆叶上，这便是突然到来的冬附子花。

　　冬附子花可算是最迷人的花卉之一了，和所有早春之花一样，一旦它的小花朵盛开，它总是裸得不带一丝装饰。和雏菊花和蒲公英一样，它不会给自己披上一丝绿色，它那脆嫩的、无力的、淡黄色的花蕾依在圆圆的绿色颈领的绉边上，似乎要让寒风给刮走了。

　　但寒风不会成功，随即北风停止了肆虐，二月阳光灿烂的一天到来了，紧缩的附子花开放了花蕾，它们成了绿色圆盘中的状如小气球般的轻盈花泡。太阳将它二月的光辉泼洒而下，快到中午时，橄榄树下会是一片怒放的小太阳，那是竞相开放的附子花放出了它们所有的光彩。那时空气里会飘逸着浓浓的甜香，是蜂蜜般的甜味，不是水仙花冷若冰霜的味道，同时还会有棕色小蜜蜂在二月里的哼唱声。

　　到了午后，太阳西下了，一丝雪的寒意又会回到空中。

然而，到了傍晚，在桌上的灯光下，附子花又会充满激情地怒放，空气中又会有一种春天般的甜香，这种甜香几乎能使你想立刻变成蜜蜂开始哼唱。

　　附子花生命短暂，但它们能在田头地角到处生长——在掘起的土疙瘩上，在蚕豆苗蓬勃生长的地方，在梯田的边缘生长。然而它们最喜欢冬日休耕的土地，在那里它们会蜂拥而出，显示它们能极快地抓住属于自己的生存机会并放出生命的光彩。

　　在二月结束前，仅两周内附子花的黄色花朵便会萎缩起皱并消失殆尽，但那时在某个舒适的角落，紫罗兰已显露它深紫色的风采，空气中已有一种新的淡淡的香味。

　　像冬天的残冰旁站立的菟葵，在所有的野地荒坡，白劳鸟的金雀花正在炫耀它最后的红亮浆果。菟葵是圣诞节的玫瑰，但在他斯卡尼，这种花从不显露白色。自从草丛中钻出直到十二月底，它们带着雅致的淡绿色和一种可爱的、带黄色雄蕊的花形，显示的是冬日的冷艳，有种特别的隐约的冬日气质。它们那么可爱地从枯萎的草丛中钻出，带着特有的淡绿色花朵，像举起一面照不出什么的小手镜。起初它们孤单地长在一根矮小的、孤零零的小茎上，带着不想被碰触、被注意的心愿，一派孤傲的冷艳，你看了立刻会本能地走开而不想去打扰它们的。但随着一月渐渐走向二月，这些菟葵，这些淡绿色的圣诞玫瑰，渐渐变得自信了，它们由苍白的水绿色转成了黄色，又转成了淡淡的硫黄绿；它们向上窜起，一簇簇一群群蓬勃地生长着，带着确确实实怒放着绿色花朵的枝条，那么自信地、以菟葵特有的自信俯下它们的脸。在有些地方，它们会在灌木丛中或溪流之上成群地生长，当你走进花丛时，会发现它带有隐隐约约的报春花似的特殊娇美。它几乎就是报春花，但有一张粗糙的菟葵叶及菟葵花特有的昂扬的自信，犹如冬天的蛇。

如果你走进花丛，你会把那些最后的鲜红浆果从伯劳鸟的金雀花枝上抹去。这种低矮的灌木是他斯卡尼的圣诞之花，只有一英尺左右高，在其尖锐而硬挺的叶子中间缀着一颗鲜灵的红浆果。当早春二月来临时，最后一颗红浆果会从其多刺的颈托中滚落，冬季会随它一起消失，而此时紫罗兰却正好从潮雾中显露。然而在紫罗兰展现其风采前，藏红花先出现了。

如果你穿过举着高高伞盖的松树林爬上山顶，你可以看到南方、正南方，看到亚平宁山[1]上的积雪；而在一个蔚蓝色的午后，你可以看到七层蓝色山脉以远的地方。

然后你会在无风的向南山坡上坐下来，在那儿无论是在一月还是二月，无论你是外国人还是本地人，都会感到温暖的。那片土地已被太阳无数次地烘烤，烘烤了又烘烤；又被雨水无数次地滋润，但决不会潮湿很久，因为山坡一直向南，全由岩石组成，并且非常陡峭。

在那片被有趣地烘烤过的一毛不长的易碎的斜坡上，你

---

〔1〕 在意大利中部。译者注。

189

在二月里会发现第一朵藏红花。在那些陡峭的、毫无生机的、易碎的石坡上，你会看到一颗古怪的、鲜活的小星，非常尖锐、非常小巧，它平展地开放着，看起来像一朵孤单小巧的小苍兰花，那么娇嫩，带着一丝蛋黄色。它没有茎，好似刚被轻轻地掸落在这块经烘烤的易碎的岩石上一般。它便是第一朵山藏红花。

<h1 style="text-align:center">（二）</h1>

　　在阿尔卑斯山北麓，杳无尽头的冬日总是被挣扎着到来并很快变得多产的夏日打断；然而在阿尔卑斯山南麓，则是杳无尽头的夏日被永远占不了上风的、痉挛着的、满怀恶意却又卑鄙而顽固的冬日所打断。在阿尔卑斯的北麓，你在六月会得到一个纯正的冬日；而在南麓，你会在十二月或一月甚至在二月获得一个完美的仲夏日。在它们之间，两者各抱自己的特色，南麓的土地倍受太阳光顾，现在也仍如此；北麓的土地则是永远不变的冷灰色。

　　然而阿尔卑斯山南北两麓的生物，尤其是鲜花，在南麓的却并不比在北麓的早开早发多少。整个冬日花园里总会有玫瑰，可爱的娇嫩的玫瑰，比夏日的玫瑰似更纯洁神秘，并且完美地斜插在它的花茎上。花园里的水仙花开于一月底，而那小巧的、孤单的风信子花则开在早春二月之初。

　　但在野外的田里，这些花并不比英国的花开得早。第一朵紫

罗兰花、第一朵藏红花、第一朵报春花一直要到二月中旬才会开
放。而在二月中旬，你也会在英国的灌木篱笆下或花园的角落里
看到紫罗兰、报春花或藏红花。

然而这儿的花仍有其独特之处。在他斯卡尼的这片地区
有好多种野藏红花：有小巧玲珑的尖星形的紫色藏红花；有
小小的有尖形花瓣的乳白色藏红花，它通常生长于光秃秃的
斜坡上的松树之间；而最美的要数长在林子角落处草地上的
那种藏红花了。在陡峭的、庇荫的松树坡下有片低低的洼地，
这是片隐蔽的草洼地，那儿整个冬天都有水珠渗出草皮，那
儿小溪在茂盛浓密的灌木丛下淙淙流淌，那儿夜莺在五月扯
开了最响亮的歌喉，那儿夏日里有玫瑰般的、满是蜜蜂萦绕
的野百里香花。

那里淡紫色的藏红花活得最自在——从深深的草丛中，在
那个如酒杯的洼地里，在那个绿草形成的碗中，淡紫色的藏红
花直挺挺地长出，犹如有无数帐篷的露营地。你在黄昏和晨曦
中会看到它们关闭着所有花蕾，在细草绒绒的地上世界神秘的
静寂中，像无数折叠着的帐篷闪着苍白的光。所以阿帕奇人[1]
仍喜欢露营，夜晚他们在西部大山中的洼地里关闭帐篷的顶口
露宿。

然而在早晨，情形便大不一样了。太阳在地平线上由松树形
成的绿云上耀眼地闪烁着光芒，天空那么清明那么生机勃勃，溪

---

〔1〕 北美印第安人的一支。译者注。

191

水匆忙地奔流着，仍带着榨橄榄汁而残留的棕色，这时洼地里的藏红花迷人极了，美得使你无法相信这些花是真正静止的。它们那么兴致勃勃地盛开着，其雌蕊的刺显得那么金红，又那么众多、那么恣肆地展开着，显示了一种完美的辐射的狂喜，一种争先恐后的冲动，点燃了它那蓝紫色和金黄色，涌动着某种不可见的、和谐的、欢乐运动着的节奏。你无法相信它们是静止不动的，它们分明在发出某种欢快的清脆的声音。如果你静坐着关注它们，你会开始随它们一同涌动激情，就像与星星共舞一样；你也会感觉到它们辐射光彩的声音，所有花朵内的小细胞肯定在随其花的生命和其表露方式而跳跃。

棕色的小蜜蜂从一朵花跳到另一朵花，潜进去又探出头来，然后消失在花丛中。那些花，自然大部分便已遭其大劫。有时蜜蜂会倒立着，在花蕊中慢慢用爪踢腾许久，它一定是发现什么了。所有蜜蜂在自己的胳膊肘上都带有一小条花粉面包，那是蜜蜂自己的面包。

藏红花的风采能维持一个星期左右。当它们开始垂下自己的帐篷并抛弃营地时，紫罗兰开始蓬勃生长了。这时已是三月。紫罗兰会像小小的黑琉璃草一般炫耀几个星期，这期间它们在草地中和相互纠缠的野百里香一起尽情开放，直到空中飘满了微妙的紫罗兰花香；在藏红花曾张开其篷帐的洼地上方的岸上，现在已满是紫罗兰灿烂亮丽的紫花了。它们是早春的甜紫罗兰，但成群的花朵使它们显得大胆恣肆，它们在那里炫耀着舞动着，直到斜坡上到处闪烁着它们那灿烂的蓝紫色光彩，并在阳光下显示出饱满的风采。有时在它们中会出现一枝奇怪的、迟开的、迷惑不解地、直愣愣地站立着的藏红花。

现在是三月，这是个百花争妍的时节。沿另一条从一边拐向太阳、一旁缠绕着石楠树和荆棘的溪流而下，沿着菟葵无力但高贵地站立了一个冬天的、现在突然出现一簇簇白色樱草花的地方走去，你会发现在藤蔓中间、在水边，一簇簇、一丛丛的樱草花正争奇斗妍、花团锦簇。但它们看起来比英国的樱草花更无力、更苍白、更弱不禁风，它们缺少北方花所有的某种饱满的好奇感，这使人们易轻视它们，而转向了不起的、从溪岸一直向上蔓延至深紫色风信子花那迷人的小花塔旁的、满脸庄严的紫罗兰花。

我知道含苞初放的花，没有比深紫色的风信子更迷人的了，但由于它的花期那么长，至少有两个月吧，不断的重复开放，使人们很容易渐渐把它遗忘，甚至有些腻味它。但这实在是很不公平的。

最初的深紫色风信子花是蓝色的小塔，在尚未更新的草地上显得厚重饱满、富含生机。它的上部花蕾呈纯蓝色，包裹得紧紧的；中间像圆球，带着完美的、暖色调的纯蓝色的圆球；花蕾的下托部呈深蓝紫，口边带有白色的小星点，由于下部花托都不凋谢，它们留下的绿色的、孤零零的、稀少的果实在后来损害了这棵深紫色风信子花的形象，使它显得赤裸裸，并像只有实际功能似的。所有风信子花在结子期都如此。

但起初你只会见到一座像黎明般清纯的夜蓝色的小花塔，它确实美丽无比。如果我们是只活一个夏天的小精灵，这些巨大的钟塔花树对我们会有多可爱啊！它们是夜里的小塔和蓝如黎明的圆球，它们会茁壮而水灵灵地升到我们的头顶之上，而那紫色的球托会带着白色的星形乳头托起那纯蓝色的球，我们在其中似能见到精灵仙子。

事实上，有人曾告诉过我，它们就是多乳神阿蒂米斯[1]的花，确实如此，带有一串串乳房的以弗所[2]的西伯利[3]，就像紫风信子花开花时的样子一般。

这是在三月，当溪边的藤篱中和桃树孤独地开放其粉色花朵的坡地上长着的野李树开出了白花，并显得如云如雾时，三月便到来了。此时，杏花那银粉色的花朵正在凋谢，但带有蓝色的色调深沉的桃花并非只是美如天仙，它还显示了它的冰肌玉骨。这些桃树和杏树，就像与世隔绝的孤独处子。

今年春天有位男子这样说："哦，我可不在乎桃树的花，它的粉色那么平常！"你搞不清人们说"平常的粉色"时意味着什么，我想指的是粉色法兰绒显得有些平庸吧，但也许这是法兰绒的毛病而不是粉色的毛病。桃花有种美丽的、令感官舒适的粉色，绝非平庸，而是极其少有和独特的。粉色在一幅风景画中会显得极其美丽：粉色的房子、粉色的杏树、粉色的桃树、紫粉色的杏黄花、粉色的日光兰，粉色在即将到来的春天的绿色中显得

---

〔1〕 希腊神话中的宙斯之女，是月神及生育之神。译者注。
〔2〕 小亚细亚一古城名。译者注。
〔3〕 古时小亚细亚人民所崇奉之大神母。译者注。

伊特鲁利亚壁画中的骑马者与花树

那么令人注目、那么独特。

从冬日中脱蕾而出的最初的花朵似乎总是白色、黄色或紫色的，可现在白屈菜花开放了，沿着田边开放的还有硕大粗壮的、深紫色的、带着黑色花蕊的白头翁花。

这些硕大的、黑天鹅绒般的白头翁花显得很奇特。在一个灰色的阴天，或在傍晚或清晨，你也许会走过它们的身边而丝毫未注意到它们的存在，但当你在灿烂的阳光下走过时，会觉得它们似在扯开嗓子向你喊叫，并把它的深紫色喊到了空中。这是因为它们现在正在尽情地怒放，似要一口吞下太阳。而当它们闭上花嘴时，又会形成一种丝绸般的、像雨伞弯曲的把柄似的波浪形的花头，并有一种独特的外向的五色，这使它们显得不可见。确实，它们可能就在你的脚下，但你看不见它们。

总而言之，白头翁花是种奇异的花，在连着平原的这些群山中，我们只看见这种硕大的深紫色白头翁花，这儿一簇那儿一丛地生长着，却并不很多。而在两道山之外，在玉米苗的嫩绿中透出紫丁香般的蓝色的地方，白头翁花仍带着深色的花蕊和宽宽的花瓣，但这些花比我们那儿的深紫色花朵要小并且更脆弱，却更光滑如绸缎。我们那儿的花是实在的、厚重的植物花，并且数量不多，这儿的花却是可爱的、绸缎般精致的花，玉米田因为有了它们而变成蓝色了，当被太阳照暖时它们还会发出一种甜甜的香味。

然后在牧师的农场里，我们又看到了深红色的被称为"阿多尼斯之血"[1]的白头翁花，那花只长在一个地方、一块高地的长长的边缘上，和它底下的一条小路旁。这些长在一切之上的花朵如不是在太阳下有意寻找，你永远不会注意到它们，因为它有银白色的外部丝绒，使得它们在关闭花蕊后很难被人注意到。

而当你在太阳下经过它们时，一张张深红色的花脸会立刻映入你的眼睑，使你觉得这是世界上最可爱的深红色幽灵了。"阿

────────────────

〔1〕 阿多尼斯为希腊神话中一美少年，传说他在狩猎时被一头野猪杀害，流出的血变成了深红色的白头翁花。

多尼斯之血"白头翁花的内面精致犹如天鹅绒，但并不像绒玫那样有那么多的小绒毛。从其内部的光亮中透出的红色那么完美纯粹，犹如非人间、非尘世的色彩，却是实质的、非透明的。色彩如何能这样完美地既显得强烈不空虚，又能从纯粹中显示其浓缩的光彩却不发光，至少不显得透明，这真是个值得研究的问题。罂粟花发出的光泽是透明的，郁金香发出的红光中有种昏暗的泥土色，但"阿多尼斯之血"白头翁花却既不透明又不昏暗，它只是纯粹的、浓缩的红色，一种没有细绒的天鹅绒，一种不反光的深红色。

我觉得这种红色是夏天的完美预兆——就像苹果花外部的红色，后来成了苹果的红色一样。这是夏天和秋天的红色的前兆。

红色的花朵现在出现了，灰色的叶子如旗帜般飘悬着的野郁金香已长出花蕾，无论哪儿只要有机会，它们便会成千上万地涌现，但它们自控着一直要到三月的最后一天，或四月之初才释放其红色。

同时，天气开始转暖了，高高的渠沟旁，普通的紫红色白头翁花向着火热的太阳悬挂出了它那丝绒般的缨穗，或开放了它那硕大的雏菊形的深红色花朵。这时的它已比大花瓣的白头翁更接近红色，当然还不如"阿多尼斯之血"。有人说这些白头翁花是从维纳斯的眼泪中迸出的[1]，维纳斯在寻找阿多尼斯时流下了眼泪。这么说，这位可怜的女士就一定已流过泪了？但怎

---

[1] 希腊神话中说维纳斯爱上了阿多尼斯，他死后维纳斯扶着他的尸体流下了眼泪，从滴落的泪水中长出了"阿多尼斯之血"白头翁花。译者注。

么会呢？因为这些地中海边上的白头翁花如英国的雏菊花一样普通常见啊。

雏菊在这里也成片出现了，它们也是红嘴唇的。最先出现的不仅硕大也很漂亮，但随着三月的过去，它们缩小成了鲜亮的小花朵，变成小小的钮扣了。它们像云一般成群生长在一起，这预示着夏天即将来临了。

红色郁金香开在玉米田中就像罂粟花，只是红得更深些。罂粟花会很快枯萎，并不再重开，但郁金香花却常有一丝留恋拖延。

某些地方会有少见的黄色郁金香花，它们的花瓣显得纤细、尖削，有些像磁器。它们非常可爱地竖起其不透明的纤细的黄色花尖，只可惜会很快歪下头、倾下身，像幻觉一样消失。

郁金香消失后至夏天来到之前，会有短暂的无花期。夏天显然是下一个花季了。

（三）

在四月底前的无花时节，花们似乎都变得犹豫了，但花叶会促使它们下定决心再现风采。例如有时，在无花果树光秃秃的枝头末梢，会迸出些纯绿色的嫩芽，它们会像大烛台尖端上活泼泼跳动着的、分叉的绿色小火舌般燃烧。现在这些绿色芽苞开放了，它们开始具有手掌一样的形状，开始感受夏日的空气，而小小的绿色无花果就藏在它们下面，就像山羊喉部的腺体一般。

曾几何时，葡萄藤长长的硬挺的藤鞭上已有了瘤状的粉色芽苞，就像花蕾一样。现在这些粉色小苞开始舒展成绿色的、半卷扇子般的、带有红色经脉的叶子，以及如成熟的珍珠般的小小花尖。然后在一夜之间，葡萄藤饰物上便有了一丝微弱的、美妙的新年般的香气了。

现在山坡上带透明的、薄膜般的、有血色经脉的叶子的白杨树全变得风采四溢了。它们是金棕色的，但并非秋天之韵，而更像薄透的蝙蝠翅膀，像鸟一般的小翅膀——说它们像鸟，因为它们围着落日成群旋飞时，太阳光犹如透过薄薄的、被红棕色染过的草叶一般，透过它们那伸展着的翅膀般的薄膜闪着光。这是夏日的红色元气，而不是秋日的红色尘埃。从远处看，白杨树有着刚刚苏醒的、活泼泼的、薄膜般的那种鲜嫩和悸动着的光泽，这是娇弱的春天特有的美。

樱桃树也相同，但显得更强健些。现在，在四月的最后一个星期里，樱桃花虽仍一片洁白，但已开始萎缩并落英缤纷了，这是一年中最迟谢的花了。接着叶子开始蓬勃出现、变厚，在其深色的、充血的光泽中透出了柔和的黄铜色，这在这一带的果树中显得尤为奇特。桃树和梨树的花一同开放，但现在梨树已有一树可爱的、厚厚的、柔和的、闪亮的新绿，因其鲜嫩的、苹果绿色的饱满的叶子而显得生机勃勃，在这片风景中的其他绿叶间——翡翠色的半高的麦子、若隐若现的灰绿色橄榄树、深棕绿色的柏树、墨绿色的长青橡树、起伏的喷出浓绿的石松、嫩绿的小桃树和小杏树，以及闪着健康的嫩绿色的七叶树之

199

中——炫耀着光彩。那么多的绿色，处处层翠叠绿，满眼尽是绿色、绿色、绿色！有时在傍晚，这些绿色还会显得更加鲜亮耀眼，那时这片风景看起来就如内部在燃烧一样，透出灿烂的绿色和金色。

这幅风景中最绿的可能要数梨树了，麦苗会闪现灯光似的黄色或蓝中透红的色彩，但梨树显现的却是其内在的绿。樱花树有白色的半吸收光泽的花色，苹果树也一样；李子树对其新叶态度粗率，这使它们如大核杏树、桃树和小核杏树一样不被人注意，使你现在在这幅风景里很难找见它们了，尽管二十天以前它们还是整个乡野中极令人注目的粉色仙子。现在它们消失了，现在是绿色的时节，走向辉煌前的成片、成团簇拥而出的绿的时节。

树林中，矮橡树还只刚刚舒开卷曲的叶子；松树则一如冬日保留着它们绿色的树冠；石松也是耐冬的植物，圣诞节时它们那浓郁的绿云显得异常美丽；当柏树高挺起它们墨绿色的光光的躯干，当紫皮柳在仍然蓝色的空中和淡紫色的大地上透出了鲜亮的橘红色，此时便是仲冬腊月，大地的景色由于它们的色彩、怒涌而出的色彩而显得最为美丽。

但现在，当夜莺仍在发出它那长长的、哨声一样的、渴望的、一遍遍诉求似的鸣叫，随之涌现出它那饱满而欢快的、滔滔不绝的生命力时，松柏却似乎变得僵硬苍老了，它们已失去生命的美妙和神秘性。此时，尽管小橡树已长出黄色嫩叶、石楠正在开出满枝花朵，但时间似乎仍在冬日状态徘徊：僵硬的、死板的松树高高在上，僵硬的、死板的高石楠树在其下面，全死硬并充满了抵触情绪，置自身于春天的氛围之外。

尽管灰白色的石楠已满枝鲜花，你细看时它会显得更加可爱，然而它懒洋洋的并未给人以开花的印象。令人印象深刻的倒是其枝顶全浸埋于灰白色的冰霜或泛白的尘土中的状态，它在完全抹杀了春天韵味的所有那些树木的暗沉沉的无色彩中间，显出了一种特别的、鬼怪般的无色韵味。

但那高高的白石楠倒因其不显眼而显得十分可爱，它有时长得有一人高，在低于它的幽暗、苍老的绿色灌木中，举着自己那鬼怪似的丰满的尖芽和影子般的白色枝尖，显得独具风韵。如果你触碰它，它会在阳光下散发出一种蜜糖般的甜香味及一阵细细的白石粉尘；如果凑近去细看，还会发现它那钟形的小花因有紫棕色的芯眼，和娇美的雄蕊上的粉色小头，而显得异常美丽、精巧、洁白。在外面的阳光下、在树林边上，长得高高的石楠会在山黧豆灿烂的黄花陪伴下，高挺起它那灰白色的嫩芽，这在蓝色天空的映衬下，有种真正神奇的魅力。

然而尽管如此，所有开着花的石楠枝"指尖"的灰白色，都只不过是在目前的春与夏之间的间隙中，增加了松树林的沉沉死气和过时气色而已，不过是间歇期的鬼精灵而已。

这一星期并非无花期，只是花很小、很孤单、这儿那儿零星出现一些而已：这时你如经过，会偶尔发现早期的紫兰花，它们略显红色并非常富于生机；然后是一小簇的蜂兰，其外表有种并不高贵但自以为是的冷漠；另外还有粗壮而厚花瓣的粉兰，它们

伊特鲁利亚壁画中的植物

带着巨大的成串的深紫色华丽花蕾，就像胖胖的麦穗一样，只不过其"麦穗"中零星的"麦粒"已经开花，其紫色的花蕾中悬挂出了精致的粉色小花瓣。还有一种非常可爱的、精美的乳白色兰花，其长长的、精巧的花唇上含有棕色的斑点。这种花生长在更潮湿的地方，有种异域才有的鲜嫩的花穗，似乎很稀有；另一种是小小的、有着漂亮黄花的兰花。

但兰花无论如何也形不成夏日的气氛，它们太超凡脱俗并孤芳自赏了。此时蓝灰色的小轮峰菊开了，但也不足以独成气势，尽管在以后真正炎热的阳光下，它们会蓬勃而出并引人注目；在路边有零星一片片的玫瑰红野百里香，但它们也是稀少如标本而难成气候。须再等待一个月，野百里香才会如火如荼。

鸢尾花也同样，它们那深紫色的花朵沿梯田的上部边缘，或在石堆或零星的土堆中，这儿那儿地一簇簇向上挺起，很美，但几乎不堪一数。它们真是太少了，并受到了过多劲风的摧残——首先是来自地中海的狂风的肆虐摧残，这风不冷，但其不间断的粗野的猛刮造成了不间断的损害；然后稍平静一段时间后，从背后的亚得里亚海又刮来了冷硬、无情的寒风。在这两股风的夹攻中，深紫色的鸢尾花痛苦地挣扎着，然后被撕碎、如烧焦似地卷曲起来。此时当岩蔷薇那小小的黄色花朵在其细茎的顶端迎风招摇时，你会希望它别这样仓促地冒出来。

真的不该匆忙出来，因为到了五月，强劲的风势便会减弱，那时伟大的太阳会驱走它的凛冽和粗野，然后夜莺会不停地歌唱，小心翼翼、几乎不敢放声的他斯卡尼杜鹃会变得大胆一些。然后可爱的、淡紫色的鸢尾花会争相开放，一展其娇美、自豪和如穗的花朵，直到空中闪烁起淡紫色的光芒，那时到处都会是这种新的、晶莹剔透的光芒。

鸢尾花是半野生、半人工培植的花，农民们有时掘起它的根、鸢尾花根，用鸢尾根粉作香料，这种香料做的香水人们现在仍在使用着。所以在五月，你会发现岩石上、梯田边和田野里到处闪烁着鸢尾花淡紫色的光芒，空中有那么浓烈的香味。但你不会去注意它，你甚至都不知道有它存在。然而这一切全是在橄榄树开出其不可见的花朵之前由鸢尾花发出的。

到处都将出现一丛丛的骄傲而娇美地挺立着的鸢尾花，当玫瑰色的野剑兰出现在玉米丛中时，"雾中之花"会在玉米收割前的五月六月间盛开它们那蓝色的花朵。

但现在既非五月也非六月，而只是四月末、春天和夏天间的间歇期，此时夜莺唱得断断续续，蚕豆花已枯萎在豆田里，豆花香正随春天而去，小鸟在鸟窝中正被孵化，橄榄枝和葡萄藤刚经修剪，最后一片耕地已被耕过。现在田中已没什么活可干了，这样一直要到约两个星期后该摘豌豆之时，那时所有的农民将蹲在一排排的豌豆架之间，没完没了地、没完没了地采摘豌豆。这是个漫长的豌豆收获期，一直要持续两个月。

这便是变化，无尽的、迅捷的变化。在阳光灿烂的国度，这种变化显得尤为活跃，并且比灰色国度更完全彻底。在灰色国度，那种灰暗色总显得恒久少变，变化在其表面匆匆掠过，不会留下真正的痕迹。在英国，冬季和夏季影子般地相互交替着，在其底下则潜伏着灰色的基岩，那是一种永恒的寒冷和阴暗的现实，那是球茎生长的地方，它的现实是球茎，一种有耐力并积聚着僵硬能量的东西。

但是在阳光的国度，变化是其现实，恒久则是表面的、某种禁锢性的状态。在北方，人们本能地倾向于想象，想象太阳如烛光般在永恒的黑暗中闪亮；相信某一天烛光会熄灭，太阳会燃尽，永恒的黑暗会获得其不可取代的支配力。因此，对北方人来说，可感知的世界基本上是悲剧性的，因为它是暂时的，肯定会停止存在，它的存在表明了它的停止存在，这是悲剧意识的根源。

但对于南方人，太阳是那样地具有支配力，以致如果每个具体个体都从宇宙中消失了，那时什么都不会留下，但明亮的光源——太阳光会留存。阳光是绝对的，影子或黑暗只是相对的东西，只是某种处于太阳和个体之间的东西留下的结果。

这是普通南方人的本能感觉。当然，如果你追根究底，你会争辩说，太阳是个可感的实体，因此它进入了存在状态，也会因此停止存在，所以太阳的自然本性便是悲剧性的。

但这只是争论而已，我们认为，因为我们在黑暗中得点亮蜡烛，因此，某个创始者便得在创世之初的无尽的黑暗中点燃太阳。

这种推理完全是短视的并似是而非的。我们对太阳是否曾进入存在丝毫不知，我们也没有一丝可能的根据来推断太阳将会停止存在。凭实际经验，我们所知道的全部概念是，当某个物体处于我们和太阳之间时，影子便会出现，而当中间的物体被移走时，影子便会消失。所以在所有萦绕于我们的存在之中的、暂时的、可变的，或注定要消失的物体中，影子，或黑暗才是纯粹暂时性的东西。如果我们喜欢，我们可以设想死亡是某种永恒地置处于我们和太阳之间的东西，而这便是南方人有关死亡的地下世界之观念的根源。但这毕竟不能改变太阳，就人类的经验所及，惟一总在那儿的东西是光芒闪烁的太阳，黑暗、影子只不过是意外的介入物而已。

因此，严格地说世上没有悲剧，宇宙不包含悲剧，人类只是因为害怕死亡而显得是悲剧性的。对于我来说，尽管有成千上万个语词的乌云遮盖，只要太阳总是光芒四射、今后也永远闪亮，那么死亡，从某种角度说，便不会那么可怕，在阳光下，死亡也会光辉灿烂，而阳光永远不会终止闪烁。

那便是为什么他斯卡尼春天的迅捷变化，对于我来说，会是完全自由的、会完全没有悲剧感的真正原因。"去年的雪在哪里？"为什么要这么问？确切地说，它们在它们该在的地方。"八星期前的小小的黄色附子花哪去了？"我既不知道也不在意。它们是向阳的植物，阳光闪烁，这就意味着变化，花瓣凋落又重现，冬日的附子花迎着阳光到来，又随着阳光凋落，还会有什么呢？太阳永远在闪耀，如果我们不这么认为，那是我们的错。

译后记：
迷人的伊特鲁利亚人及其文化艺术

何悦敏

　　这是一个懂得生机勃勃地生活，懂得享受生活美，懂得创造和保留生活美，崇尚美酒、美食、歌舞和优雅艺术的民族，一个智慧、热情、自由而浪漫的民族，他们创造的是一个令人惊讶、魅力无限、建立于独特生活意识基础上的远古文明。

　　他们身着鲜艳的服饰，跳着舞、吹奏着优雅的双管笛，带着永恒的微笑从史前神秘的迷雾中走出，如昙花一现地登上人类文明的舞台，创造并展示了令人瞩目的灿烂文化，然后又突然消隐在历史深处，犹如飞鸟过迹，杳无踪影……

　　公元前十一世纪左右，在意大利中部台伯河和亚诺河之间的他斯卡尼地区，出现了一群带有东方文化特色的人，他们聪明乐观，平易自足，长于开田排灌，长于筑路修桥，精于农耕，善于航海贸易，善于开矿和冶炼，还善于建设和管理城市，他们的文化很快在那里繁荣，经济飞跃发展。到公元前八世纪至公元前七世纪，他们由多个小部落发展成了拥有集中人口的有围墙的多个大城邦，城邦之间很快形成了有名的、管理有序的城邦联盟，随后在政治和经济上迅速崛起，文化变得光彩夺目，这就是3 000年前开始在地中海地区创造了独特文明的、智慧的伊特鲁利亚人。自公元前七世纪至公元前六世纪以后，伊特鲁利亚人成了西方最先进的文明代表，曾经一度统治了从意大利北部的阿尔卑斯山麓一直到南部沿海的凯佩尼亚地区的广大地区，成为地中海沿岸和北非地区敢与希腊抗衡争雄的、最有影响的古代种族之一。他们的政治首领曾经在古罗马最早期的城邦联盟——"王政"后期担任过三任王；他们遥遥领先的先进科技、宗教以及生活方式，对以后的罗马宗教、文化、政体形式，以及罗马人的生活产生了巨大的影响；他们那优雅精致又充满浪漫色彩的艺术文化让世人明白，3 000年前的人类并非只是刚刚从茹毛饮血时代过来的童年人类……

在公元前七世纪至公元前六世纪，伊特鲁利亚人曾经获得地中海的控制权，他们与迦太基人联合，与当时占据科西嘉与撒丁岛的希腊人抗衡，威名震慑地中海。其后他们在公元前524年被逼进攻位于凯佩尼亚的希腊大城市库麦，不幸遭遇了失败；随后他们又与腓尼基人和居住于意大利东南部的西那库斯暴君手下的迦太基人进行了一场毁灭性的可怕海战，伊特鲁利亚人的军事力量从此被削弱，他们由此彻底失去海上优势，并被迫沦为海盗，他们的文化也从此走上了衰退之路。在公元前四世纪，由于伊特鲁利亚的最后一任罗马王塔奎因被罗马人放逐，他们的政治经济势力逐渐变得衰微，最后全族被罗马所灭，民族文化随之消隐匿迹。

扑朔迷离的起源

伊特鲁利亚人当时占据的地方处于欧亚非交会的地中海，他们的文化带有明显的东方特色，虽然也有当地土著和希腊文化影响的痕迹，但根据墓葬习俗和宗教习惯分析，他们显然不是当地土生土长的文明。他们到底来自哪里？他们的文化之根源自何处？由于没有可靠的文字记载可循，没有人能确切解释这一切，这成了至今尚未解开的一个历史疑团。

出于对伊特鲁利亚艺术文化的特殊喜爱和好奇，英国著名作家 D. H. 劳伦斯曾对伊特鲁利亚历史作过深入的研究，并在 1927 年 3、4 月间对意大利中部众多的 2 500 多年前的伊特鲁利亚古墓和遗迹进行了考古和探索，他在其后出版的《伊特鲁利亚游记》一书中，曾对伊特鲁利亚人的来源及其文化作过这样的描述：

"他们被认为是在遥远的公元前八世纪之前的某个雾气弥漫的日子，从海上、从小亚细亚的吕底亚漂流而至的人。然而那是一大群人，那些日子乘许多小船漂流而至的一整群人，竟一下成了意大利中部人口稀少之地的主人，这真令人惊讶……那些新来者，不管人数多少，好像都来自东部、来自小亚细亚或克里特或塞普鲁斯，我们可以猜想，他们是古老原始的地中海人、亚洲人或爱琴海人中的一支……"

"我们从伊特鲁利亚人的遗物中所看到的，是另一种形式的宇宙意识，还有地球的智慧，以及以不同于我们的生活、生存方式生活过的人们的生存启示……它们是一个古老的、更具悟性的人类意识潮退潮时留下的东西……显然，我们的文明起源于一个同样伟大的文明的终结，而不是源自野蛮或幼稚的人类童年时代，不是源自原始穴居和湖上架屋者的文明……"

　　3 000年前的人类并非都处在茹毛饮血状态，有的人种显然已登临文明高度发展的峰顶，只不过可能拥有与我们今天迥然不同的宇宙意识、智慧、生活观念、生活方式而已，他们只不过是另一种人类文明的儿子而已。伊特鲁利亚文明和古埃及、古亚述、古巴比伦文明一样，在那时已达到文明的辉煌之巅。劳伦斯的观点代表了很大一批考古学家的观点，他们是根据零星的史料，以及伊特鲁利亚人仅存的来自其坟墓中的文物的特点，推断出这个结论的。

　　伊特鲁利亚文明曾经闻名于世、堪与希腊罗马文明匹敌，他们也曾是拥有过文字的民族，但有关其文明却找寻不到确切的文字记载，他们和历史上曾经辉煌过的许多古老文明一样，由于文字记载的神秘缺失而消隐在历史的迷雾之中，给后人留下了许多费猜的谜团和遗憾。

　　对于伊特鲁利亚文明的起源，远古留下的其他民族文字中只有一些零星的记载。公元前九世纪的希腊诗人荷马的《史诗》，以及公元前八世纪的希腊诗人海希奥德的《神谱》中曾经提到，伊特鲁利亚人的祖先是公元前十世纪左右来自劳尼亚——当时属于小亚细亚希腊地区的一支人。

由于他们两人著述中的许多内容都是基于传说，或是传说和事实相结合的东西，荷马本身可能就不只是一个人名，而是众多民间口头文学作者的合称，所以史学家们普遍认为这不能作为伊特鲁利亚人来源的确切凭证。

确切提到伊特鲁利亚人来源的只有一个人，他就是公元前五世纪被称为"历史学之父"的著名的古希腊历史学家希罗多德，他在其历史著作中详细提到了伊特鲁利亚人的来源，说他们是来自小亚细亚西部的古国吕底亚（现在土耳其境内）的一支人。希罗多德在书中提到，在特洛亚战争（希腊人认定这场战争发生于公元前十二世纪初）前，吕底亚发生了一场罕见的旱灾，一直持续了25年，为了对付旱灾带来的饥荒，吕底亚人想尽了办法，甚至发明了许多用智力游戏转移注意力、从而忘却饥饿的办法——

"由于饥荒仍无法解决，他们采用抽签法决定第二天不活动并可以吃到食物的人。他们用这种方法对付着过了18年。然而旱灾仍在继续，饥荒仍在加重，无奈之下国王又一次把国人一分为二，决定用抽签法决定哪一拨人留下，哪一拨人迁徙到远方。最后国王把自己归到了留下的那一拨人中，而让自己一个名叫第勒尼斯的儿子率领另一拨人离开吕底亚。必须离开的那一拨吕底亚人于是来到他们国家的一个港口城市伊士麦，在那里他们建造了许多船只，然后乘船离开本土开始在海上漂泊，去寻找新的生命乐土。他们在地中海航行了许多天，在经过了许多岛屿之后，最后到达意大利的安布利亚（古代意大利中部的一个地区，现为一州），并上岸定居下来。他们在那里一直生活至今。由于是第勒尼斯带领他们开辟了新的生活之地，他们把自己由吕底亚人改称为第勒尼斯人……"

一些历史学家认为这也不可全信，一是因为没有任何有关伊特鲁利亚人到达意大利的证据和记载；二是有关特洛亚战争根本就没有可靠的文字记载（主要依据荷马史诗），因为当时只有神话史诗式的口头记录，特洛亚战争之前的事就更可能是口头流传的东西而不可靠了。

与此同时，早期还有一些历史学家曾经提到，伊特鲁利亚人属于史前居住在希腊及小亚细亚一带的皮拉斯基族人，或是爱琴海东北部的兰诺斯岛人。公元前五世纪，希腊另一位历史学家希拉尼克斯就在他的书中提到，有一群皮拉斯基人曾漂流到意大利，并且把他们自己改称为第勒尼斯人……可这些历史学家是据于何种史实或口头传说而得出这一结论的，现在已无从知晓……

在意大利本土和西方一些国家，还有许多学者倾向于认为伊特鲁利亚人就是意大利当地的土著人，认为他们只不过是受了某些东方文化和希腊文化影响的土著文化的代表而已，理由是意大利中部伴随伊特鲁利亚人所在的铜器时代曾存在过"维兰诺凡文化"现象（即受东方文化影响）时期，比如非东方化的土著人丧葬习惯等，在伊特鲁利亚种族消亡后的铁器时代的意大利中部仍然存在并延续着。另一个理由是从丧葬方式等方面，看不出一丝伊特鲁利亚人与当地土著人在宗教或文化上、生活上发生过大冲突，或有过大融合的痕迹，看不出突变的痕迹，而这种冲突或突变对任何一个有过外来文化巨大冲击时期的文明来说，似乎是不可避免的。

当然，也有不少学者认为伊特鲁利亚人可能杂有当时地中海许多部落人种的血缘。因为在伊特鲁利亚人走上历史舞台之前的荷马时期，地中海就已是个人种混杂、各种部落混战不已、各种文化交叉影响的动荡时期，正如劳伦斯所提到的那样："在荷马时代，地中海盆地似乎被一种不安分所笼罩，海上尽是各类古老种族摇着的船只，除希腊人和海伦人、印度日耳曼族人之外，还有不少别的种族的人卷入了这一海域的活动……"

显然，还有劳伦斯没有提到的古埃及人、皮拉斯基人、吕底亚人、卡利亚人、希蒂特人、迈诺斯人、腓尼基人、摩尔人、巴巴利人、克里特人等，他们都在地中海海域中或出现过、或称霸过，分别在文化上产生过影响。

据历史记载，早在公元前十世纪之前，地中海沿岸的许多文化先进国家就开始了向意大利的移民，腓尼基人是最早侵入西西里的；从公元前八世纪起，希腊人也开始介入向意大利南部和西西里岛的移民，曾在那儿建立了叙拉古、库密、塔林顿等移民城市，这些城市还联合成了"大希腊"城邦；公元前七世纪，由一位腓尼基公主建立的北非迦太基的势力开始进入西西里西部和萨丁尼亚，他们曾与伊特鲁利亚人结盟共同对付希腊人的海上霸权；公元前五世纪末，萨莫人又击败南部意大利的希腊人，使迦太基人得以在那儿扩展势力，并形成了能与希腊抗衡的新的力量。

迦太基人对罗马文化也产生了极大的影响，后来罗马人就是依靠迦太基人的支持而击败了"大希腊"，继而又击败了伊特鲁利亚人的。由于强烈的种族意识和排他的宗教意识，以及有限的生存条件，那时的一种文明可以迅速扫荡、消灭或融合另一种文明。在一些伊特鲁利亚人的坟墓中，人们可以看到源自古埃及的文物和丧葬习俗、源自当地土著人的文化习俗，以及有古希腊文化特色的各类双耳陶瓶等，显然他们是融合了欧亚非不少民族文化特色的一个种族。

然而，从劳伦斯对一个又一个伊特鲁利亚坟墓的考察、对伊特鲁利亚壁画中反映出来的伊特鲁利亚人的生活方式和习俗、宗教观和宇宙观、艺术特色的描述和分析中，我们还是可以感受到伊特鲁利亚文化浓厚的东方韵味，和深层次的东方意识特点，比如男女主人平等、友好地坐在沙发、床榻上宴饮，沙发或床榻前有放置食品的小桌，生动的歌舞和饮酒的场面，用羊肝、飞鸟来占卜凶吉，火葬和采用陶瓶、陶罐或雕花骨灰石棺安葬死者，以及死者躺在棺盖上的葬法，来世和轮回的生命观，死亡之旅与狗和狮子、豹子相联系等观念，性崇拜的观念等，这类场景是我们在古代西亚中亚的壁画、浮雕中很容易看到的，这类宗教观念也是我们在西亚中亚的习俗和典籍中很熟悉的，而这一切在伊特鲁利亚人的生活中显然是占主导地位的、固有的、灵魂深处的东西，这种东西光靠外来文化影响显然是形成不了、也难以改变的。

在地中海历史上闪亮登场

伊特鲁利亚人是一个很有创造力的智慧民族。

在公元前七世纪至公元前六世纪之前，伊特鲁利亚地区就出现了有围墙的城市，他们所建立的城市和城邦联盟的形式，曾在地中海地区十分引人瞩目，他们在城市建造和管理上的成功经验在当时成了其他国家或城邦纷纷仿效的对象，同时也为他们在政治经济上的崛起创造了极为有利的条件。比如他们通常将 12 个部落统一在一个大城邦的统领之下，由掌握着宗教、军事和政治大权的王——"鲁库蒙斯"担任最高行政长官。鲁库蒙斯是城邦最高祭司、军事长官和审判长，他们手持象征神权的持束棒，身穿紫色大袍，坐在一只特制的宝座上，具有神圣的权力和威严；他们对民众实行庇护制度，城邦内没有奴隶而只有赋税的自由民；被征服部落的人在不同程度上依附于鲁库蒙斯，担负劳役和赋税；遇到战争时，12 个部落联合一致，共同对敌。这种组织形式在当时非常先进，所以凝聚力、战斗力很高。

当时的伊特鲁利亚全境约有 12 个城邦，城邦间再组成自治联盟，联盟设代表会议，领导者称吉拉特。吉拉特是城邦联盟的最高祭司，是由各城邦推举出最有智慧、最有威望的鲁库蒙斯担任的，可以一呼百拥；城邦联盟拥有极有组织的骑兵和重装步兵，同时还拥有众多的战船。他们的战船具有可冲击的铜皮包头，这在当时是很先进、很有威力的装备。所有武装由贵族统率。

这一切使得伊特鲁利亚人在当时的地中海显得很有力量，领导效率也很高。这极大地加强了伊特鲁利亚城邦的军事力量、经济力量和域外影响力。

伊特鲁利亚人在当时的农业上也是最先进的，他们不仅善于耕作，还以善于排干沼泽地、改良土壤著名；他们在当时意大利沿海众多的沼泽地区建起了复杂的排灌工程，使得大片沼泽地得以利用并成为优良的小麦田；由于意大利西部气候良好、雨水充足，又有活火山灰形成的肥沃土壤，非常适合于种植橄榄、葡萄和小麦，使勤劳的伊特鲁利亚人发展了强盛的农业，以及与此有关的农作物加工行业；伊特鲁利亚人还由此发明了有利于大规模劳动协作的公社组织和劳动形式——伊特鲁利亚人是城市农民，他们住在城里，集体去郊外大田里劳作，根据耕作需要进行分工，这在当时直至今日都是十分先进的技术和组织形式。这一切使得他们的农业生产十分发达，他们盛产的小麦和橄榄油、蜂蜜等其他农副产品远销地中海各国。

农业的兴旺和城市的兴起，极大地促进了他们的手工业，也促进了他们的航海业和海上贸易的空前发展。伊特鲁利亚人当时所处的地区富含铜、铁、锡、锌、铅等金属矿藏，他们的采矿业和冶金技术都十分发达、精巧，尤其是金器和铜器都以制造精美而闻名遐迩；伊特鲁利亚人的陶器受希腊制陶技术的影响但糅进了自己的艺术创意和文化特色，所以独成气候，这使得后来的罗马征服者曾疯狂地收藏他们坟墓中的彩绘陶瓶。历史记载公元前一世纪时罗马人中的贵族都曾以拥有伊特鲁利亚人的青铜器和陶瓶而感到骄傲，这一度成为罗马人奢侈生活的主要象征。

由于不断地向地中海其他国家输出青铜器、金器、铁器、陶器和农副产品，同时输入腓尼基、希腊、埃及和迦太基的手工产品，他们逐渐成为地中海上和对东方国家的贸易大户，其文化影响覆盖了地中海、北非、东欧、西亚等地，成了与希腊同样声誉卓著、可在海上称雄、在文明发达程度上占主导位置的一个联邦。

劳伦斯在其《伊特鲁利亚游记》中曾提到：

"在很早的时候，伊特鲁利亚人肯定已载着小麦和蜂蜜、蜂蜡和青铜器、铁器和金器，扬起风帆去科林斯和雅典了。他们回来时带回了珍贵的陶瓶（注：指科林斯或雅典出产的彩绘碗碟、双耳长颈瓶等用于盛酒和橄榄油的器皿）和食物、日用品、香水和香料。"

"在凯丽的北面，人们发现了一个叫匹奇的港口，我们知道在那儿，希腊船队曾满载着陶瓶和原材料以及殖民者，从古希腊或麦格那·格雷西亚成群结队地涌入；腓尼基船队也从萨丁尼亚、从迦太基、从泰尔和西顿绕道驶入。而伊特鲁利亚人则有他们自己的船队，那些船由大山中的原木建成，由来自北邻伏尔泰拉的松脂嵌缝，装着来自塔奎尼亚的帆，满载着出自富饶的平原地区的小麦，或著名的伊特鲁利亚铜铁器，驶向科林斯、驶向雅典、驶向小亚细亚的各个港口……"

伊特鲁利亚人也是建筑和筑路造桥的高手，他们以善于建造宽阔平坦的大路和精巧的桥梁而著称。直至目前，不断被发现的伊特鲁利亚人建造的村庄、城镇、大路、桥梁、排灌沟渠、涵洞技术仍让人不得不称道。劳伦斯在其散文中提到的伏尔西那座带有水渠和桥头古堡的"像黑色泡沫升起在空中"、"圆润而奇特"、"带着早被世人遗忘的完美事物的强烈韵味"、"体现了美丽的伊特鲁利亚人的运动感"的巴底亚桥，以及"很深，几乎如一条隧道，其外部的拱门倾斜着面向荒凉的乡野，它被故意建成某种角度与老路相接，这样当敌人逼近时可以从其右边擒住他，那是他的盾护不到的地方"的位于伏尔泰拉的黛尔阿可城门，就是两个很能体现伊特鲁利亚人智慧的遗迹。据说以善筑大路著称的罗马人的许多筑路形式和技术就来源于伊特鲁利亚人。

伊特鲁利亚人在当时还开办了极为先进的学校，让孩子学习自己民族的历史、宗教、习俗、艺术和语言。他们的教育形式和方法影响十分远广，以致曾经有过一段时期，罗马贵族们纷纷把自己的孩子送到伊特鲁利亚人的学校中学习伊特鲁利亚礼仪习俗和语言，并以此为荣耀。

伊特鲁利亚人还是一个十分依附宗教，有着很发达祭司文化的民族，他们的祭司擅长于根据羊肝、飞鸟等迹象，以自己特有的悟性预测事态和凶吉征兆，就像古代中国人用甲骨占卜以预测战争凶吉一样。古罗马人曾经常邀请伊特鲁利亚的祭司到他们的宫殿帮助预测凶吉和前途，他们的政治、军事行动曾受到伊特鲁利亚这一古老文化习俗的极大影响。

伊特鲁利亚文化曾对罗马文化有过巨大的影响。与文明优雅的伊特鲁利亚人相比，早期的罗马人只能算是蛮族，前面已经提到过，罗马贵族们曾纷纷把自己的孩子送到伊特鲁利亚人的学校中学习伊特鲁利亚礼仪习俗和语言，以此提高自己民族的文化修养。罗马的三位一体的神，许多罗马神庙的基本造型和外部装饰方法，罗马城市最初的建筑形式、建筑技术和管理方式，罗马人的一些生活习俗，都来源于伊特鲁利亚或受到过伊特鲁利亚的影响。比如罗马人当时穿的披风短褂、紫色行政长官大袍、罗马最高行政长官手下设 12 侍从的方式，以及在当时算比较先进的犁耕以及冶金技术、造桥筑路技术等，都源自伊特鲁利亚人。

学者们发现，不仅罗马数字来源于伊特鲁利亚人，罗马人的文字也很可能来源于伊特鲁利亚。尽管从零星发现的伊特鲁利亚文字残片看，这些文字像是借自古老的希腊文字母，很可能来源于现在意大利那不勒斯北部的原古希腊殖民地的查尔西底亚语言，但罗马文字中字母的变化形式与伊特鲁利亚文字的变化形式相同，而与希腊的不同。所以可以断定，罗马文字是从伊特鲁利亚人那儿借鉴来的，而不是直接从希腊文字借鉴来的。

英国著名的外交官、旅行家、19 世纪中期驻罗马领事乔治·丹尼斯在其《伊特鲁利亚的城市和墓葬》一书中更是很绝对地提到：

"那些罗马人，严肃的士兵，他们拥有的所有具有人性的东西和艺术品均来自伊特鲁利亚人。"

所以伊特鲁利亚文字记载的东西最后会彻底消失，对历史学家来说一直是件不可思议的事情。

神秘的宗教和死亡之旅

伊特鲁利亚人没有给我们留下对他们宗教、习俗、文化各个方面的任何记载，但从他们坟墓中的壁画，我们可以大概地了解到他们的宗教观念。与大多数史前文明一样，他们的文化还没有发展到具有人形的神、具有各类血缘关系和社会关系的诸神社会的宗教的地步，比如像古希腊人那样，具有宇宙主神宙斯、太阳神阿波罗、月亮和狩猎女神狄安娜等神祇；或像希伯来人那样，有上帝耶和华、人类的始祖亚当和夏娃等人形的神。与伊特鲁利亚人差不多同时期的亚述和新巴比伦人也已有太阳神、水神、爱神等具人形的神祇。

* 宇宙精神

与早期人类的其他文明一样，伊特鲁利亚人还处于泛神信仰阶段，在他们的宗教中，人们悟到的、崇拜的、敬畏的是一些宇宙精神，某种与人的生命密切相关的宇宙精神，或生命能量，它们全依附于某类象征物上。比如水，这是人和万物生命的源泉，它孕育万物、使万物生长，也具有带走生命的某种力量，所以在伊特鲁利亚人的坟墓壁画中，它时不时出现，死者最后是跃向大海，而跃出海面的、随着彩虹一同出现的、生机勃勃的海豚则显然是象征了生命的再生。

又比如火和太阳，它同样具有给万物带来生命能量的神力，人体内积聚了它的能量，生命才得以诞生，得以延续和蓬勃生长；而当这种能量消耗殆尽，人也就走向了死亡。所以在伊特鲁利亚人的坟墓壁画中，它同样不时出现，是一种与水同样重要、相互平衡又相互制约的宇宙力量，并且在伊特鲁利亚人的观念中，它似乎不会彻底消亡，当人的肉体死去时，其灵魂，或者太阳、火给的能量的种子还会保留，还会潜藏在另一种形式中，再变成另一种生命力出现，于是它们变成了鸡蛋和石榴。

而象征着潜藏的生命能量或种子的鸡蛋或石榴，是坟墓中很重要的元素。在伊特鲁利亚人看来，死者手上拿着鸡蛋或石榴之类的东西，象征着生命的能量可得以保留，人便能获得再生。

而在人的身体内，会聚有狮子的威猛、山羊的温顺和蛇的灵活，这些生命要素对人都是很重要的，所以他们会崇敬集狮头、羊头和蛇尾于一身的怪物形象，犹如在亚述人观念中，代表着人的智慧、鹰的速度和飞翔本领及狮子的勇猛的人头带翼狮身石雕是最有力量的守护神一样……

在伊特鲁利亚人坟墓中，死者本人，或者石棺上死者石雕像的手上，常常握有一个十分独特的东西：躺着的男子往往手上握有一个叫"佩特拉"或"芒达姆"的中间带有把柄的圆盘形物件，它有时被做成如玫瑰之类的花的模样，有时是太阳的模样。劳伦斯这样描述和理解这个圆盘形物件——

"它代表天地间圆形的生命本源，同时也代表了生命的原形、活着的生命细胞的原形……它包含着一切生命的永恒生命力，将保持其活力和不灭直至最后，它还会分裂再分裂直至成为宇宙中的太阳和地下水中的荷花或代表了地上所有生命的玫瑰……每个生命的造物都有其不灭的生命力，因而每个男人的体内都有属于自己的生命力，并且无论他是男孩还是老头，其生命力都一样，这生命犹如火花，是某种不生不灭的活泼泼的生命原子，这便是'佩特拉'或'芒达姆'的象征意义。"

而躺着的女子手中，则往往握着石榴、镜子、生命本源之盒之类的东西，这是表示女子具有反映生命、复制生命这类特有的本质。显然，在伊特鲁利亚人的观念中，男子是延续生命的主角，他们传授生命、死后保留生命力的种子，再生后会延续其不灭的生命力；而女子则只是收藏、孕育男子给予的生命种子，使其成形、使其生长而已。

这是一种典型的远古人类的生命观念和宗教观念，这一切与中国古老的阴阳平衡的生命观——水代表阴性的生命力，代表消隐的生命力，代表女性的生命力；火代表阳性的生命力，代表生长的生命力，代表男性的生命力；金、木、水、火、土代表了五种主要的生命元素——是多么的相似！这也与来自古埃及的太阳崇拜观念、中亚西亚的拜火教或祆教中对火的崇拜、对水的崇拜观念十分相似。

显然，伊特鲁利亚人对生命力、对宇宙精神、对任何活性的东西是抱有向往和十分敬畏的心情的，他们觉得这种东西值得珍惜、值得保护，并且想找到获得它们的途径，正如劳伦斯在其散文中提到的那样：

"当历史在中国、印度、埃及或巴比伦，甚至在太平洋和原始美洲的文明真正开始时，我们看到了这一强化的宗教观念的验证：宇宙生命力的观念。生命万物虽一片混乱，却仍有某种统一的秩序；追求所有荣耀的人类之所以冒险、挣扎，实际只努力于追求一样东西：生命活力、更多的活力，使自己获得更多的宇宙能量，那是稀世珍宝……严格地说，世界上没有人化的神，他们只有偶像和象征物，只有宇宙生命本身在聚合分离、闪光或呼吸……"

* 生命平衡观

在伊特鲁利亚人的观念中，还有一种朴素的生命平衡观，即食草类动物和食肉类动物之间的平衡，大量繁殖的温顺动物和少量存在的凶猛动物之间的平衡。这种观念象征性地表现在他们的墓中壁画上，就是鹿、牛和山羊等动物在生机勃勃地生长繁殖，但它们必须受到斑豹和狮子之类猛兽的攻击和猎杀，人最后也会受到斑豹、狮子之类守护生死之门的神兽或守护他的狗的撕咬。在伊特鲁利亚人看来，这种现象是自然平衡所需，是生命平衡、延续的规律，所以是最最合理的自然现象，也就不存在生命的残忍与否、不存在死亡的恐怖与否，却是值得崇敬和保护的现象。所以这类猛兽猎杀温顺动物的画面会大量出现在伊特鲁利亚坟墓壁画的显要位置——墓正面山墙的最上方，并且很美好，没有恐怖感。显然，这些画面的频繁出现，决不仅仅是简单地为了表现狩猎场面，或显示墓主人生前的生活背景，而是有其深刻的象征意义的。

在伊特鲁利亚人看来，狮子、斑豹和狗等动物代表着力量和对生命的控制力，它们既是生命的守护者，也是生命的剥夺者或者就是死神，是大自然生物平衡的必然要素，因此伊特鲁利亚人十分敬畏这种力量，除了在显要的位置供奉它们，他们还将死者的骨灰瓮交由它们来守护，死者的骨灰棺上雕刻的象征死亡之门或灵魂进出之门也由它们来守候，所以我们常可在他们所画、所雕刻的骨灰陶瓮两旁见到守护的狮子，在生死之门两旁见到站立的威武的狮子。

消灭了伊特鲁利亚人的古罗马人以这些画面为依据，认为伊特鲁利亚人具有残忍本性、具有强人意志、具有邪恶的宗教，他们以此为他们的种族灭绝政策找到了借口。而实际上，伊特鲁利亚人的生命平衡观与后来西方盛行的"弱肉强食"、"胜者为王"观是完全不同、不能等而视之的，因为前者是基于一种更深层次的对自然界生命平衡规律的感悟和把握的观念。

劳伦斯在他的散文中，对伊特鲁利亚人的这类观念作了生动的阐述：

"在作为墓中关键之画的正面三角处画上，我们一次又一次地看到了在祭坛、树或陶瓶两边脸对着脸的猛兽，狮子正在向鹿的臀部或颈部袭击，鹿正在被杀害，不管是在白天还是在黑夜，不管狮子是黑色或浅色的，情形都一样……鹿、小羊羔、山羊或母牛都是富含乳汁并富于生殖力的温顺动物，也许是雄鹿、公羊或者公牛——畜群伟大的、额上带着显眼的力之角的父亲，指出了生育类牲畜的危害性。它们是有生育力的、不断生育的动物，是和平和繁殖的兽类，这类动物的不断产生将使地球到处充斥牲畜，直到牲畜在全世界摩肩接踵、拥挤不堪，什么植物也无法在其间生长。

"但这是不行的，既然它们只代表了动物世界平衡的一半。平衡必须保持，体现这一点的便是我们都得上去作牺牲品的祭坛，它甚至就是死亡本身，正如它是我们的灵魂和最纯洁的珍宝一样。所以从鹿的另一边，我们看到了狮子和斑豹，这些猛兽守卫着宝藏和生命的大门，这样有生产力的动物会被减少或停止过多生育。它们咬鹿的脖子或臀部，那是大血管经过的地方、致命的地方……这类象征物便这样遍布伊特鲁利亚人的坟墓，这肯定也是所有古代世界的象征方法。"

* 生死平衡观

伊特鲁利亚坟墓的壁画不仅表达了自然间生命平衡的独特观念，也表达了伊特鲁利亚人对生命和死亡关系的一种独特看法，即生和死必须相平衡的观念——死亡是宇宙生命平衡的一个必要条件，它和生产、繁荣一样是一种自然，也是一种必需，只有生没有死，地球将人满为患、物满为患。所以动物有生必须有死，人的生命也同样须符合这一规律：有出生、有生命的繁荣，也该有死、有生命的消隐，生和死只有相随相伴，自然才能得以维持平衡，生命才能得以不灭。

对于生命力的古老观念，伊特鲁利亚人与史前许多古老人种的看法相似，它们会是矛盾的、相对立的两个方面，也是互相统一的、和谐的一个整体。生命必死，但生命不灭，死只是它漫长的永恒的旅程中的一个阶段，死后它会潜藏于某个种子之内，然后再一次诞生，再继续其另一次旅程，就像活着的人一次旅程接着另一次旅程一样。于是在伊特鲁利亚人的观念里，死亡之旅就不是一次令人恐怖的旅行，而是一次愉快的、与活着时一样美好的旅行，是人类生生不息的生命链条中的一个小小的环节、一种必然现象、一次平常的反复而已。

这就是为什么人死亡的场景、凶猛动物猎杀温顺动物的场景在伊特鲁利亚人的壁画中会显得那么自然，甚至是美好的原因。在伊特鲁利亚坟墓的壁画中，死神总是以狮子、狗、斑豹，或者后期是拿着死亡之锤的人形神的形象陪伴着美好的人的生活场景而出现，其中的死者及其亲人往往在死神的陪伴中仍其乐融融地宴饮、欣赏歌舞、出行或娱乐，没有一丝恐惧感或不安感。

这是一个很有趣的现象，在他们坟墓的壁画和石棺的浮雕上，我们可以看到死者与活着的亲友们不那么悲伤的告别场面，甚至像是一种庆典般的场面；看到骑着马、赶着马车送死者去另一个世界的愉快场面；看到活着的亲友与死者一同畅饮、歌舞、闲聊、游戏，以欢送他去另一个世界的场面；可以看到死者在另一个世界仍旧过着狩猎、歌舞、宴饮、与亲友们欢快相聚的场面；看到死者愉快地与妻子谈情说爱的场面……这些场面甚至令人觉得死亡就像是一种幸运的、值得庆贺的事情。而那个宽敞舒适、鲜花灿烂的地下世界，似乎与死者活着时的世界一样充满了欢乐与祥和气氛，一样色彩绚烂，一样令人热爱和留恋。他们这种对待死亡的坦然态度，完全来自于其对死亡过程的特殊理解、对死亡的特殊观念，手中拿着象征再生的生命的种子——鸡蛋和石榴，还有什么好遗憾、痛苦或恐惧的呢？

劳伦斯认为伊特鲁利亚人的死亡观念是独特的、令人向往的："对于伊特鲁利亚人，死亡是伴随着珠宝、美酒和伴舞的牧笛声的生命的一种愉快的延续，它既非令人心醉神迷的极乐世界，既非一座天堂，亦非苦难的炼狱，它只是美满生活的一种自然延续，一切都与活着的生命、与生活的本来一样。"

在伊特鲁利亚人几千座坟墓中，到处都是色彩绚烂的壁画，描绘的全都是些美好的生活场景，走进里面，你不会觉得这是在坟墓里，只会觉得这像是在某个伊特鲁利亚人温馨的家中，这就是伊特鲁利亚人丧葬文化和他们的独特宗教信仰产生的奇特魅力。

* 来世观念

和所有古老文明中的人一样，伊特鲁利亚人相信人有来世，因此他们会给自己的死者带上许多陪葬品，以供其在死后的旅途中使用，同时为他们的来世作准备。他们的贵族通常在死后衣着华丽，带着象征渡死者去彼岸用的青铜小船、供主人打扮用的装满金银首饰的陶瓶、装满小碟的花盆和装满食物和酒的陶罐陶瓶、青铜小工具和作为陪伴者的青铜小雕像。大部分贵族坟墓内尽是财宝。

在伊特鲁利亚贵族的坟墓中，男主人公通常身穿盔甲，带有剑、矛、腰带、祭祀用的酒盏、君王的权杖；女主人公则会身穿华丽的有褶皱的紫色披风或软麻纱长袍，戴着价格昂贵的珠宝首饰，手拿镜子或石榴，身边排列着装满了供她使用的珠宝首饰的陶瓮陶瓶。他们要么实行火葬，把生命完全交给生命的本源——火，然后在漂亮的陶瓶或雕花骨灰棺中安息；或者就盛装着躺在石棺盖上辉煌地走向彼岸的另一个世界继续生活。而在他们的坟墓中，常常四壁画满了色彩艳丽的壁画，石柱、石块和石棺上常常雕着精美的表现他们愉快生死观故事的图案。

这也是使得伊特鲁利亚人的坟墓中总是充满令人愉快的气氛，而不像在别的许多古老文化中，坟墓总是充满阴森恐怖的地狱气氛的原因之一。劳伦斯在其散文中鲜明地提到了这一点：

"我来过伊特鲁利亚人呆过的地方，每次总感觉有种奇怪的宁静感和平和的好奇感。这与我在塞尔特人居地时感觉到的怪异感、在罗马及其郊外时感觉到的轻微厌恶感、在墨西哥托提火坎和巧鲁拉及其南部的米特拉金字塔神坛旁时感觉到的些微恐惧感，或在斯里兰卡佛教圣地时感觉到的亲切的偶像崇拜感大不一样。这些巨大的、草茸茸的、带着古代石头围墙的古墓里有种宁静和温和。走上墓中大道，我仍能感觉到一种萦绕不去的家庭气氛和幸福感……在那个沉入地下的地方，空气中有种宁静和安详感，让人觉得这是个人类灵魂安息的好地方。"

劳伦斯认为这是出于伊特鲁利亚人热爱生活的自然本性："这肯定部分缘于在伊特鲁利亚尚未罗马化、尚未受到外来文化侵蚀的几个世纪中，所有伊特鲁利亚东西中体现出来的纯自然的特殊魅力。在那些地下世界的墙垣及其空间的形状和节奏中，有种与最独特的、心胸坦荡的自然本性和本能相结合的单纯，而那曾是他们的精神所在。"

"希腊人热衷于在人们的心灵中留下印象，现在的哥特人仍然、甚至更加热衷于此，但伊特鲁利亚人不，他们在其平易的几个世纪中，如呼吸般自然地干着自己的事情，他们让心胸自然而愉快地呼吸，对生活充满了满足感，甚至连坟墓也体现了这一点，而这便是真正的伊特鲁利亚人的素质：平易、自然，一个丰富的人生，在任何方面都不用强迫自己的心灵。"

* 神庙

伊特鲁利亚人善于建造美丽的神庙，由于都是采用木头建筑，所以现今不可能再有留存，但罗马的许多神庙都吸取了伊特鲁利亚的建筑风格和形式，在罗马城中，现今还留有具有伊特鲁利亚风格的神庙。劳伦斯这样描述他们的神庙：

"伊特鲁利亚人只建造小型的神庙，它们像带尖顶的小房子，并且完全是木结构的。这些庙宇的外部，常装饰有赤褐色的横饰条、飞檐和顶饰，这使得庙宇的上半部分看起来几乎全由精致镶嵌而成的陶器、陶瓷片所组成，并且充满了造型自如的画像，如轻松愉快的舞蹈者、成排的鸭子、如太阳般的圆脸、露齿而笑并拖着大舌头的脸等，全给人以清新活泼、充满生机、毫不刻意追求什么的感觉……具有某种迷人而不只是给人印象的魅力。"

显然，伊特鲁利亚人的宗教观和他们的生活观相同，也是愉快的、平易的，不会给人太大的精神压力或有强迫感，所有神庙也是可爱的、令人赏心悦目的。

* 祭司制度

伊特鲁利亚和许多西亚中亚的古老民族一样，设有祭司特权制度，他们的首领称鲁库蒙斯，既是军事首领，也是祭司，掌握着宗教特权。据说祭司常带领军队驻守在高地的设防城市，从事战争和海上攻击的指挥活动。从伊特鲁利亚人的坟墓壁画中，我们也可看到祭司拿着弯曲的鸟头拐杖，在观看天空中飞过的鸟，以预测死者的祸福、生死的情形；在他们的墓中，人们还发现了陶制的按区划分的羊肝模型，这是用于占卜的。伊特鲁利亚人也和西亚中亚的许多民族一样，有通过占卜羊肝、飞鸟以获得祸福、凶吉征兆的习惯。这被罗马及许多西方人认为是邪恶和迷信的，但劳伦斯认为这只是一种形式，当这种形式只是帮助人在事前澄清了头脑，有利于更好地感悟和预测事物的规律时，它与现代人在科学预测未来前，先收集证据、先进行思考具有同样的作用。

据记载，罗马人曾很佩服伊特鲁利亚祭司的悟性，曾在相当一段时间内请伊特鲁利亚祭司去他们的宫廷帮助占卜、预测凶吉，可见当时伊特鲁利亚的祭司制度有多发达、影响有多大。

＊ 丧葬习惯

伊特鲁利亚人死后喜欢火葬并把骨灰放在陶罐陶瓮或小型雕花石棺内，再放在石砌或从石崖上挖出的石室四周的石床上。他们往往采用一个家族合用一个大墓室的方法，所有死者石棺按逆时针方向依时间先后摆放在石室四周的石床上。早期的墓中死者火葬的较多，贵族则喜欢身着华丽的服装躺在石棺盖上，而且总是夫妻双双并肩躺在一起。据说当年的盗墓者曾发现，那些躺在石棺盖上的死者夫妇往往形容完整，只是由于墓被挖开后经阳光照射，尸体才马上开始腐烂。

死者躺在石棺盖上或躺在石棺内，显然是后期发展而成的墓葬方法，早期的火葬则可能与伊特鲁利亚人早期的宗教信仰有关。早期的西亚中亚民族有崇拜火、火葬的习俗，他们相信火象征着生命，火是生命之神，人体内的火熄灭了，生命就不存在了，人死后的灵魂该还给火以获得再生。由于没有可靠的史料，现在我们无法知道伊特鲁利亚人的火葬习俗是否与西亚中亚后来发展成拜火教的火葬信仰相似，但劳伦斯认为，在伊特鲁利亚人的习俗中，许多东西都是与象征性、与宇宙生命力元素的相关象征物有关的。

* 生殖崇拜观

和埃及、印度等古老种族一样，伊特鲁利亚人的信仰中，也包含有性崇拜，或生殖崇拜的内容。比如他们喜欢在男性死者的墓门外或墓冢上插上大大小小许多象征生命不灭和再生的阴茎形石柱，它们大多粗壮结实、有装饰性花纹、有真正的阴茎圆锥头；在有的墓门边，会竖有许多极小的阴茎石；有时围绕一座坟墓会有整整一圈阴茎石；在一些巨大的墓冢顶上，则会有巨大的如石柱般的大型阴茎石柱，上面还刻有美丽的图案或铭文。而在女子的墓道上方则常常会安放一间雕刻而成的小石室或陶瓶，或是石头的仿屋形厢室，上面有两块坡形的石盖。据说它象征着诺亚方舟，或女子的子宫、生命的避难所。对此，劳伦斯作了这样的解释："子宫，生命得以保障的方舟，其中孕藏着永恒的生命秘密、神赐的食物和其他有关生命的神秘物质。"

性崇拜是一种非常古老的宗教观，它曾在几乎所有远古种族中流行过，在现在的印度和非洲的许多国家以及中国的少数民族地区，我们仍能见到这种信仰和习俗的表现形式，但这种信仰一直以来遭到了后期人类宗教社会的强烈排斥和蔑视。据此，劳伦斯敏锐地感觉到了伊特鲁利亚人的信仰与他们的存亡之间的联系：

"也许从过于强调这两个象征物的伊特鲁利亚人的世界中，我们能找到伊特鲁利亚意识被彻底摧毁、最后消亡的原因：新世界要让自己摆脱古老世界、古老的物质世界的这些无所不在的致命的象征物，而伊特鲁利亚人的意识却是十分愉快地植根于这些象征物——阴茎和子宫的象征物之中的，所以所有这些意识、所有伊特鲁利亚人的生命节奏节律，都必须被摧毁……现在，我们再一次明白了，为什么罗马人称伊特鲁利亚人邪恶。罗马人即使在其全盛时代，也并非真正的圣人，但他们认为自己应该是圣人，于是他们憎恨阴茎和子宫，因为他们想要国王和君权，更想要财富和社会成就，但鱼和熊掌不可兼得，要统治各国又要攫取大量财物，那么'迦太基必须被夷平！'"

优雅、浪漫和生机勃勃的日子

伊特鲁利亚人没有给我们留下记载他们的生活、习俗、宗教和政治观念的书面东西，能显示这一切的只有他们的坟墓，和坟墓中的壁画、石棺浮雕和丧葬物品。然而仅从这些东西中，我们就可以感受到他们活泼泼的生活气氛，了解到他们的许多生活观念和生活方式。显然，伊特鲁利亚人是个注重愉快地创造，而不关注毁灭；注重享乐并热爱生活中所有美好的东西，而不愿太多关注生活的概念、生活的苦恼和不幸的民族。

娱乐是他们生活的一个重要部分，以致在阴暗的地下世界，他们也要追求愉快、祥和及色彩绚烂的浪漫氛围。从他们墓中的壁画中，我们随处可以看到歌舞的场面，男女主人公及其亲友常常在举行丰盛的宴饮聚会，宴会中的人或愉快而轻松地坐在沙发上谈笑风生、饮酒、欣赏音乐歌舞，或大步而兴奋地向前走来，或跳着奔放的舞蹈，或按着夸张的手指吹奏着双管笛，或微笑着举起硕大的酒盏，或喜气洋洋地骑着马，或在轻松地表演着摔跤（决无罗马角斗场面的紧张恐怖感）；连举着酒瓶酒罐为主人倒酒的奴仆也是轻松欢快的，丝毫没有尼尼微发现的亚述人浮雕中众多残杀场面所传达的血腥感，以及被奴役的俘虏的躯体和神态所传达出的拘谨和身心恐惧感，也没有尼尼微显示的征服他人、炫耀胜利的强人意志。在伊特鲁利亚人的生活中，似乎一切都是那么的美好、和谐、温雅。

正如劳伦斯所说的，伊特鲁利亚人如呼吸般自然地干着自己的事，平易对待生活，并对生活充满了满足感。没有压抑感、没有沉重感，这好像就是他们的主要个性。

从墓中壁画看，伊特鲁利亚人的歌舞具有非常浪漫、欢快、奔放的特点，处处散发出难以抑制的生命活力。劳伦斯是这样描绘他们的歌舞的：

"绕墙一圈的跳舞者的形象仍那么色彩鲜亮，女子们身穿薄如蝉翼的小花点亚麻薄布衣袍，和色彩鲜艳的有细致花边的斗篷，男子仅仅披着肩巾，一切充满了新鲜气息……他们在露天穿过小树林舞蹈着，身边有鸟在奔跑……一个女子在疯狂而欢快地跳着舞，几乎她身上的每一部分：其柔软的靴子、滚边的斗篷、手臂上的饰物，都在跳舞，直跳得让人想起一句古老的格言：身体的每一部分、灵魂的每一部分都该知道宗教，都该与神灵保持联系……"

　　"舞蹈者们都带有一种奇异的、敏捷有力的步伐向前走来，他们都是男子，只松松地系着一块彩色肩巾，或如斗篷披在身上似地穿着灰色漂亮的希腊式短外套。笛手吹奏着伊特鲁利亚人极其喜爱的双管笛，以粗大而动作夸张的双手按着笛眼；他身后的男人弹拨着七弦琴；他前面的男子正转过身去，左手做着什么手势，右手拿着一只大葡萄酒盏。他们就这样向前走着，以他们穿着短帮草鞋的脚迈着大步，经过结着小果实的橄榄树林，四肢充满了活力，充满了一直充盈到指尖的活力，迅捷地向前走着。这种元气旺盛、身体强健、充满活力的特点，便是伊特鲁利亚人的特性。"

　　劳伦斯认为舞蹈的伊特鲁利亚人所表现出来的这种活力和热情，是与他们的宗教信仰有直接关系的，是他们独特的宗教信仰，或者宇宙观释放了他们的生命能量，给予了他们魅力四射的活力，使得他们的歌舞具有穿透时间界限的永恒的感染力："你在这里看到的是只有伊特鲁利亚人才懂得的生命的灵敏律动和短暂而永恒的天真……在他们的活力的背后，是一种生命的宗教，一种宇宙观及人在宇宙中所处位置的观念，它使人能利用最深的潜能而活着……"

伊特鲁利亚人喜爱美酒。从他们众多的墓中壁画上，我们可以看到这类场景：男女主人公坐在沙发床榻上时，男子的手中往往拿着硕大的酒盏、酒杯；奴仆总是在忙碌着给主人倒酒，或拿着倒空的酒罐去添酒；他们的舞蹈者也会拿着酒盏大步起舞；他们的随葬品中，有大量盛酒用的陶罐，似乎酒是他们生活中不可或缺的东西，更是他们在举行宴会、庆典时的重要东西。从这一点我们可以看出，伊特鲁利亚人的生活观是讲求自然自适、愉悦尽兴的，他们不受某些外加的沉重而严肃的生活观念的制约，不苛求自己或他人，不喜欢强盛意志的东西，也可见他们的宗教是一种很平易的、不压迫人的、能让人保持自由个性、能释放人的性灵的宗教。

显然，追求生活的优雅和美，也是伊特鲁利亚人的特点之一。从墓中壁画上，我们可以看到他们的服饰非常讲究色彩，鹅黄、翠绿、紫红、淡灰是他们最常用的色彩，上下装的色彩搭配非常优雅和谐，这些色彩即使在现代也是属于很和谐、很美、很雅、很能让人喜爱的。壁画同样讲究色彩，除了人物服饰的优雅色彩，他们在画面上总喜欢点缀以色彩美丽的花环、彩带和挂在橄榄树上的纱巾，绕墙顶或墙下部一圈的常常是谐和的五色彩带或带星星、圆点、花朵的彩色图案，壁画的底色喜欢用优雅的淡黄色，几乎每一幅画都能给人色彩绚烂、优美雅致的感觉。舞蹈女子的靴子爱用鲜亮的红色，有时马蹄的色彩也爱用鲜亮的红色。

他们的服饰很讲究花饰，大部分衣服都有美丽的花边或褶皱；花布的图案十分优雅，喜欢用雅致的小碎花或显示浪漫特点的色点作图案；用料喜欢能显示浪漫、优雅特点的薄如蝉翼的、轻柔的亚麻布；款式追求优雅，喜欢飘逸宽松的斗篷、披肩、花边裙、短外套等式样，还常常似穿非穿地搭在肩膀上或手腕上，处处显出伊特鲁利亚人的浪漫情怀和爱美倾向。

伊特鲁利亚人即使在死后同样喜欢追求优雅，他们把死者的骨灰放在造型十分优雅的彩绘陶瓶中，或放在盖上有着优雅主人公雕刻像的雪花石膏石棺内，放在有着优雅壁画的石砌坟墓中；他们的坟墓造得很宽敞、很舒服，往往成雍容的歇山顶房屋形式，犹如舒适的日常居室，这使他们死者的坟墓也充满了浪漫和美的气息。

这种难以掩饰的愉悦感显然与伊特鲁利亚人的生活喜好和生活的富裕有关。前面已提到过，在他们死者的墓中，尤其是贵族的墓中，往往随葬有大量的金银珠宝首饰和青铜制、陶制的精美生活用品、随葬品，死者穿戴的也往往是极其讲究色彩、柔软质地的亚麻制衣服，可见死者生前过的显然是一种很奢侈的生活。劳伦斯在他的散文中也提到："当我们记起每一座贵族墓内必有的大量珍宝，记起每一座大古墓内包含的多个墓室，记起在色维特里大墓地中至今仍可见到的几百座墓冢，以及一直伸向海边的所有大量别的墓冢，我们便可以想象这座城市，在罗马帝国几乎还没有黄金，甚至青铜还是稀贵之物的时代，在给它的死者所提供的大量财宝中所显示的富有。"

在远古许多民族中，男女之间往往有着严格的地位差别，女子总是被放于从属的、二等的位置。在古代的中国，男女之间更是等级森严，"男女授受不亲""男尊女卑""女子不登大雅之堂"，种种限制随处可见。在西方或古罗马社会，女子参加宴会时，也只能直直地坐在椅子上，举止必须庄重、不能随意谈笑。然而，在伊特鲁利亚人的生活中，显然，女子具有和男子同等的地位，能同享欢乐，如在壁画上的众多宴饮场面中，伊特鲁利亚女子总是很自在地和男子一起坐在或半躺在沙发床榻上，共享美酒佳肴、共赏歌舞音乐和娱乐活动、共同谈笑风生，甚至神采飞扬。在所有场景中，她们的气度没有一丝谦卑内敛、克制忍让，精神十分放松愉悦，可见她们与男子保持着极自然的亲密、和谐和平等的关系。

在坟墓中，伊特鲁利亚女子也与她们的父亲、丈夫或儿子安息在同样重要的位置上，不少死去的女子都是与她们的丈夫双双并躺在一个石棺盖上的；据说她们结婚后仍然能保留自己的姓氏和名字。显然，这也是为什么伊特鲁利亚人能始终保持他们的浪漫和优雅生活特点的关键，他们是一族能从精神到身体的每一个细胞都自然放松的人。

惊人的艺术及其魅力

艺术是最能显示一个民族文明成熟度的东西，从伊特鲁利亚人的壁画中，我们可以肯定，他们的文明是一个相当进步的文明，是一个有着很久历史、文化经历过长时间积累的文明，不是一个刚脱胎于原始生活、刚从野蛮懵懂阶段转化而来的文明。

现在我们能看到的伊特鲁利亚人的艺术品，只有来自他们的坟墓里的东西，并且由于各种原因已大量散在英国、法国、美国和梵蒂冈等地的博物馆，意大利本土留存的除了墓中壁画，也已大部分不在原地，而散在罗马、佛罗伦萨等博物馆中。他们的主要艺术品是几千幅残存在坟墓中的壁画，和他们的石棺浮雕、骨灰瓮浮雕、陶瓶，以及来自墓中的伊特鲁利亚人的珠饰和随葬品等。

但伊特鲁利亚艺术具有相当独特的魅力，这是每一个看到过他们的壁画的人都会有的感觉。这种魅力主要体现在他们的画或浮雕、陶瓶造型都显示了一种极自然的生命活力，看他们的壁画，你会感觉到从其热烈的画面、流畅的线条、绚烂的色彩、活泼泼的造型等各个方面，似乎有一种生机勃勃的东西迎面扑来，并且感染力极强，让人难以抵挡。人在奔放地舞蹈或跳跃、马在飞一般地奔驰、海豚在遒劲地向上腾跃或向下潜水、鸟在自在地飞翔、公牛在狂奔、斑豹在猛扑、花环悠悠地从顶部或树上挂下、衣服或彩带或帛巾在轻松地飘荡……一切都是那么的"欢快灵敏、充满生机、充满年轻生命才有的冲动……充满生命的活力，和只有伊特鲁利亚人才懂得的生命的灵敏律动……""画面上的人物及其活动中有种舞蹈感，有种特殊的魅力。这一点甚至也体现在裸体的奴仆身上。"（劳伦斯）浸润其中，你心里会产生一种幸福感、欢喜感，似乎身上有某种东西被激活了。

伊特鲁利亚人壁画的艺术美建立在其和谐、亮丽的色彩上。他们的壁画喜欢画在淡绿、淡蓝和鹅黄等优雅、细致的底色上，整体有种暖融融的温馨感；画中的许多小树枝、小花枝用的都是经过暖色柔化的淡蓝淡绿色，不像不少早期民族的绘画，总是直接用生硬俗艳的浓绿浓蓝色；男性人物多为棕色肤色，总是配以白色的马或白色而柔软飘逸、带有精致花边的披风；女性人物多为白色肤色，总是配以宝蓝镶边的淡黄色或其他浅色衣服，或缀以优雅小花、深红色镶边的衣裙，发带和小帽子都会与衣服的镶边色一致；除了跳舞的女郎总喜欢给穿上红色的靴子外，带白色翅膀的淡蓝色马会有赭红色描的轮廓线；有时黑色的马会有红色或白色的马鬃马蹄，红色的马会有蓝色的马鬃和马蹄，加上全裸的红棕色男子意气风发地坐在上面，画面非常漂亮。壁画的上部和底边往往缀以漂亮的色带和形状优雅的小花、小星图案构成的色圈，这使整个画面更显得色彩亮丽。

线条的轻松流畅是他们的壁画、陶器造型的另一大特色。画中或坐或在大步走，或跳着舞或在摔跤的人物的轮廓线都十分流畅，有一种自然流动感，看上去没有一丝刻意或过于精细刻板的成分，与人物奔放的动作十分协调；人物的手指动作、脚步往往很夸张、幅度很大，但流畅的线条使这些动作显得很自然、很有活力；许多正面墙上的三角部分画的斑豹、母狮、山羊和鹿等形象，由于线条的自然流畅，总是显得非常灵巧、生机勃发、充满了原始的生命力；而伊特鲁利亚人的那些陶瓶和碟子，特别是"许多'巴契罗'黑陶器，会使你觉得，那是些带着完美的柔和线条和活泼泼生命力的、为反叛习俗而开放的黑色花朵，或以令人愉快的流畅、大胆的线条所画的红黑相间的花朵，它们完全像遗世独存的奇葩在怒放。"（劳伦斯）几乎是从伊特鲁利亚人艺术品的流畅线条上，劳伦斯感觉到了一种"非常接近普通性的自然感，然而它通常没有沦为普通性，而获得了一种如此自由流畅、如此大胆、如此清新的纯自然本性……一种奇怪的带有自发性的、从未被标准化限制住的东西。"

关于伊特鲁利亚壁画的线条的传神性，劳伦斯有着很生动的描述：

"伊特鲁利亚绘画的精妙之处如中国画、印度画一样，在于其形象那奇妙的、含义深远的边线，它不是轮廓线，不是我们称之为'素描'的东西，它是人体突然消失于大气之上的一种流畅的轮廓线条。伊特鲁利亚人似乎看到了从形象内部到表面汹涌而出的活泼泼的东西，其黑色的侧面形象的轮廓和曲线便显示了所绘形象的内在的整个运动。"

伊特鲁利亚人的壁画喜欢表现人或动物的动态、活性的东西。坐在沙发床榻上的宴饮男女，总是举着大酒盏或鸡蛋或做着奇怪的手势，像在表达着什么愉快的重要的内容；跳舞的人或踮着脚或侧着头，让人感觉他们浑身的每一个细胞都在跳舞；走路的让你感觉他们正迈着大步在迎你走来；斑豹和狮子、山羊和小鹿在猛扑或张皇惨叫；连人穿的衣服、马的尾巴都是飘舞着的、飞闪着的；飞过天空的鸟常常是欢快的、急匆匆的或张皇失措的，而宴席一旁的鸡或兔则总是安闲自在的或调皮的；拿着酒罐的小男仆弯着头像在倾听酒罐内还有没有酒，又似在说："我该再去取点酒来。"

所以当劳伦斯看到"男爵之墓"中一幅描绘马和人的黑色侧影画时，会产生奇异的感觉："那些古代的马匹似乎完全满足于它们作为马的身份，似乎比罗沙·蓬荷，甚至是威拉斯奎斯所画的马在灵魂上更像马……一个人看着（伊特鲁利亚画中的）马时，他看到的会是什么？那永远无法用语言表达的会是什么东西？人所看到的会与用相机拍的快照不一样，也与电影摄像机摄下的连续瞬间快像不一样，而是一种伴随着起伏的好奇情绪的视觉印象，其中掺和了涌动起伏的想象……相机既不能感觉马的体温及其特殊的形体，也不能嗅到马的气味、感觉马性，也不能听到马嘶。而我们的眼睛则带着我们所有的有关马的感官体验，更不用说带着我们对其狂怒的恐惧、对其力量的崇敬感了。"

在有关伊特鲁利亚地区的游记中，劳伦斯始终在为伊特鲁利亚艺术的这种美而赞叹：

"伊特鲁利亚人的绘画中有种让人难忘的东西，那些向外拖着长长舌头的斑豹，那些腾飞的海怪，那些张皇失措、腰部颈部被咬住的梅花鹿，都闯入了你的想象世界不会再消失了……靠在宴会沙发上的满脸胡子的男子，他们是怎样举着那枚神秘的鸡蛋的啊！还有带着锥形螺髻的妇人，她们又是如何热切地前倾着身子、脸上带着我们不再理解的关切的！裸体的男仆们欢快地弯身去取酒瓶……他们的四肢的曲线显露了生命的纯真欢乐，这种欢乐至今仍深藏于那些舞蹈者们的肢体之中、于张开的大而长的手掌之中。这种舞蹈源于心灵深处，犹如大海涌动的水流，犹如某种强有力的、独特的、流过他们全身的生命之流，与今天我们虚浅的生命之流大不一样，似乎他们是从更深的地方吸取到生命能源的，我们在那里却遭到了排斥。"

劳伦斯认为伊特鲁利亚壁画的这种动感美，是一种伊特鲁利亚人特有的、代表他们的精神的、属于古代人注重内在性而不是表象性意识的东西，是一种真正有魅力的东西。所以他觉得伊特鲁利亚被罗马占领很久后的一个墓，"泰丰墓"，其中的雕刻虽注重光和影，"但它们已突然失去伊特鲁利亚式的魅力。它们仍有些伊特鲁利亚式的自由流畅，但总体来说已属于希腊罗马风格……它们已失去全部的动感，形象呆在那里没有任何流动的生命活力，没有丝毫动人之处。"

伊特鲁利亚艺术的另一大魅力是其象征性。画面上坐着的人是充满了某种宗教精神、与神灵相通着的人，他们的动作是具有某种象征性的动作，他们身边的动物、器物都是与某种精神元素、宗教情感有关的，这使得他们的壁画具有一种极有魅力的神秘性、生动性和深刻性。你看着画面，会觉得意犹未尽，感到里面包含着更多的、更深的东西，一个男子坐在沙发上手上拿着一枚鸡蛋，荡漾着的水面上游动着鸭子，海怪举双臂托着柱子，狮子在撕咬着梅花鹿，生死之门旁有带翅膀的人在守护着……一切都让你觉得它们在表示着什么与我们现代意念绝然不同的含义，它使你产生想去探索、思考的好奇心和渴望，似乎里面有一种魔力把你从这些东西引向遥远的宇宙深处，也会使你因处于悟性状态而感觉欢喜，并且由此很难忘记他们的画。

在总结伊特鲁利亚艺术时，劳伦斯精辟地指出了两条线索：一条是伊特鲁利亚艺术的"纯自然性，或者说是其肉体性或活性质地……在其特有的肉体自由和生机勃勃和自发性中所包含的主导情感。"另一条是其象征性，"象征物在那儿有更理想的呈现"——"它们是认识伊特鲁利亚人的两条线索，它们贯穿其生活的始终，贯穿伊特鲁利亚人从东方人、吕底亚人，或赫梯人或无论可能的什么人种中脱颖而出的那一刻起，直到他们被罗马人和希腊人消灭的最后一天为止的整个过程。"

生命灵气与象征性的结合，使伊特鲁利亚艺术具有了某种神秘、独特、深刻、让人难忘的魅力。

文字作品为什么会消失

关于伊特鲁利亚人的历史和生活至今仍留有许多谜团，由于没有文字记录，这些谜团很难找到答案。奇怪的是伊特鲁利亚文化并非和许多史前文明一样，是由于没有文字而不被人理解，伊特鲁利亚人有过自己的文字，在他们的坟墓中的墙上（如在色维特里的塔奎因家族墓室中的神龛上、在兰诺斯岛发现的墓墙石刻上）、在一些石碑（如在公元前 650 年的马西利亚那石碑上）和金属薄片上（如在发现于迈格利埃诺的铅制薄片上），人们能见到他们留下的零星文字。

据考古学家研究，他们的文字是已经有相当成熟度的字母文字，可能是受希腊文字影响而形成的一种文字；也可能是受当时伊特鲁利亚人接触很多的腓尼基人文字的影响而形成的文字，因为是腓尼基人最早发明了字母文字，希腊文字最早也是受腓尼基文字影响而形成的。

罗马文字显然有相当一部分来自于伊特鲁利亚文字，因为罗马文字有些地方用字母、词序的方式等同于伊特鲁利亚文字，而与希腊文字不同。可惜的是至今发现的伊特鲁利亚文字作品只是零星的片言只语式的东西，并且还没有人能破译其中的意思。

那么，是否存在过伊特鲁利亚人的文字作品呢？对此，早期的历史学家和考古学家曾有过肯定的零星记述。近现代的学者们更倾向于认为伊特鲁利亚人曾创造过辉煌的文字作品，肯定曾留下了相当数量的文学作品和历史、宗教记录。

他们的依据是：尽管是零星发现，但伊特鲁利亚文字与早期的埃及象形文字、刻于泥版上的苏美尔和古巴比伦楔形文字及中国的早期象形文字相比，已经是一种相当成熟的字母式文字体系，这种成熟肯定是与相当发达的文字记录和文字作品创作相关联的；其次是在罗马共和时期后期和罗马帝国早期，罗马的贵族们曾纷纷把自己的男孩送到伊特鲁利亚人开办的学校学习礼仪、宗教和文化，并以此为时髦和有教养，伊特鲁利亚人的学校如此兴盛、如此著名，没有文字和文字读物作基础是根本不可能的；再一点是罗马帝国后期的皇帝克劳底斯曾组织手下人撰写过 20 卷之多的有关伊特鲁利亚人历史的巨著，显然当时如果没有相当数量的留存下来的伊特鲁利亚历史著作供参考，他们是不可能写下这样的巨著的。

如此说来，会有过多少伊特鲁利亚文字作品呢？他们的作品又有什么样的特性呢？他们是像古希腊人那样为记录历史、哲思和通讯而书写，还是像腓尼基人或古代苏美尔人或巴比伦人那样，主要为贸易、立法和皇家记事作记录，或像古埃及人那样只为宗教、纪年和记录政治事件而书写？

可悲的是伊特鲁利亚人留下的文字作品奇怪地消失了，而且消失得十分彻底，这是怎么回事？这确是一个令人费解的谜团。对此，相当多的学者倾向于认为，伊特鲁利亚文字作品肯定曾遭受过一次大规模的焚毁，是一次有意的、系统性的、灭绝性的焚毁。

学者认为，公元四世纪基督教的兴起和它造成的排他性行为，可能是致使伊特鲁利亚文字作品被毁的主要原因。当时的西方普遍认为伊特鲁利亚人的宗教信仰和习俗是邪恶的、是一种害人的迷信，公元 300 年时有一个基督教辩护士阿诺比亚斯就曾这样记录过伊特鲁利亚："伊特鲁利亚是所有迷信的发源地和孕母。"

基督教于公元一世纪产生于亚细亚的西部地区，公元四世纪被罗马帝国的皇帝尊为国教。公元 379 年至 395 年在位的罗马皇帝狄奥多西一世曾颁布过一道法令，要求消灭一切偶像崇拜或邪恶的古老宗教信仰，于是在这之后至 408 年的西罗马帝国时期，一位叫弗莱维斯·斯蒂利贡的罗马总督便曾发动手下人烧毁了大量的"异教徒著作"，其中包括保存于罗马阿波罗神庙内的大量古代文字记录作品和文学著作。

　　这是有文字记录的一次文化惨剧、浩劫，很可能，伊特鲁利亚人创造的所有文字作品也遭遇了此次劫难，因为伊特鲁利亚的东西在他们的文明领先于古罗马人时，对古罗马人的影响太大了，强悍的古罗马人在成为叱咤风云的霸主时，是不会容忍自己是被征服民族的文化的承继者这样一种地位的；另外，伊特鲁利亚人的宗教是属于某种史前信仰体系的东西，他们的意识是一种建立在感悟和对宇宙力量的潜意识把握基础上的意识，这在基督教盛行的时代，在一个开始崇尚绝对理性、唯物意识而排斥潜意识、唯心意识，一个崇尚强意志力的时代，一个"一种意识很容易彻底扫荡另一种意识"的强者为王、谁为王谁就有话语霸权的时代，会被认为是很落伍、很古怪，甚至是迷信邪恶的东西，显然难逃被排斥被彻底铲除的命运。自然，在那种年代，一种文明消灭另一种文明是很容易、也很普遍的事。

　　当年的古希腊宗教也曾遭遇过同样的命运，在基督教开始在爱琴海、地中海地区盛行时，希腊智慧女神雅典娜的神庙也在公元五世纪时被改建成基督教堂，庙门由朝东改成朝西，内部修建了讲台、画上了基督故事的画，圣母玛利亚画像代替了雅典娜雕像，大批希腊文字作品被焚毁，希腊宗教从此消亡。

伊特鲁利亚文明的兴旺时期是公元前八世纪到公元前五世纪，其时正是中国的春秋时期、古埃及的最后阶段——后王朝时期、美索不达米亚的亚述帝国时期和其后的新巴比伦王国时期。当时的中国文字是书写在青铜器和竹木简上的，埃及的文字除了石刻，还书写在纸莎草上，亚述和新巴比伦的楔形文字刻在泥版上，希腊和腓尼基文字主要也是写在泥版上和牛羊皮上，小亚细亚发现的死海古卷也是写在纸草和羊皮纸上的，青铜器、石刻、竹木简、泥版和牛羊皮纸由于不易腐烂，都为保留这些文明的文字作品立下了汗马功劳，伊特鲁利亚文字的承载工具是什么呢？

学者们分析当时的伊特鲁利亚文字，可能和其后的罗马早期文字一样是书写于蜡板上的，因为流传下来的罗马文学作品都是公元前 200 年以后的作品，那时罗马文字作品已由书写于蜡板上改为书写于牛羊皮纸上了。而在这之前的罗马文字作品几乎没有什么留存下来的，原因可能就是由于当时罗马文字是书写在蜡板上的。由于罗马文字和罗马的文化教育与伊特鲁利亚文化有着密切的传承关系，很可能早于罗马时代的伊特鲁利亚文字，也是书写在不易长久保持的蜡板之类的材料上的，在伏尔泰拉博物馆的一个雪花石膏石棺盖上，确实有妇女手上拿着像蜡板似的"小书"的雕刻。

其时纸草已经开始出现，但由于得进口，所以价格肯定非常昂贵，不会广泛被使用；考古上也发现过此时曾有过炭化纸莎草卷，但至今发现的仅限于埃及和拜占庭留存下来的，而且大多已成碎片。

罗马后期书写用的蜡板和纸草已被牛皮纸和羊皮纸代替，由于牛羊皮纸上的字可被擦除后再写，来源也容易解决，皮纸很快便开始被广泛使用。到了欧洲的中世纪时期，修道院的僧侣开始把大量书写于牛羊皮纸上的他们认可的早期宗教著作抄写在纸上装订成书，同时也抄录了不少古代流传下来的宗教的或世俗的文学作品，古希腊文、拉丁文的文学著作就是这样得到了大量保留的。

由于许多古代文字作品是通过宗教僧侣的转抄流传下来的，被认为是异教徒作品的东西便不容易有幸存的机会，伊特鲁利亚文字作品的彻底消隐也就不可避免了。在欧洲中世纪时期，图书和智慧类东西一直是被当成须禁止的、不能大范围印制出版的、不能向一般公众公开，只能限于少数统治阶级和僧侣阶层阅读享用的东西，当时牛津出版社就是一家只为教堂和王室编印图书的出版社，出版的每一部书都须用蜡封起来送到教堂或王室才能被打开。我们在法国作家雨果的小说《巴黎圣母院》中，也可以看到对这种狭隘的文化现象的描写。这种习俗，也会使伊特鲁利亚文字作品之类的极其异类的东西很难流传或通过抄录得以保存。

而伊特鲁利亚文字作品是否到达过使用牛羊皮纸的时代，

现在还没有任何考古上的证据。在现在的南斯拉夫西北的扎格拉布市博物馆，人们可以看到几片写有伊特鲁利亚文字的亚麻布碎片，这是上个世纪的一个重大考古发现，学者们认为这些被用作埃及木乃伊裹尸布的亚麻布片原是一卷伊特鲁利亚人的书卷。而如果伊特鲁利亚人是用亚麻布来书写文字的，那么他们的作品幸存的几率就更比不上纸莎草了，因为它更易腐烂或炭化，也可被用于其他用途。事实上，在色维特里的伊特鲁利亚人的坟墓里，人们确曾发现过写于亚麻布上的伊特鲁利亚书卷；在塔奎尼亚的石棺上，人们也发现过手上拿着摊开的有字长卷的最高行政长官的石雕像。他拿着的可能就是亚麻布书卷。而这种书写媒介，可能也是伊特鲁利亚文字作品难逃彻底毁灭厄运的另一个原因。

对于伊特鲁利亚文字作品，历史留给人们的便只有无尽的遗憾了。创造过辉煌文明的伊特鲁利亚人肯定创造过辉煌的文字作品，这是毫无疑问的，也许有朝一日考古上又有新的发现，能帮我们解开这个千古之谜，并使我们看到 3 000 年前伊特鲁利亚人灿烂的、无与伦比的文化精品。

消隐在历史深处

伊特鲁利亚文化消亡的时间开始于公元前四世纪，由于他们的王塔奎因被罗马人放逐，以及几次海上惨烈的战争失利，他们的军事和经济力量开始减弱，文化影响也随之趋弱。

其后在公元前 388 年，军事上逐渐变得强大的罗马人占据并摧毁了他们的第一座城市维伊，到公元前 280 年，所有的占领性战争趋于结束，罗马人控制了伊特鲁利亚全境。于是和远古许多曾在历史上闪亮登场的、创造过辉煌文明的不幸种族一样，伊特鲁利亚种族终于也消亡了，他们经历了近 1 000 年发展和繁荣的辉煌的文化也随之消亡、消隐在了历史迷雾的深处。

伊特鲁利亚人留给世人的可追寻的主要文化遗迹只有坟墓，劳伦斯在塔奎尼亚考察他们的后期坟墓时，发现了伊特鲁利亚文明消亡的轨迹：

"在新公墓附近我们又进入了一座大墓，这是我们见过的最大一座墓——一个巨大的地下洞穴，那里有宽大的搁置石棺、棺架用的石床，中间有巨大的方形石柱，上面画着一个泰丰——有着卷曲的蛇形双腿、胳膊后有双翅、双手托着岩顶的海神……在这个地方，伊特鲁利亚人的魅力几乎是一下消失了。这座墓巨大而粗陋，某种程度上可以说是丑陋得像山洞，而有着红色肌肉和由光和影雕刻法造型的泰丰则显得很'聪明'……显然出自一种很新的现代意识——表象性意识，（伊特鲁利亚人的）古老的注重内在性的艺术风格在这里消失了……那里还有一幅人们列队走向冥府的残片，很有一点希腊罗马的风格，但其中真正属于古代的魅力已荡然无存，舞蹈着的伊特鲁利亚人的精神已经死去……它们仍有些许伊特鲁利亚式的自由流畅，但总体来说已属于希腊罗马风格：一半具有庞贝特色，一半是罗马特色。它们比那些小小古墓内的壁画更随意，但同时已失去全部的动感，形象呆在那里没有任何流动的生命力，没有丝毫动人之处……"

敏感的劳伦斯通过伊特鲁利亚艺术作品，看到了伊特鲁利亚精神消亡的过程，他为此深感痛惜：

"当罗马人在公元前四世纪从伊特鲁利亚的鲁库蒙斯手中抢过权力——至多只让他们担任罗马行政长官时，伊特鲁利亚的神秘性几乎立刻消失了。在国王——神，或者说是按宗教观念统治国家的古代世界里，国王及其王族和主僧的废除会使这个国家立刻处于无声音无意志状态，在埃及和巴比伦、在亚述、在美洲的阿兹特克和玛雅的贵族统治都遭遇过这种情况。人们由种族的精英之花统帅着，拔掉了这枝花，整个种族便陷于无助和无望了。

"（伊特鲁利亚人）曾依仗自然伟力的主观控制力而存活过，但他们的主观力量在罗马人的客观力量面前衰竭了，几乎在一瞬间，真正的种族意识消亡了，伊特鲁利亚人拥有的知识变成了迷信，伊特鲁利亚的君主变成了肥胖而无能的罗马人，伊特鲁利亚人民变成了无以表达思想、毫无生存意义的人，这一切在公元前二三世纪突然发生，其迅速真令人惊讶。"其后，"他们时不时开出一朵花来，却总被某些超级'力量'践踏致死，这是无尽的生命忍耐力与无尽的、总是取胜的权威力量之间的一种搏斗……"

一个曾经创造了当时西方最先进文明的智慧、热情而浪漫的民族就这样消失了。伊特鲁利亚人作为一个特有的种族，我们今天已无从寻找，他们已经被罗马人消灭和同化，但劳伦斯认为在意大利中部色维特里的山村里，还会见到有他们血统的人的影子：

"当你在下午四时许的阳光下坐进邮车，一路晃悠着到达那里（色维特里）的车站时，你可能会发现，汽车边围着一群健美而漂亮的妇女，正在对她们的老乡说再见，在她们那丰满、黝黑、俊美、快活的脸上，你一定能找到热爱生活的伊特鲁利亚人那沉静的、光彩四溢的影子！有些人脸上有某种程度的希腊式的眼眉，但显然还有些生动、温情的脸仍闪烁着伊特鲁利亚人生命力的光彩，以及伴随原始生命力知识而来的成熟感，和伴随伊特鲁利亚式的随意而来的美丽！"

作为代表了远古神秘自然意识的伊特鲁利亚人的精神，包括他们的建立在对生命力崇拜基础上的宗教，由于两千多年来一直被基督教世界所不容，所以至今已荡然无存了。和古希腊、古罗马的宗教观念不同，在伊特鲁利亚人的宗教观念中，神的力量是内在的，还完全隐含在象征着威力、温柔和机灵的狮头羊头和蛇尾合一的怪兽身上，隐含在象征着智慧和力量合一的人头牛身怪物身上，隐含在腾起的海豚、墓中的鸡蛋、守卫和剥夺生命的狮豹、供给人类粮食的羊和鹿身上，就像古埃及人有象征着人的智慧和狮子的威力合于一身的狮身人面司芬克斯、有象征着生命再生的墓中鸵鸟蛋，古代亚述有象征智慧、速度和力量的人头、鹰翅、牛身守护怪物，古代苏美尔人有象征着自然界生命平衡的狮头、鹰和鹿复合石雕一样。

其他所有提到的这些远古文明中虽也保留着象征物崇拜，但都已开始拥有人形的神和神的社会等现代意识，即神力已开始外在化、具象化，但伊特鲁利亚文化中完全没有，他们只有象征物崇拜，他们还完全浸润在自己的宇宙力量、精神力量崇拜的观念之中，他们悟性很高，能看到潜在的宇宙力量及其神秘的作用，却不能被客观化的新文明人所理解。他们的象征物及其代表的精神和生活观念，由于与新的文明精神格格不入，只能消隐于历史深处。

然而，劳伦斯认为，正是伊特鲁利亚人保留的这种对纯自然力崇拜的观念，和由此带来的独特的伊特鲁利亚人的精神、情感和生活观念，使伊特鲁利亚人很好地把握了生命的真谛，使他们摆脱了某些沉重的理性观念的压迫和摧残，而保持了轻松愉悦的生活能力和态度，使他们活得热情、浪漫而自在，使他们保持了灵魂的轻松，使他们保留了更多的生命活力和善良，从而使他们创造出了独特的生机勃勃的文化和文明。所以他们的意识虽然已失去存在的土壤，却给全人类留下了一份独特的遗产，留下了一个独特的生存启示：

"我们从伊特鲁利亚遗物中所看到的，是另一种形式的宇宙意识，还有地球的智慧，以及以不同于我们的生活方式生活过的人们的生存启示……它们是一个古老的、更具悟性的人类意识潮退潮时留下的东西……显然，我们的历史起源于一个同样伟大的文明的终结，而不是源于野蛮或幼稚的人类童年时代，不是源于原始穴居和湖上架屋者的文明……"

"他们有一片极有价值的知识世界，这个世界对现代的我们却已完全不可见了。"

伊特鲁利亚人作为种族已经消亡，他们的宗教和习俗也已随之消亡，留给我们的现在只有一些公路桥梁和城池的断垣残壁，大量的坟墓和千余幅留在坟墓内的残破的壁画，以及作为葬具和随葬物品的大量雕花石棺、青铜器、彩绘陶瓶。在现在意大利的卡匹托林，还留有一座伊特鲁利亚风格的矗立在高大台基上、用赤陶艺术品装饰外表的神庙，可惜庙中祭祀的已经是希腊罗马式的神灵。但可贵的是通过这些东西，伊特鲁利亚人给人类留下了难得的史前文明独特意识的范本，留下了独特的不灭的生活精神，留下了辉煌的艺术作品，这是一笔无价之宝，它们在历史的迷雾深处发出了属于自己的独特光辉。

早在公元前一世纪，罗马人就以收藏伊特鲁利亚人墓葬陶瓶和青铜器为荣，并开始了疯狂的挖墓活动，在这种活动的背后，是世人对伊特鲁利亚人文化和艺术的新认识、崇敬和痴迷。如今，伊特鲁利亚人的生活及其观念已受到有识之士的高度赞赏，他们的艺术已为世界瞩目，尤其受到了众多艺术家和热爱艺术的人们的崇拜和喜爱，要知道，美国大都会博物馆曾在上世纪开价100万美元竞拍伊特鲁利亚人的一只彩绘陶瓶！

英国名作家劳伦斯因为喜爱伊特鲁利亚艺术而专程去意大利作了为期两个月的实地考察，并对伊特鲁利亚文化作了极为详尽的研究，他的散文对他们的艺术和精神意识作了非常生动又深邃的描述和推崇。

透过世界一流文学大师的眼光和其极富文采的笔，我们能看到伊特鲁利亚文化艺术中最精彩的东西，并且会深受感染。真的，看了劳伦斯有关伊特鲁利亚人的散文，你会迷上伊特鲁利亚人和他们的文化，我本人就是这样喜欢上，甚至喜欢到了痴迷程度的。

2005 年 8 月于北京

附录：
伊特鲁利亚墓壁画与虞弘墓石椁
浮雕画寓意对比

何悦敏

1999 年在山西太原市南郊出土的虞弘墓中，发现有保留完整、风格特异的石椁浮雕画，学者们根据墓中保留的墓志铭及浮雕画所表现的人物特征，以及歌舞、宴饮场面的风格，认定该墓葬具有中亚、西亚风格和祆教特色，属于粟特人的文化观念。[1] 这一发现，为我们了解西域粟特人在移居中国后的信仰观念和习俗特点、生活状况等提供了重要线索。然而由于文化上的差异和研究资料的限制，目前有关虞弘墓石椁浮雕画寓意尚留有不少难以解释的疑点和谜团，需待研究者们作进一步的探索。

---

[1] 参见中央电视台 2003 年 3 月 5 日"探索与发现"栏目："发现虞弘墓"，及《大众日报》电子版稿"客居中国"，2004 年 6 月 16 日；并可参见荣新江、张志清主编：《从撒马尔干到长安——粟特人在中国的文化遗迹》（北京图书馆出版社，2004 年）。

虞弘墓浮雕画中最令我们感到困惑的谜团有三：

其一，浮雕图中的宴饮场面很热烈欢快，但其下或一旁壁画中的狮子却异常凶猛残忍，或在吞噬人头，或在撕咬人骑着的骆驼、大象，使这些动物万分惊恐。这些血腥恐怖的场面意味着什么？对此问题，目前学界还未能作出令人信服的解释。[1]

其二，骑在骆驼上、大象上的主人公虽奋勇与狮子搏斗，却是弓上无箭或似徒劳挥剑，这种场景又象征着什么？目前同样没有学者给予适当的解释。

其三，浮雕中人物带有的头光表达了什么？许多学者对此表示不解，有专家认为是西域风俗东方化的表现，亦即受佛教文化影响所致。[2]

生活于公元 579 年前后的虞弘墓主人所属的粟特人文化，曾深受波斯和萨珊文化的影响（粟特城邦曾归属波斯帝国、萨珊王朝），可以说是远古美索不达米亚文明的余波。[3]据史料记载，粟特人大约在公元前八至六世纪左右在中亚的阿姆河和锡尔河流域一带建立城邦，公元前 529 年被波斯国王居鲁士所灭，后又逐渐聚现；公元前三世纪左右安息国时期由于亚历山大占

〔1〕 中央电视台"探索与发现·发现虞弘墓"节目在介绍虞弘墓浮雕时，也曾提到这是个目前学术界还无法解释的"谜"。
〔2〕 在央视 2003 年 3 月 5 日"探索与发现"栏目："发现虞弘墓"节目中荣新江教授引粟特美术史研究大家马尔萨克语，认为头光是中国工匠加上的。笔者按：中国工匠不了解粟特文化，只熟悉佛教艺术。
〔3〕 参阅周一良等主编的《中国通史·上古部分》，人民出版社 1962 年版，第136—137、149—151、268—277 页。

领而受希腊马其顿文化影响；公元六世纪起粟特人又因受到阿拉伯人的攻击而四散。[1]粟特人大约于公元三世纪至六世纪开始经由丝绸之路来到中国，进入中原地区。史书记载公元五至七世纪北朝、隋唐时期，我国西域、中原一带已有众多粟特人聚落，初期他们保留了自己的许多生活习俗和宗教信仰方式，到唐时他们中很多人自愿放弃自己的原籍而入户、改姓成为中国居民，尤其是"安史之乱"以后。以后他们的信仰、习俗渐渐与汉民融合。[2]虞弘就是在北齐、北周和隋朝时在中国为官的粟特聚落首领之一。[3]

英国作家 D. H. 劳伦斯的考古游记《伊特鲁利亚人的灵魂》一书[4]中详细描述的伊特鲁利亚人的墓室壁画所反映的生活场景与宗教文化习俗里，有不少与虞弘墓石椁浮雕壁画所表达的生活场景和宗教文化习俗颇相类似，如果进而查考有关早期中亚、小亚细亚古文化以及伊特鲁利亚早期文化的一些史料和考古学、人类学等领域的研究资料，就会发现这两个不同时期、

〔1〕 同前引书第 149—151、153—154 页；另见朱寰主编：《中国通史·中古部分》，人民出版社 1962 年版，第 70—74、81—82、92—94 页。

〔2〕 参见荣新江《中国的祆教研究（1923—2000）》，《中国建筑和艺术文摘》，中国历史网，2002 年 3 月 5 日；荣新江：《西域粟特移民考》，载《西域考察与研究》，新疆人民出版社 1994 年版；朱寰主编：《中国通史·中古部分》，人民出版社 1962 年版，第 70—74、81—82、92—94 页。

〔3〕 《虞弘墓志》，转引自王剑霓《太原隋建虞弘墓主人身世探》，《晋阳文史资料》（三），以及央视 2003 年 3 月 5 日"探索与发现"栏目："发现虞弘墓"，和《大众日报》电子版稿"客居中国"，2004 年 6 月 16 日。

〔4〕 ［英］D. H. 劳伦斯著，何悦敏译：《伊特鲁利亚人的灵魂》，新星出版社 2006 年版。

地域的文化之间有着惊人的相似之处，从中似可推断出它们之间存在某种文化上的同源关系。

远古西域文化曾对古代中国发生过相当大的影响，但由于中亚西亚文化屡遭战争破坏，其变迁的线索已极不清晰，幸存下来的零星西域文化遗存，尤其是在中国出现的西域文化遗迹所反映的观念，由于研究资料的欠缺，在今日已显得模糊含混，无从解读。在此，我想借助伊特鲁利亚人众多墓中壁画所表现的宗教观、生活观及自然观，以及苏美尔、亚述、腓尼基的一些浮雕、雕塑所反映的观念习俗，对比虞弘墓浮雕画以及我们已知的粟特人的生活观念和文化习俗，尝试着对这几种古老文化现象间的关联性加以破解，或可从中寻觅到解开虞弘墓浮雕画之谜的一些较为肯定的线索。

作为远跨中西亚、波及地中海和北非地区的、属于远古美索不达米亚文明之一的亚述文明，出现在世界文明史上的时间是在公元前3000年至公元前612年，而属于同一地区文明的苏美尔文明发生的时间要更早，大约在公元前4000年左右；腓尼基（即古黎巴嫩和古叙利亚）文明盛行时间是公元前1200年至前800年；早已神秘消失的位于地中海意大利半岛的伊特鲁利亚文明，盛行的时间是在公元前1100年到公元前300年，而虞弘所处的时代是中国的隋朝（公元579年），[1]这

---

[1] 参阅周一良等编著：《世界通史·上古部分》、朱寰主编《世界通史·中古部分》，吕振羽著《简明中国通史》（人民出版社，1955）及前引《虞弘墓志》。

五种文明在时间上相距甚大，差不多有 4 000 余年、3 000 余年至 1 000 余年的差距；地缘上也相距甚远，一个在远东，两个在中西亚，一个在地中海东岸，一个则在更遥远的南欧地中海，因此把它们纠合到一起来探讨似乎显得有点离奇，然而如果把伊特鲁利亚壁画场景、虞弘墓浮雕画场景与苏美尔、亚述和腓尼基的一些浮雕场景合置一处加以比较，我们不难看出这几种文化在生活习俗、自然观和亡灵观上的惊人相似之处，这之间是否存在某种文化渊源关系呢？

这里，我们不妨先来看一看这些浮雕、壁画场景及其反映的习俗和观念之间的几点明显相似之处：

1. 男女主人公同坐床榻（或"沙发"，《伊特鲁利亚人的灵魂》一书译成"沙发"而未用"床榻"是劳伦斯用词上的差异）的宴饮场景，敞口酒盏、小桌、果盘及仆人执酒壶添酒、乐师舞者作乐场景

在虞弘墓棺内后部正中浮雕中，我们可以看到男女主人公愉悦地坐在床榻上，各自手中拿着硕大的敞口酒盏，床榻前方摆放着盛满食物的盘子，榻前有乐师在弹吹乐曲、有舞者在翩翩起舞，一旁有奴仆拿着酒罐添酒的场景（图 1）。在亚述宫廷墙壁浮雕中我们也能见到很相似的场景，如亚述国王巴尼拔与王后饮酒作乐的一幅浮雕（图 2）。在伊特鲁利亚众多墓中壁画中此类场景更是极为常见（图 3、图 4、图 5）。在英国作家 D. H. 劳伦斯详细描述的"斑豹之墓"、"渔猎之墓"、"宴饮者之墓"、"彩绘陶瓶之墓"等墓中壁画场景里，我们可以看

图 1　虞弘墓浮雕
主画：男女宴饮图

图 2　亚述王巴尼
拔与王后宴饮浮雕

262

图 3 伊特鲁利亚
墓中壁画：男女宴
饮图 1

图 4 伊特鲁利亚壁
画：男女宴饮图 2

图 5 伊特鲁利亚壁
画：男女宴饮图 3

到极为相似的场景：伊特鲁利亚人同样喜欢男女一对一地同坐床榻宴饮，喜爱美酒，手中拿着硕大的敞口酒盏，旁边有奴仆拿着酒罐添酒、取酒，床榻前同样摆有放置食物的小桌，有奏乐和舞蹈表演等场景。[1] 在这三种文化中，男女一对一同坐宴饮、使用敞口型酒盏、由奴仆持酒罐添酒、欣赏奏乐舞蹈表演似乎都是其生活中极为普遍的情景，男女主人公都有坐床榻的习惯。而这类场景在各自的墓葬习俗中，也总是出现在墓中正面墓墙、棺椁内正壁的绘画或浮雕里。

许多西方考古学家认为伊特鲁利亚人男女地位平等，他们的妻子、女儿往往可以与丈夫、父亲平起平坐、同享欢乐，同处一墓，可见他们对女子很尊重，没有概念化的贬低女子的观念，而这种情景在当时的欧洲似乎是不可能的。劳伦斯认为这是一种典型的东方习俗："古代西方世界认为一位体面的女子像男子一样靠在沙发上有失体统，即使在家中餐桌旁也不该如此，如果女子要在这种场合出现，她得在椅子上坐直。"[2] 这一点在亚述浮雕、虞弘墓浮雕中似乎也有相同的表现。女子总能和男子平等且自在地同坐同乐，这可能与流行于古代中亚西亚的母系社会观念、崇尚母神和生育女神的古宗教观念有关。《汉书·西域传》中提到西域人时曾说："自宛以西至安息国……其人皆深目多须髯，善贾市，争分铢，贵女子，女子所言，丈夫乃决正。"可见尊重女子是中亚西亚的古俗。

---

[1]　参见前引劳伦斯书第 65、71、77、82、133—134 页。
[2]　同前引劳伦斯书第 77 页。

图 6-1　虞弘墓浮雕：男主人公辞别人世全景图

2. 头光、女子迎接死者、女子手中的石榴、手持盒子的神性
人物

在虞弘墓棺椁外正面浮雕中我们可以看到，死者骑马正由右
边走向左岸，左边则有一带头光的骑马女子似在迎接，手持一状
似石榴的物件（图 6-1、图 6-2、图 7-1）。在两侧的各类场景中，
大部分人物头部都带有头光，还有男子对着陶瓶手托一个神秘盒
子的图案。头光在亚述浮雕和伊特鲁利亚壁画中没有出现，但伊
特鲁利亚壁画浮雕中也有众多类似的主人出发远行、手拿花圈的
女子迎接的场景和女子手拿石榴、铜镜、香水瓶、松果等的场景。
这类场景中的人物虽没有头光，似乎同样也处于某种神圣的、象
征性的情形之中，而非主人日常生活普通情景的简单再现。比如
伊特鲁利亚男子通常此时会手持象征生命潜藏、再生的鸡蛋，并

图 6-2 虞弘墓浮雕：男主人公辞别人世
走向另一世界局部图

图 7-1 虞弘墓浮雕：女子手持石榴迎候

且似乎总是向着某个女子举起手中的鸡蛋；女子手上则总是拿着
花环，而且总是在献给作为死者的男子，有时还有其他女子手拿
花环坐在一旁的场景。[1]伊特鲁利亚石棺浮雕中还常见到手持石
榴或盒子（可能是生命之盒）的女子雕像（图 7-2）。从中可以明
显地看出，在那个地下世界里，女子似乎是神性的，她有接收、
保存生命种子的职责，她献出花环就象征着接过了生命的种子，

---

〔1〕 同前引劳伦斯书第 63、65、79、80、97 页。

而手持石榴或生命之盒象征着已将生命种子放入潜藏之处；[1] 而接收生命种子的仪式，是一件十分令人欢喜、值得庆贺的事情，所以伊特鲁利亚墓壁画中生死诀别的场景会显得那么欢快，总有美酒、歌舞相伴，并且男子总是由女子陪伴着，男子手中总是拿着鸡蛋、脖子上或身边的树上挂着花环，或

图 7-2　伊特鲁利亚雕花骨灰棺上手持石榴女子石雕像

某个女子正在向他献花环。而虞弘墓中表达的似乎也是相同的观念：死者正走向灵界，灵界由女子（所以有头光）迎接他生命的种子，将它放入石榴或宝盒潜藏则是一个生命交接转换过程的象征形式。

由上述场景我们或许可以推断，在上述文化环境中，男女宴饮似乎是一个生命交接的仪式，可能还与性崇拜有关。因为伊特鲁利亚壁画的这类场景中，男女往往同坐床榻，用被子盖住下半身，且男子往往赤裸着上身、手中拿着鸡蛋（图 8）。在劳伦斯书提到一个伊特鲁利亚早期墓葬——"公牛之墓"中，宴饮者上部

---

〔1〕　同前引劳伦斯书第 54 页。

图 8　伊特鲁利亚墓中壁画：手持鸡卵之男子

还画有公牛和一男子在"色情"地猛攻，另一边则是狂奔而来的狮子和司芬克斯的图像。显然先是在宴饮中进行生命交接，然后由狮子或司芬克斯带走灵魂。虞弘墓中的男女宴饮场面中，男子坐着在饮酒，女子则微闭着眼睛，似乎显得有些羞涩，右手拿着酒盏，左手则似在托下腹部，似乎在表示已经受孕，而这个场景下面则是狮咬人头、灵魂被带走。

　　远古的亚述和苏美尔人也很尊崇女性，在他们的宗教中，女人是属于神和神庙的，连妓女也被称为"神妓"或"爱的女神"。在他们的宗教中，还有地位很高的女性爱神和代表生育和繁殖的大神母，[1] 显然这是伴随着他们珍视和崇

---

〔1〕　参阅陈晓红、毛锐：《失落的文明：巴比伦》，华东师范大学出版社 2001 年版。

拜女子的孕育生命能力，也就是生殖力，以及生命力而来的观念。

伊特鲁利亚和苏美尔、亚述这类场景中的神性人物之所以没有头光，可能是因为头光在那时还没有出现，因为那时还未出现明显偶像化的神灵，人们只有对某些宇宙力量、生命力的崇拜观念，采用的是象征化的表现方式；头光是伴随着基督教（公元一世纪开始传播）和佛教（产生于公元前一世纪，流行于公元二至五世纪）而出现的一种表示神性的方法，是人类意识由主观转向客观、由唯神力转向唯物的过渡阶段出现的东西。[1]伊特鲁利亚人消失后的意大利在进入基督教时代后一直到文艺复兴时期的宗教题材绘画中，神性人物带有头光的现象就渐渐变得普遍。差不多相同时间出现的佛教神像也渐渐有了头光。而中国在佛教、景教传入后的魏晋南北朝、隋唐时期的佛教题材的浮雕、壁画中也可见到头光了。这种表现法很可能在当时的西亚和中亚地区有交互影响作用，因为基督教当时就是从西亚传往地中海和欧洲的，然后是佛教由中亚南传、东传，再是景教的东传。虞弘墓所处的时代已是公元六世纪，其时佛教和基督教（景教）早已传到中国，所以其棺椁浮雕很可能是受当时西域基督教绘画或中亚佛教绘画的影响而带上了头光。然而虞弘墓浮雕所表达的观念却远早于景教、佛教观念，它可能是某种中亚西亚

---

〔1〕 参见意大利文艺复兴前后的油画和中国甘肃敦煌相关时期的佛教题材壁画。

早已流行的远古宗教、亡灵观念及其习俗在新的时代的变异方式，因为它显然既非基督教的，也非佛教的，说它带有祆教色彩，但其观念远比祆教观念更古老。

3. 狮或豹撕咬人、鱼尾马、骆驼、大象、鹿、牛等场景

在虞弘墓石椁浮雕上，我们看到了狮子凶残地吞噬人头、凶猛地追咬主人公乘坐的骆驼、大象以及鱼尾马的场景（图9）。就在虞弘墓男女主人公宴饮图的下方，我们可以看到有两个武士的人头分别被两头凶猛的狮子整个吞进口中的血腥场面；在宴饮场景的两边，还分别有这样的浮雕场景：主人公乘骑的骆驼、大象正被狮子追咬，骆驼、大象显得惊恐万状，主人公返身射箭或挥剑砍狮，但弦上无箭、长剑空舞。在另两幅浮雕中我们还可见到狮子撕咬带角的公牛、狮子与鱼尾马搏斗的场面。这显然是在表示某种粟特人（或可能波斯人、叙利亚人）特有的有关死亡的不可抗拒的自然力量的观念，因为这种场面往往伴随着主人公欢乐宴饮、欣赏乐舞的场景。

在亚述宫廷浮雕中，我们也可以看到类似的狮咬马、人用

图9　虞弘墓浮雕：狮吞人首

图 10　霍尔萨巴德宫殿外墙浮雕：亚述王巴尼拔猎杀雄狮图

箭射狮子的场景（图 10）。其中著名的巴尼拔宫墙浮雕中就有不少骑马、赶车、狩猎的巴尼拔国王与狮子搏斗、返身射杀狮子的场景，一幅著名的浮雕表现了一头受伤的母狮趴倒在战马下，战车上的亚述王正返身射杀身后另一头狮子。这类场景与虞弘墓中的斗狮场景的表现手法非常相似，人返身射箭的姿势、马或骆驼的神态、狮子的位置和撕咬姿态都十分相像。而热衷于表现这样的场景，显然意在表示某种人的力量与自然力量之间的关系。当然，亚述浮雕不是发现于墓中，而是发现于辉煌的皇宫墙壁上；表现的主人公也不是正走向另一个世界的死者，而是正当盛年的生机勃勃的、无比勇武的亚述王，所以是人胜狮，而不是狮胜人。但这似乎也可表明虞弘墓文化现象与中亚远古文化之间的某种关联性，因为其表现方法和背后隐藏的自然力观念太相似了。

大英博物馆保存的一幅犹太人向亚述国王沙尔马纳赛尔三

图 11 大英博物馆存亚述王宫石柱浮雕：犹太人朝贡亚述王（下有狮咬鹿图）

世进贡的亚述王宫石柱浮雕图上，我们可以看到两头狮子在撕咬一头带角的鹿的场景。浮雕上部表现的是犹太使者向亚述国王跪拜并进献贡品的场景，显然下部狮咬鹿的浮雕是在表示犹太人已向某种强盛的自然力量折服，而这种表达法肯定也是基于某种当时美索不达米亚流行的自然力崇拜观念的（图11）。在伊拉克阿尔巴乌德出土的青铜狮头鹰身浮雕（图12）表现的是苏美尔的保护神英杜格的形象，这尊神兽展开巨大的翅膀，英武地凌驾于两头带角的鹿的中间，似乎在掌控着它们。考古学界一直对此图的意思不得其解，"英杜格究竟是城邦的象征、古老的神话传说，还是一种宗教崇拜的偶像，至今依然是个谜。"[1]笔者以为该铜雕似乎同样表达了苏美尔人对某种强有力的自然力量的崇拜，以及朦胧的自然生命平衡观。

---

〔1〕 陈晓红、毛锐：《失落的文明：巴比伦》，华东师范学院出版社2001年版，第129页。

图12　阿尔巴乌德出土铜制狮首鹰及双鹿浮雕

　　由此可以推断，这种崇拜宇宙力量、崇拜强悍的生命力量，以及自然生命须保持平衡的观念，远古时期在中亚西亚一带曾十分流行，并且表现方法基本相似，都是以狮，或豹，或鹰，或者是这几种猛兽猛禽的复合体（如劳伦斯提到的"凯米勒"怪兽或古埃及的司芬克斯等）来代表某类自然力量、某类控制生命和财产、剥夺生命的力量，而以鹿、马、大象、骆驼或牛羊和快死亡的人代表一般的生命，这似乎是在表示某种自然界生命的平衡法则。

　　关于此点，我们可以从伊特鲁利亚坟墓壁画中得到某种印证。在那里更常见的是在墓室正面三角墙上，总是画有狮子或斑豹或勇猛地相互对视，或在撕咬鹿、牛、山羊、小鸟野猪的脖子、腰部等要害部位，还有两头狮子在一前一后撕咬一匹马，被猎杀的动物则总是表现出惊恐万状的神态，而其下的宴饮者或告别的人们却仍然平静自适、载歌载舞、其

273

乐融融。如劳伦斯在其考古游记中提到并详细描述的"斑豹之墓"、"死亡男子之墓"、"雌狮之墓"、"碑铭之墓"中的壁画，以及伏尔泰拉的骨灰棺浮雕等都表现了这一主题（图13）。[1] 在他们的石棺浮雕上还有狮子守护着生死之门的场景，在壁画中还可看到狮子在两旁守护着装有死者骨灰的陶瓶、陶罐的场景。[2]

在伊特鲁利亚墓中壁画和石棺浮雕中，这类狮豹撕咬食草动物的场景非常普遍，且总是占据着墓中正墙画面的最重要位置，并总是与欢乐的告别场面、宴饮场面相伴相随，由此我们似可推断出他们的许多有关生死的观念：狮豹代表着主宰死亡的力量，象征掌管着食草动物与食肉动物的平衡、生与死的平

图 13　伊特鲁利亚墓中壁画：狮咬鹿图

〔1〕　同前引劳伦斯书第 68、79、80、83、86、90、97 页等。
〔2〕　同前引劳伦斯书第 20 页。

衡的某种自然力量；生和死是相伴相随的一种自然现象，是保持自然界生命平衡所必须的，所以人可以坦然对待；同时死亡只是生命的一个旅程的结束，人或动物死亡后，生命的种子不会消亡，它会潜藏于鸡蛋或石榴等象征物中；男子把鸡蛋交给了女子，女子把花环献给了男子，死亡男子的生命就得到了延续和保留，另一个生命旅程就开始了，它同样会是美好而欢乐的。很可能，在他们的观念中死亡的时刻就是另一个生命诞生的时刻，所以是值得庆贺的。还有一点是，延续生命肯定与女子有关，所以狮子撕咬图的下面总是男女一对一地坐在一起宴饮娱乐。

　　显然，在那个远古时代的文化中，人们认为狮子咬杀温顺动物是神圣的，是保持自然生命平衡所必须的，没什么可害怕的，而是应当遵从敬从顺从的。劳伦斯在其散文中对伊特鲁利亚人的这一死亡观念有很独到、很深刻的分析，他认为斑豹和梅花鹿、狮子和公牛……是伟大的两重性中的一部分，但它们不代表正义行为和邪恶行为，只代表宇宙在其创造动物过程中阴阳两极的相对运动。而伊特鲁利亚人之所以在他们众多的墓中壁画里表现这类场景，显然是出于对生与死这两种自然力量的敬畏，出于他们独有的自然力崇拜、宇宙力崇拜的宗教观和对生命平衡规律的折服，他们的丧葬习俗就是由此而派生出来的。[1]

---

〔1〕　同前引劳伦斯书第 101—102 页。

同样，虞弘墓中的这类场景显然也表达了相似的宗教观和生死观，而不是如有些专家所推断的是祆教中的善恶二元论观念。人的生命在最后是由代表了神圣的死亡力量或自然力量的狮子之类猛兽带走的，人想与自然规律搏斗、抗争必然是徒劳的、无济于事的，所以弓上的箭只能虚发、剑也只能是空砍；而死亡无论如何，是另一个生命旅程的开端，所以仍是一种自然可喜的、值得庆贺的事情，故面对象征性的狮子吞咬人头等血腥场面，死者和他人仍能宴饮、欣赏歌舞音乐、狩猎，其乐融融。与伊特鲁利亚壁画稍有不同的是，在虞弘墓浮雕画中，狮子咬人头之类的场景放置在男女主人公宴饮场景的下面和两旁，而伊特鲁利亚壁画是将这类场景放置在男女宴饮图的上方。

很可能在这类观念中，虞弘墓或伊特鲁利亚人墓中壁画和浮雕上与墓主人同坐的女子，不一定是死者的妻子，而是掌管着生命潜藏和延续，或掌管着新生命孕育诞生的女性神灵，如古埃及的大母神伊西斯之类的，因为这类图景表达的总是象征性的场面。

4. 狗为人生前、死后的伴侣

在虞弘墓浮雕中，我们能在好几处地方看到与人相伴相随的狗：在狮子撕咬人头、撕咬骆驼或大象的场景中，总有狗在勇猛地与狮子搏斗，似在拯救主人（图14-1）；在人有头光的灵界场景里也有主人返身与它对话的情景，似乎在人死亡的过程中，狗是不可或缺的角色，它是人生前死后一贯的最忠实伴侣。据史料记载，粟特人死后有火葬或让狗吃掉尸肉，然后将骨灰或尸骨收入纳骨瓮中或石棺内埋葬的习俗。[1] 据说在古代波斯，狗曾被视为神兽，它具有许多美德。人死后忠实的狗仍会一路陪伴，最后把人送往另一个世界，所以狗与人的丧葬习俗有相当密切的关系。[2] 笔者曾在内蒙古呼和浩特市的一所藏传昭庙的一个偏殿中见到一幅有关亡灵升天和狗的布

图 14-1　虞弘墓浮雕：犬咬狮图

画，画上有人死后灵魂飘上天国的情景，画的下部有许多狗在撕咬人尸体、断肢的场面，很血腥，但画的上部则是美妙祥和的天界和飘飞的神灵和灵魂上天的人们。这幅画表达的观念可能也与来自中亚的这类狗与灵魂飞升观念和习俗有关。

笔者认为，虞弘墓浮雕画中的狗，并非如有些学者所说的是对抗恶势力的勇士。[3] 在虞弘墓浮雕画表达的这类源自远古中亚西亚的传统丧葬观念里，显然还没有善恶二元的明确意识，只有生死两个因素，狗只是人类灵魂的陪伴者及灵魂离开躯体时的助手而已。狗作为对付恶势力的代表和象征物，这是后来袄教中的观

〔1〕　如《隋书》卷 83《石头国传》载："正月六日、七月十五日以王父母烧余之骨，金瓮盛之，置于床上，巡绕而行，散以花香杂果，王率臣下设祭焉。"又《通典》卷 193 引韦节《西蕃记》述康国云："国城外别有二百余户，专知丧事，别筑一院，院内养狗。每有人死，即往取尸，置此院内，令狗食之，肉尽收骸骨，埋瘗无棺椁。"
〔2〕　韩伟：《北周安伽墓围屏石榻之相关问题浅见》，《文物》2001 年第 1 期。
〔3〕　参见前引韩伟文。

图14-2 伊特鲁利亚墓中狗纹骨灰陶罐

念，在虞弘墓浮雕画中显然还没有进展到善恶二元论这种观念，它所表现的只是一种古老的亡灵观。

在伊特鲁利亚壁画和棺雕中，我们也常可见到狗陪伴死者去另一个世界，狗在宴饮、狩猎场面中陪伴主人，狗与狮子搏斗，甚至猛咬主人大腿股动脉等场景，还有狗守候在生死之门旁的场景，狗爬在树上攻击作为牺牲者的野猪的场景，[1] 可见狗也同样代表了某种自然力量，具有劳伦斯所说的生命、财产的陪伴者和保护者、生命走向另一个世界时的剥离者的象征意义。他们有关狗的观念与虞弘墓浮雕画中表现出的有关狗的观念显然有相同之处。从伊特鲁利亚人的壁画和石棺雕塑和浮雕画中我们可以更好地理解狗在远古世界的象征意义，这对我们理解虞弘墓浮雕上的狗这一形象所表达的象征意义是有帮助的。

5. 歇山顶式石棺、石棺床或底座、纳骨瓮和对之吹笛歌舞的人、墓内或棺椁内设浮雕或壁画、火葬、兽头托举祭坛或石椁四腿

虞弘墓石椁为歇山顶式汉白玉石椁，石椁底座四边有 8 只狮头托举（图15）；学者们推测墓主人显然不是直接被盛放在石椁内

---

〔1〕 参见前引劳伦斯书第 20、193、194 页。

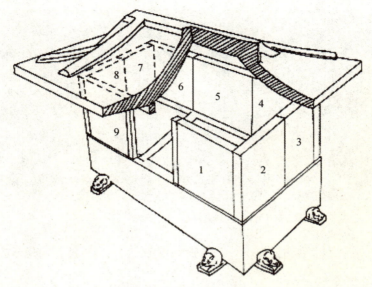

图 15　虞弘墓石椁示意图

的，而可能和陕西发现的安伽墓以及其他在中国发现的粟特墓一样，是经火葬或狗食后将骨头或骨灰捡放于纳骨瓮或石棺内。因为在墓藏揭开时人们只在石椁外侧发现零星骨片，虞弘的面颅骨只剩半个额骨和下颌骨残片，虞夫人只剩部分后脑壳。[1]《隋书·石国传》提到粟特人有火葬习惯，通常将死者烧成骨灰，"金瓮盛之"。而在石椁浮雕上，我们可以见到男女主人公宴饮图下放有一只很大的陶瓮，还有两幅两个人守着中间一只同样的大陶瓮的浮雕，其中一幅一人对着神秘的陶瓮在吹号

〔1〕　参见央视"探索与发现"栏目稿："客居中国"，《大众日报》电子版同名文稿中引荣新江观点。

图 16-1　虞弘墓浮雕：对陶瓶奏乐饮酒

另一人对着陶瓮托举着一只酒盏（图 16-1），很可能，这是盛放主人骨灰的陶瓮。

图 16-2　早期伊特鲁利亚骨灰瓶

在伊特鲁利亚墓中壁画里，如"公牛之墓"，我们也可见到男女主人公宴饮时轻松坐在床榻上，上面有由兽头托着四角的祭坛等情形。[1]早期伊特鲁利亚的许多地区实行火葬，人死火葬后再将骨灰盛放于骨灰瓮、陶瓶或小型雕花骨灰石棺内，骨灰瓮常置于石砌墓内的壁龛中（图 16-2）。在伏尔

---

〔1〕　参见前引劳伦斯书第 117 页。

泰拉发现的大量伊特
鲁利亚雪花石雕花石
棺大多只有两英尺长，
里面全盛着死者的骨
灰。盛放主人公骨灰
或骨头的雕花石棺或
纳骨瓮常放置于墓内
的石棺床上，墓内四
壁通常绘有壁画或石
棺上雕有浮雕，不少
骨灰瓮或石棺做成歇
山顶式（图17），从中
可以看出他们也曾是

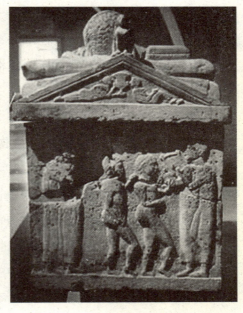

图17　伊特鲁利亚歇山顶式浮雕石棺

一族信奉火、习惯火葬的人。伊特鲁利亚墓中不少地方绘有人
对着神秘的骨灰陶瓶歌舞吹笛，或狮子在两边守护着陶瓶等图
案，[1]与虞弘墓浮雕画中的场景十分相似。

　　有学者认为虞弘墓棺椁的歇山顶式样为汉式，是中亚人采用
汉式葬俗的表现。然而早在3 000年前的伊特鲁利亚就有了歇山
顶式石棺和歇山顶式墓室，而中国发现的歇山顶式石椁、石棺大
多在受西域文化影响较多的陕西、甘肃、内蒙古、河北等地，时
间也是在受西域文化影响最大的两汉、魏晋南北朝和隋唐时期，

――――――――――

〔1〕　同前引劳伦斯书第49—50、81、82、197页。

应该说，歇山顶式石棺石椁可能还是源于某种已消失的中亚西亚习俗。笔者曾在内蒙古呼和浩特市的一个石雕文物展上，见到过两具歇山顶式骨灰棺（见图24），其风格和浮雕所反映的观念也显然非汉式的。

6. 鱼尾带翅膀的马、人头蛇腿海怪

虞弘墓石椁外正面右边一幅表现告别场面的浮雕下，雕有一匹正在奔跑的鱼尾带翅白马（图18）。令人惊讶的是在伊特鲁利亚坟墓中，同样可以见到完全相同的形象，比如在一块伊特鲁利亚浮雕石碑上，也雕有鱼尾带翅神马（图19）；在其他伊特鲁利亚石雕或壁画上，也常可见带翅的马或鱼尾带翅马、蛇尾带翅马的形象。劳伦斯在其考古游记中也描述过伏尔泰拉许多伊特鲁利亚骨灰瓮上所雕的马头鱼尾海怪或人头马身带翅鱼尾

图18　虞弘墓浮雕：鱼尾带翅马

282

海怪等[1]，并根据其位置判断它们是驮着亡者的灵魂奔向灵界的神物。虞弘墓鱼尾马的位置也说明了它的驮灵功能。

在公元前1200年至800年盛行的西亚腓尼基文化遗物中，我们也可以看到这种象征物，比如在一枚腓尼基阵亡将士纪念银币上，我们可以看到两个划着鱼尾马形船的水手，船底下是一条向同一方向游的鱼尾马，这画面与

图19　伊特鲁利亚墓碑：鱼尾带翘马浮雕

"阵亡将士"相联，可见"死亡"与鱼尾马的关系。可以确定，在他们的文化中鱼尾马也是驮灵的神物。

我们在陕西出土的同为粟特人的安伽墓中，可以见到人头、蛇腿海怪托举着床榻脚，奇怪的是在伊特鲁利亚人的"泰丰墓"中，可以见到同样的石雕海怪分别在两边托举着墓中石柱（图20）。显然它代表的是一个能吸取地心力量，又具有向上飞腾力量的神力。这类神力（可能是还未发展到有具体形状的神灵）及这种观念在虞弘墓、安伽墓和伊特鲁利亚墓中不仅有相同样，而且表现形式也是一样的，可见它们之间在文化渊源上有着密切的关系。

鱼尾马似乎带有海洋味道，是否是中亚西亚文化带上地中

---

〔1〕　同前引劳伦斯书第83、191页。

海特色文化所致？中国在历史上曾与西亚、地中海文化有过不少接触，西亚、地中海一带的古人也曾在中国留下过足迹（新疆、河西走廊诸州等地曾发现过不少罗马、叙利亚货币、金银器、文书、墓碑等），虞弘墓石椁浮雕中带有地中海文化遗迹也是完全可能的。东汉思想

图20　伊特鲁利亚蛇足带翅海怪（职司托举）

家王充在其《论衡·龙虚篇》中，曾对中国概念中的龙作过考证并有过精辟的推断："《山海经》言四海之外，有乘龙蛇之人。世俗画龙之象，马首蛇尾。由此言之，马蛇之类也。"或许中国龙之来源不是蜥蜴，而是与这种文化有某种关联？

　　7. 并列三匹或两匹马或骆驼的雕塑或画法

　　在西安发现的粟特人安伽墓石浮雕中我们可以看到三匹骆驼一同驮着火盆的拜火教表现形式（图21-1），三匹骆驼或并行并立，或以

图21-1　西安安伽墓石浮雕：三驼并立图

一个中心站立，昂首挺胸，六条前腿很有力、排列都很整齐。类似的排列法，如三马或两马并列排法，我们在亚述的宫墙浮雕上能够见到，在伊特鲁利亚石雕上也能见到（图21-2），三者间笔法、刀法和动物排列法、姿态都极为相似。

图21-2　伊特鲁利亚双马石雕

8. 长围巾

在虞弘墓浮雕中，几乎所有带头光的人物都奇怪地披着一根长长的犹如西藏人和蒙古人的哈达似的围巾（学界多称其为"披帛"），显然这是某种神圣之物或象征神圣的灵界物品（图22）。在伊特鲁利亚人的壁画中，我们也能看到树上或墙顶上挂着的围巾或死者的披帛之类饰物的情景，而且可以看出这件东西对他们很神圣，因为往往是死亡男子手拿鸡蛋对着它，[1]或者总在主人公的宴饮场景中出现，好像它在伊特鲁利亚人观念中也是属于灵界才有的东西，很有可能，这种物件在两种文化中具有相同的神圣意义。

关于3 000年前在地中海地区创造过令人瞩目的辉煌文明的

---

〔1〕　参见前引劳伦斯书彩插，第8页。

图 22　虞弘墓浮雕：灵界人物披帛

伊特鲁利亚人的来源，以往曾有不少学者进行过探索。公元前五
世纪希腊历史学家希罗多德曾作过记载，说他们是从经历了 25
年饥荒的西亚古国吕底亚（在今土耳其境内）迁徙而去的小亚细
亚人；也有历史学家认为他们是 3 000 年前从当时小亚细亚的劳
尼亚等地迁徙而往的。无论如何，他们的文化习俗带有浓厚的东
方色彩，源于西亚，这是可以肯定的［他们戴的帽子和发式（图
23）、穿的尖头靴子、画中的棕榈树林、服饰、丧葬观念和习惯、
用羊肝飞鸟占卜的习俗等都是中亚西亚式的］。[1] 而虞弘、安伽

---

〔1〕 参见前引劳伦斯书。

所统领的萨保府人主要来自中亚、西亚，其高鼻深目的人物形象、服饰、丧葬习俗和观念、生活用具、艺术表现形式等都具有波斯、叙利亚或粟特人文化特点，这也是可以肯定的，这一点已有众多学者予以考证和肯定。[1]

图 23　伊特鲁利亚石棺上中西亚打扮的夫妻石雕橡

显然，尽管这几种文化相距遥远、间隔甚久，但都有可能同是某种已消失的、曾流行于中亚西亚的古老文化、古老宗教观念及习俗的传承者，因为它们之间的相似之处实在是太多了，这一点从我上面列举的那么多例证以及比较和分析中似乎已可以得到确证。所以我们分析、考察其中的一种观念、习俗，应当会有助于理解另一种观念和习俗，并有助于解开另一种文化观念中的未解之谜。由此，借助对伊特鲁利亚宗教观和生活习俗的分析结论，我们应当可以对虞弘墓中为什么会有狮吞人头、狮咬骆驼或大象那样的血腥场面，以及它们表达的是什么样的宗教观和丧葬习俗做出上述解释。

---

[1]　参见《大众日报》电子版登中央电视台"探索与发现"栏目"客居中国"一文中荣新江等专家的观点，以及张庆捷《太原隋代虞弘墓石椁浮雕》（"汉唐之间：文化互动与交融学术研讨会"论文，2000 年 7 月）。

图 24　呼和浩特市发现的歇山顶式骨灰石棺

　　伊特鲁利亚人文化是史前中亚西亚文化的西传印证，虞弘墓石椁浮雕画则可以说是中亚西亚文化东传的印证。有关中亚西亚文化观念习俗在我国的表现，还可在我国发现的许多文物中得到印证，比如在国家历史博物馆所藏文物中我们可以见到出土的、顶上雕有楼台仙阁的西晋时的骨灰魂瓶，[1]可见这种魂瓶对使用它们的人来说具有神圣意义这类观念在中国也曾出现过；2005年在呼和浩特市的一个石雕文物展览上，笔者还见到过雕有人在两边守护着带钉假门浮雕图案的歇山顶小骨灰棺（图 24），图案

〔1〕 参见中国历史博物馆珍贵历史文物展品，以及施安昌：《北齐粟特贵族墓石刻考——故宫博物院藏建筑型盛骨瓮初探》，《故宫博物院院刊》1999 年第 2 期。姜伯勤：《安阳北齐石棺床画像考察及入华粟特人的祆教美术》，《艺术研究》，中山大学出版社 1999 年版。郑岩：《魏晋南北朝壁画墓研究》，文物出版社 2002 年版。

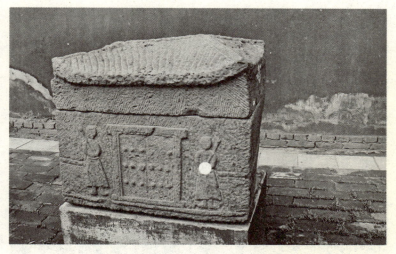

图 25-1　呼和浩特市发现的骨灰石棺，上有带钉生死门

非常像伊特鲁利亚壁画中由人守护着的带钉假门（可能意为生死之门）的图案（图 25-1、图 25-2）；笔者还在云南见到过盖上雕有群牛、下部两边雕有正在向上攀爬的猛虎的铜雕储贝器，以及牛头、牛身拉平成一椭圆形平面桌、腹下有一小牛、牛尾被一头猛虎咬住的铜雕牛虎铜案等 2 000 多年前古滇国的祭器。这些东西所反映出的概念非常类似伊特鲁利亚人的自然生命平衡观，显然它们所表达的观念都有相似之处。此外，我国的羌人、藏人和不少西部少数民族都曾有过火葬或天葬、用骨灰瓮盛放骨灰等习俗，脖子上围哈达或赠送哈达等习俗，可见崇尚火、火葬或先用其他方法埋葬肉体，再用石椁、石棺、陶瓮等盛骨的葬法，以及生死之门、生命须被狮豹虎之类猛兽撕离躯体、守护，灵魂由狗和鸟陪伴、由鱼尾带翅马之类的神性动物驮送，亡者的生命在鸡

图 25-2　伊特鲁利亚墓中壁画：带钉生死之门图

蛋、石榴、西瓜、松果中或生命之盒中潜藏、在另一个世界继续其旅程、以帛巾或哈达表达神圣的灵界或吉祥之意，以及食草类动物和食肉类动物、生命与死亡须遵循自然平衡法则之类的中亚西亚观念习俗也曾传入并影响过中国许多地区。

　　（本文附图中所有伊特鲁利亚石雕壁画图来自www. mysteriousetruscans.com/art/art.gallery.html.。所有虞弘墓浮雕图来自太原市文物考古研究所编：《隋代虞弘墓》（李建生等摄影），文物出版社2005年版。所有苏美尔、亚述浮雕图来自陈晓红、毛锐：《失落的文明：巴比伦》，华东师大出版社2001年版；周一良、吴于廑主编：《世界通史·上古部分》，人民出版社1962年版。）

图书在版编目（CIP）数据

伊特鲁利亚人的灵魂/（英）劳伦斯
（Lawrance, D. H.）著；何悦敏译.—上海：上海人民
出版社,2016
　书名原文：Sketches of Etruscan Places
　ISBN 978－7－208－12932－0

　Ⅰ.①伊…　Ⅱ.①劳…　②何…　Ⅲ.①伊特剌斯坎人
—民族文化—文化史　Ⅳ.①K546.8

中国版本图书馆CIP数据核字（2015）第080791号

责任编辑　解　锟
封扉设计　人马艺术设计·储平

伊特鲁利亚人的灵魂

[英]D. H. 劳伦斯 著

何悦敏 译

世 纪 出 版 集 团

上海 人民出版社 出版

（200001　上海福建中路193号　www.ewen.co）

世纪出版集团发行中心发行
上海商务联西印刷有限公司印刷

开本 890×1240　1/32　印张 9.25　插页 8　字数 187,000
2016年1月第1版　2016年1月第1次印刷
ISBN 978－7－208－12932－0/K·2342

定价 38.00元